New Media 新媒体·新传播·新运营 系列丛书

新媒体概论

第2版 慕课版

张晓莲 陈陶 李兰青◎主编

宋巍 罗立明 沈静◎副主编

人民邮电出版社

北京

图书在版编目（CIP）数据

新媒体概论：慕课版 / 张晓莲，陈陶，李兰青主编
. -- 2版. -- 北京 : 人民邮电出版社，2024.3
（新媒体·新传播·新运营系列丛书）
ISBN 978-7-115-63725-3

Ⅰ. ①新… Ⅱ. ①张… ②陈… ③李… Ⅲ. ①传播媒
介－概论 Ⅳ. ①G206.2

中国国家版本馆CIP数据核字(2024)第033691号

内 容 提 要

本书系统介绍与新媒体相关的理论及实践知识。全书共 8 章，主要内容包括新媒体概述、新媒体技术、新媒体用户研究、新媒体内容策划与文案写作、新媒体广告、常见新媒体应用、新媒体运营及新媒体管理和规划等。本书内容深入浅出，案例丰富，针对性强，不仅能让读者了解新媒体的基本理论，还可以使读者从内容、运营、产业到技术等多个方面构建完整的新媒体知识及应用体系。

本书可作为高等院校新媒体类、电子商务类、新闻传播类专业的基础教材，也可供新媒体教育者、互联网工作者和其他新媒体从业人员参考。

◆ 主　　编　张晓莲　陈　陶　李兰青
　　副 主 编　宋　巍　罗立明　沈　静
　　责任编辑　林明易
　　责任印制　王　郁　彭志环

◆ 人民邮电出版社出版发行　　北京市丰台区成寿寺路 11 号
　　邮编　100164　电子邮件　315@ptpress.com.cn
　　网址　https://www.ptpress.com.cn
　　北京隆昌伟业印刷有限公司印刷

◆ 开本：787×1092　1/16
　　印张：12.25　　　　　　　　　　　　2024 年 3 月第 2 版
　　字数：260 千字　　　　　　　　　2024 年 12 月北京第 2 次印刷

定价：49.80 元

读者服务热线：(010)81055256　印装质量热线：(010)81055316
反盗版热线：(010)81055315
广告经营许可证：京东市监广登字 20170147 号

PREFACE　　　　　　　　　　前　言

党的二十大报告指出："加强全媒体传播体系建设，塑造主流舆论新格局。"全媒体是指各种媒介形态的融合，在当今时代背景下，新媒体自然是全媒体的重要组成部分。

随着新媒体技术的快速发展，越来越多的人在工作、学习和生活中频繁接触新媒体，并通过新媒体进行信息传播、社交互动和支付交易等活动。新媒体已经与人们的生活密不可分，传统媒体也应顺应时代发展趋势，积极向新媒体靠拢。在这样的背景下，我们编写了《新媒体概论》一书。而新媒体行业发展迅速，并受到人工智能、大数据、云计算等新兴技术的影响，从而发生了较大的变化。结合新媒体新的知识和行业发展现状，我们对《新媒体概论》一书进行了修订，推出了《新媒体概论（第 2 版　慕课版）》。

本书在第 1 版的基础上对每章开头的引导案例和部分陈旧知识（如新媒体技术、常见新媒体应用等）进行了更新，新增了用户行为分析、选题与内容策划、新媒体文案写作、新媒体新闻写作、AI 写作、新媒体广告、新媒体融合运营等内容。此外，本书还新增了"实践训练"板块和"素养课堂"小栏目，旨在提升读者的实践能力和综合素养。

※ 本书内容

本书旨在帮助读者了解新媒体、新媒体技术和新媒体用户研究的相关知识，熟悉新媒体内容策划、文案写作、广告投放等内容，掌握新媒体的应用、运营、管理和规划的方法。全书共 8 章，各章内容如下。

- 第 1 章，主要介绍新媒体的基础知识，包括传播媒介的基础知识、新媒体的界定、新媒体的类型与特征、新媒体产业及发展概况等内容。
- 第 2 章，主要介绍与新媒体技术相关的知识，包括新媒体技术的基础知识、常见的新媒体技术和新兴的新媒体技术等内容。
- 第 3 章，主要介绍与新媒体用户研究相关的知识，包括用户研究的受众理论、受众向用户的转变、用户特性和用户行为分析等内容。
- 第 4 章，主要介绍与新媒体内容策划与文案写作相关的知识，包括选题与内容策划、新媒体文案写作、新媒体新闻写作、AI 写作等内容。
- 第 5 章，主要介绍与新媒体广告相关的知识，包括新媒体广告的基础知识和新媒体广告投放等内容。

- 第 6 章，主要介绍常见的新媒体应用，包括微信、微博、网络直播、短视频、小红书和今日头条等内容。

- 第 7 章，主要介绍与新媒体运营相关的知识，包括新媒体运营的基础知识、新媒体内容运营、新媒体用户运营、新媒体产品运营、新媒体活动运营和新媒体融合运营等内容。

- 第 8 章，主要介绍与新媒体管理和规划相关的知识，包括新媒体管理和网络舆情等内容。

※ **本书特色**

本书具有以下特色。

- 案例引导。为了帮助读者充分理解和掌握每章知识点在新媒体领域的应用，本书在每章的章首设计了"引导案例"板块，旨在将该章的主要知识点通过具体案例的方式呈现出来，让读者提前了解重点、难点知识。此外，本书在正文讲解中也穿插了部分案例，以帮助读者更好地理解新媒体的具体应用。

- 理实结合。新媒体涉及的知识点多且繁杂，本书从初学者的角度出发，不仅注重理论性，更重视实用性和操作性，设计了"实践训练"板块，将理论与实践相结合，有助于培养读者的动手实操能力。

- 素养培育。本书在每章的章首添加了"素养目标"，并在文中专门设计了"素养课堂"小栏目，融入党的二十大精神、素质教育等内容，致力于培养德才兼备的高素质人才。

- 技能提升。本书在每章结尾设计了"课后思考"板块，让读者在回答问题的过程中重温该章知识，巩固对应的知识点，加深对相关内容的理解。

- 配套资源丰富。本书提供了配套的慕课视频，读者用手机扫描封面二维码即可观看。此外，本书还提供 PPT、教学大纲、教案等配套资源，读者可以登录人邮教育社区（www.ryjiaoyu.com）搜索本书书名下载获取。

※ **作者团队**

本书由张晓莲、陈陶、李兰青担任主编，由宋巍、罗立明、沈静担任副主编。尽管编者在本书编写中精益求精，但由于水平有限，书中难免有疏漏和不足之处，恳请广大读者批评指正。

编者

2024 年 1 月

CONTENTS 目 录

第1章
新媒体概述 ……………… 1

1.1 了解传播媒介 ………… 2
1.1.1 传播媒介的概念 ……… 2
1.1.2 传播媒介的发展 ……… 3
1.1.3 传播媒介的类型和
特点 ……………… 4
1.2 新媒体的界定 ………… 5
1.2.1 新媒体的概念 ……… 6
1.2.2 新媒体的构成要素 …… 6
1.2.3 新媒体与传统媒体的
区别 ……………… 7
1.3 新媒体的类型与特征 …… 8
1.3.1 新媒体的类型 ……… 8
1.3.2 新媒体的特征 ……… 9
1.4 新媒体产业及发展概况 … 12
1.4.1 新媒体产业的类型和
特征 ……………… 12
1.4.2 新媒体产业的发展
概况 ……………… 14
实践训练——对比分析《人民日报》
纸质版和官方微博
账号 ……………… 16
课后思考 ……………… 17

第2章
新媒体技术 ……………… 18

2.1 了解新媒体技术 ……… 19
2.1.1 新媒体技术的概念 …… 19
2.1.2 新媒体技术的构成 …… 20
2.1.3 新媒体技术的发展
趋势 ……………… 21
2.2 常见的新媒体技术 …… 22
2.2.1 信息存储技术 ……… 22
2.2.2 数字视听技术 ……… 24
2.2.3 信息安全技术 ……… 25
2.2.4 移动终端数字技术 …… 26
2.2.5 移动通信技术 ……… 27
2.2.6 爬虫技术 …………… 29
2.3 新兴的新媒体技术 …… 30
2.3.1 人工智能 …………… 31
2.3.2 大数据 ……………… 32
2.3.3 云计算 ……………… 33
2.3.4 区块链 ……………… 34
2.3.5 物联网 ……………… 35
实践训练——使用人工智能生成文本
配音 ……………… 36
课后思考 ……………… 38

第3章
新媒体用户研究 ……… 39

3.1 用户研究的受众理论 ……40

3.1.1 受众市场论 ……… 40

3.1.2 受众商品论 ……… 41

3.1.3 个人差异论 ……… 41

3.1.4 社会类型论 ……… 42

3.1.5 社会关系论 ……… 42

3.1.6 文化规范论 ……… 43

3.1.7 使用与满足论 ……… 43

3.1.8 社会参与论 ……… 45

3.2 受众向用户的转变 ……46

3.2.1 受众和用户的区别 ……46

3.2.2 从被动接收到主动
获取 ……… 47

3.2.3 从接收信息到传播
信息 ……… 48

3.2.4 从消费商品到生成内容 …48

3.2.5 从匿名到公开 ……… 51

3.2.6 从受众反馈到用户体验 …51

3.3 用户特性 ……… 53

3.3.1 数字化生存 ……… 53

3.3.2 表演化生存 ……… 53

3.3.3 节点化生存 ……… 54

3.3.4 并发性生存 ……… 55

3.4 用户行为分析 ……… 55

3.4.1 用户行为分析的内容 …55

3.4.2 用户行为分析的指标 …56

3.4.3 用户行为分析的方法 …57

**实践训练——使用百度统计进行用户
行为分析** ……… 60

课后思考 ……… 62

第4章
新媒体内容策划与文案
写作 ……… 63

4.1 选题与内容策划 ……64

4.1.1 选题的类型及挖掘方法 …64

4.1.2 内容策划的原则 ……66

4.1.3 内容策划的主要任务 …67

4.2 新媒体文案写作 ……68

4.2.1 新媒体文案类型及特点 …68

4.2.2 写作新媒体文案标题 …71

4.2.3 写作新媒体文案正文 …73

4.3 新媒体新闻写作 ……… 79

4.3.1 认识新媒体新闻 ……79

4.3.2 新媒体新闻写作要领 …81

4.3.3 新媒体数据新闻写作
要领 ……… 84

4.4 AI 写作 ……… 86

4.4.1 认识 AI 写作 ……… 86

4.4.2 AI 写作的应用场景和
发展趋势 ……… 87

4.4.3 AI 写作的常用工具 ……88

4.4.4 使用 AI 写作的方法 ……89

实践训练 ……… 91

训练 1 使用文心一言写作
新媒体文案 ……… 91

训练 2 写作新媒体文案推广
空气循环扇 ……… 93

课后思考 ……… 94

第5章
新媒体广告 ……… 95

5.1 认识新媒体广告 ……… 96

5.1.1 新媒体广告的特征 ·········96

5.1.2 新媒体广告的常见类型 ···97

5.1.3 新媒体广告的计费
方式 ·················100

5.2 新媒体广告投放·········101

5.2.1 新媒体广告投放的一般
流程 ·················102

5.2.2 新媒体广告投放的预算
管理 ·················103

5.2.3 新媒体广告投放的效果
评估 ·················105

实践训练——在腾讯广告投放
广告 ·················106

课后思考 ·················108

第6章
常见新媒体应用 ·········109

6.1 微信·················110

6.1.1 微信的应用价值 ·········110

6.1.2 个人微信 ·············111

6.1.3 微信公众号 ···········112

6.1.4 微信小程序 ···········113

6.1.5 微信应用的典型案例 ···114

6.2 微博 ·················115

6.2.1 微博的常见类型 ·········116

6.2.2 微博的应用价值 ·········117

6.2.3 微博粉丝的获取和
维护 ·················118

6.2.4 微博应用的典型案例 ···120

6.3 网络直播 ·············121

6.3.1 认识网络直播 ·········121

6.3.2 网络直播的应用模式 ·····122

6.3.3 网络直播的实施与
执行 ·················123

6.3.4 网络直播应用的典型
案例 ·················126

6.4 短视频 ·················126

6.4.1 短视频的优势 ·········126

6.4.2 短视频的内容定位 ·······127

6.4.3 短视频的制作和发布·····128

6.4.4 短视频的营销策略和
技巧 ·················129

6.4.5 短视频应用的典型
案例 ·················131

6.5 小红书 ·················132

6.5.1 认识小红书 ···········133

6.5.2 小红书的内容创作·······133

6.5.3 小红书的运营策略·······135

6.5.4 小红书应用的典型
案例 ·················136

6.6 今日头条 ·············138

6.6.1 今日头条的内容机制·····138

6.6.2 今日头条的变现方式·····140

6.6.3 今日头条应用的典型
案例 ·················141

实践训练——为品牌制订平台运营
策略 ·················142

课后思考 ·················143

第7章
新媒体运营 ·············144

7.1 了解新媒体运营·········145

7.1.1 新媒体运营的具体
工作 ·················145

7.1.2 新媒体运营的常用
思维 …………………146

7.1.3 新媒体运营的能力
构成 …………………147

7.1.4 新媒体运营的工作
流程 …………………148

7.2 新媒体内容运营 ……………149
7.2.1 内容运营的功能 ………149
7.2.2 内容运营的核心环节 …149

7.3 新媒体用户运营 ……………151
7.3.1 用户运营的核心环节 …151
7.3.2 搭建合理的用户体系 …154

7.4 新媒体产品运营 ……………155
7.4.1 产品运营的基础知识 …155
7.4.2 产品运营的主要工作 …156
7.4.3 不同产品的运营策略 …157

7.5 新媒体活动运营 ……………159
7.5.1 活动的类型 ……………160
7.5.2 活动运营的完整流程 …161

7.6 新媒体融合运营 ……………165
7.6.1 新媒体与传统媒体融合
运营 …………………165

7.6.2 新媒体平台融合运营 …167
7.6.3 短视频与直播融合
运营 …………………168

**实践训练——为小程序制订用户
运营策略** ………………171
课后思考 ……………………172

第8章
新媒体管理和规划 …………173

8.1 新媒体管理 …………………174
8.1.1 掌握信息舆论的话语权和
主导权 ………………174

8.1.2 提升新媒体从业者和用户
的素质 ………………175

8.1.3 加强对新媒体的监管 …177
8.1.4 保证用户隐私安全 ……179

8.2 网络舆情 ……………………180
8.2.1 网络舆情的概念 ………180
8.2.2 网络舆情的基本特点 …181
8.2.3 网络舆情的传播特征 …182
8.2.4 网络舆情的发展阶段 …183
8.2.5 网络舆情的应对 ………185

**实践训练——应对某视频平台网络
舆情** ……………………187
课后思考 ……………………188

第 1 章

新媒体概述

【知识目标】

- 了解传播媒介、新媒体、新媒体产业的相关知识。

【能力目标】

- 能够区分新媒体的类型。

【素养目标】

- 传播积极向上的文化内涵，营造良好的网络舆论环境。

于志成每天早上都会挨个打开手机中的新媒体应用：先是回复微信留言，然后查看微博的热搜榜单，最后看看抖音有没有人给自己的短视频点赞。另外，凡是有通知消息的新媒体应用，他还会一一点开查看。然而这还只是他一天的开始，随后他将迎来新媒体应用全天候、无死角的陪伴。新媒体应用已成为他生活的一部分，帮助他感知外部世界的各种变化。

在众多新媒体应用中，陈宇龙特别喜欢使用小红书。他会利用碎片化的时间浏览小红书，如通勤路上、排队打饭的间隙等。他在小红书中更多关注的是摄影、美食及其他小众兴趣内容。

杨紫琳则会根据不同的社交圈层选择使用不同的新媒体应用。对于亲密的朋友，她会通过 QQ 联系；在工作场合，她会使用微信与同事、客户联系；抖音是她与拥有共同兴趣的朋友互动的平台；而微博则主要用于与某些特定事件相关的朋友保持联系。她举了一个例子，自己在考教师资格证时曾在微博超话中提问，然后与一个解答问题的同城朋友相互关注，并就与备考相关的问题进行了交流。

如今，新媒体应用已经全面影响着人们的生活。人们使用新媒体应用开展社交、分享短视频和图文消息、娱乐和获取信息等。在这样的背景下，新媒体产业呈现出蓬勃发展的态势，为人们的生活注入无限活力。

媒介和传播媒介　新媒体的概念　新媒体的类型与特征　新媒体产业及其发展

1.1　了解传播媒介

传播媒介的发展与人类社会的进步紧密相连，从最初的原始符号媒介、文字媒介，再到现在的印刷媒介、电子媒介、数字媒介和网络媒介，学习和了解传播媒介的历史发展过程，可以更加深入地了解人类社会的历史进程。

1.1.1　传播媒介的概念

在我国，"媒介"一词最早是指使双方发生关系的人或事物。其中，"媒"最早是指媒人，后引申为事物发生的诱因；"介"则是指居于两者之间的中介体或工具。英语中的"media（媒介）"一词大约出现于 19 世纪末 20 世纪初，是指使事物之间发生联系的介质或工具。

媒介是在传播过程中用以扩大并延伸信息传送的工具。例如，远古时代的"结绳记事"中的"结绳"就是媒介，其功能为记录和承载信息。在不同的历史时期，媒介的表现形式不同，但都是以知识的承载和传播为主要功能的。在传播学的意义上，媒介通常是指存储和传播信息的物质工具。媒介作为承载、传播知识的载体，也被称为传播媒介，也就是说，具备承载和传播信息功能的载体就是传播媒介。

在传播学的范畴内，传播媒介是指介于传播者与接收者之间，用以负载、传递、延伸、扩大特定符号的物质实体。传播媒介包含物体、符号和信息 3 个核心构成要素，它们相辅相成，缺一不可。

（1）物体。物体是构成传播媒介的前提条件，如树皮、树叶、龟甲、兽骨、羊皮、木竹、布帛和纸张等。

（2）符号。符号是构成传播媒介的第二要素，也是普通的物体与传播媒介相区别的重要标志。只有在树皮、龟甲和木竹等物体上写上传递一定信息的符号或文字，如图1-1 所示，这些物体才能称为传播媒介。

图 1-1　传播媒介

（3）信息。信息是传播者与接收者发生联系、形成互动的诱因和前提，任何有序、完整的符号都包含特定的信息，而且传播信息是传播媒介的基本功能。

1.1.2　传播媒介的发展

第二次工业革命以后，传播媒介开始打破时间及空间的限制。以电影、广播、电视等为代表的传播媒介层出不穷，它们具有传播速度快、影响范围广、易于被大众接受等特性，因此又被称为大众传播媒介。机械印刷的报纸、杂志及无线电、电视和互联网等都是用以向大众传播信息或影响大众意见的传播工具，都属于大众传播媒介的范畴，因此，传播媒介可以分为印刷类和电子类两种类型。

1．印刷类传播媒介

印刷类传播媒介是通过在纸上印刷文字来传播信息的载体，也被称为文字媒介，主要包括报纸和杂志两种类型。

（1）报纸。报纸是一种以刊载新闻和时事评论为主的，定期向公众发行的印刷出版物，具有信息详细且可保存、内容可选择、生产成本低廉等特点。报纸在一定程度上能够反映和引导社会舆论，在很长一段时间内是传播信息的重要载体。

（2）杂志。杂志是一种注重时效性的宣传册页，与报纸相比，杂志传播的信息更加详尽和明确，且有专业的人群定位，内容针对的用户更加专业和精确。因此，杂志的发行量和用户量相对较少，其传播和普及的范围也小于报纸。

2．电子类传播媒介

电子类传播媒介是指建立在电子应用技术基础上的信息传播载体，主要包括广播、电视和互联网3种类型。

（1）广播。广播是指通过无线电波或导线传送声音的新闻传播工具。作为传播媒介，它的优势是信息传播能够多点投递且传播速度快，收听范围较广泛。但由于广播媒介电子技术的局限性，广播存在弱时效性、不可逆性和无法选择性等缺点。

（2）电视。电视是利用技术手段和设备传输活动的图像画面和音频信号的设备，是一种重要的广播和视频通信工具。电视具有真实性、实时性和普及性的特点，能够实播、转播或重播具体的图像、视频和音频等，实现信息的广泛共享。所以，电视是常用的传播媒介之一。

（3）互联网。互联网是通信技术和媒介传播发展的产物，其主要功能是为人们提供信息交流和传播的平台。互联网可以让人们不受时间和空间的限制进行信息交流和传播，并满足公众对媒介的个性化需求，用户范围广泛，是主流的传播媒介类型。

提个醒

不同的传播媒介总是在发展过程中扬长避短、相互促进，并吸收和借鉴其他传播媒介的优势，而且新的传播媒介通常会对原有的传播媒介造成冲击，迫使原有的传播媒介自动升级和进化，以便在激烈的竞争中生存下去。

1.1.3　传播媒介的类型和特点

随着电子类传播媒介的兴起和发展，传播媒介被定义为传播信息内容的载体。这包含两层意义：一是指传递信息的工具和手段，如报纸、杂志、广播、电视和互联网等与传播技术有关的媒介；二是指从事信息采集、选择、加工、制作和传输的组织或机构，如报社、杂志社、电台、电视台和网站等。

下面根据传播媒介的含义分别介绍传播媒介的类型和特点。

1．传播媒介的类型

传播媒介的类型有很多种，通常可以按照不同的分类依据进行划分。

（1）按媒介出现的历史顺序划分。按照媒介出现的历史顺序，传播媒介可以分为符号媒介、语言媒介、文字媒介、电子媒介和网络媒介。

（2）按传播对象划分。按照传播对象，传播媒介可以分为个体传播媒介和大众传播媒介。大部分的媒介都属于大众传播媒介，传播对象为个体的传播媒介，才被称为个体传播媒介，如书信、名片、电子邮件、手机短信、微信和微博等。

（3）按传播目的划分。按照传播目的，传播媒介可以分为公益性媒介和营利性媒介。公益是公共利益的简称，如国家或政府是公共利益的代表，对应地，国家或政府传播信息时使用的媒介就是公益性媒介，如各级人民政府网站等；营利性则是指出资者、股东或举办者为获取利润而投资经营，可依法从所投资的事业或企业获取资本收益，具备这种特性的传播媒介就是营利性媒介，如杂志、付费电视频道、电商网站等。

（4）按作用感官划分。按照媒介所作用的感官不同，传播媒介可以分为听觉媒介、视觉媒介和视听媒介。听觉媒介是通过听觉刺激而感知信息内容的媒介，如广播、唱片和音乐网站等；视觉媒介是通过图形、文字等视觉方式传播信息内容的媒介，如报纸、杂志等；视听媒介则是同时具备听觉媒介和视觉媒介特征的传播媒介，现在大多数的电视媒介和网络媒介都属于视听媒介的范畴。

2. 传播媒介的特点

传播媒介通常具有实体性、扩张性、还原性、中介性和负载性 5 个特点。

（1）实体性。实体性是指传播媒介都是用于传播的实体，是有质地、形状、重量，可见、可触、可感，有磨损、消耗和锈蚀的物质存在，如报纸、杂志和电视机等。

（2）扩张性。扩张性是指传播媒介不仅可以使传播和接收信息的双方产生联系，还可以将人的思维、情感和所见所闻进行扩展和延伸，影响、感染或教化其他人。

（3）还原性。还原性是指传播媒介在将传播者编制的符号传递给接收者后，还能将接收者接收到的符号保持原始符号形态，不对原始符号做扭曲、变形和嫁接处理。

（4）中介性。传播媒介的中介性有两层含义：一是指居间性，传播媒介居于传播者和接收者之间；二是桥梁性，传播者和接收者可以通过传播媒介交流信息、建立联系。普通物体（如屏风、木板、幕布、墙体等）插入二人之间，会产生隔离的作用，这些物体只有居间性，没有桥梁性，所以不具备中介性。但传播媒介在传播者和接收者之间，成为双方建立联系、沟通信息的纽带，同时具备居间性和桥梁性。

（5）负载性。传播媒介不仅负载符号，而且通过符号负载信息或内容。因此，在负载性的作用下，传播媒介不仅指物质实体（如纸张、电视机等），还指媒介实体、符号和信息的混合物（如报纸、杂志、广播、电视、互联网等），甚至泛指媒介机构或媒介组织（如大众媒介、新闻媒介等）。

提个醒

通常人们将在印刷类传播媒介和电子类传播媒介基础上发展起来的新的媒介形态称为新传播媒介。广义上的新传播媒介主要是指以数字化、多媒体、计算机网络和卫星通信等技术为基础，发展演变出现的新型传播媒介，包括数字电视、网络电视、电子出版物和互联网等。狭义的新传播媒介只包含互联网、移动网络等传播媒介。与传统传播媒介相比，新传播媒介的"新"是指新技术所带来的数字化、大容量、易检索、快速、便捷、高交互性等显而易见的特征。

1.2 新媒体的界定

在通常情况下，传播媒体和传播媒介、新媒体和新媒介这两组词的意思大致相同，最早的新媒体就是指新传播媒介。当然，媒体与媒介是有区别的：媒体强调的是传播主体（传播机构），或者强调介质的大众传播属性；而媒介更多用于新闻传播领域，更强调传播介质的属性。但需要注意的是，新媒体是一个不断变化的概念，与传统媒体（以传统方式进行传播的媒体，如报刊、电视、广播等）相比，新媒体的特点和构成要素等存在较大区别。

1.2.1　新媒体的概念

在现代社会，学术界的很多专家对新媒体进行了研究，并从不同角度得出了一些关于新媒体的定义。

（1）新传媒产业联盟秘书长对新媒体的定义："新媒体是以数字信息技术为基础，以互动传播为特点、具有创新形态的媒体。"

（2）美国《连线》杂志对新媒体的定义："所有人对所有人的传播。"

（3）联合国教科文组织对新媒体的定义："以数字技术为基础，以网络为载体进行信息传播的媒介。"

（4）清华大学新闻与传播学院教授对新媒体的定义："新媒体主要指基于数字技术、网络技术及其他现代信息技术或通信技术的，具有互动性、融合性的媒介形态和平台。在现阶段，新媒体主要包括网络媒体、手机媒体及其两者融合形成的移动互联网，以及其他具有互动性的数字媒体形式。"

结合上述定义，目前比较流行的新媒体的定义是：新媒体是一个宽泛的概念，是利用数字技术、网络技术，通过互联网、宽带局域网、无线通信网、卫星等渠道，以及计算机、手机、数字电视机等终端，向用户提供信息和娱乐服务的传播形态。

1.2.2　新媒体的构成要素

随着移动互联网技术的迅猛发展，新媒体已经广泛应用于教育、民生、行政事务等领域。虽然新媒体的形态处于不断的变化和延展中，但新媒体存在一些基本的构成要素。

1．技术基础

新媒体是一种主要以计算机信息处理技术（包括数字技术和网络技术等）为基础创建的媒体形态，以互联网、卫星网络、移动通信等为运作渠道，并使用有线与无线通道的传送方式（如互联网、手机媒体、移动电视和电子报纸等）。

2．呈现方式

新媒体中的信息通常以声音、影像、图片和文字等复合形式呈现，这得益于新媒体不断发展的先进技术，这种信息的呈现方式被称为多媒体。多媒体可以进行跨媒体、跨时空的信息传播，还具有传统媒体无法比拟的互动性等特点。

3．传播范围

使用新媒体传播信息时，大多不受时间和地点场所的限制，人们可以实时通过新媒体在互联网或电子信号覆盖的区域发送或接收信息，所以全天候和全覆盖的传播范围也是新媒体的构成要素之一。

4．创新性

新媒体的创新性主要体现在技术、运营、产品和服务等方面，因为新媒体也是媒体机构，为了获取经济收益，也需要在商业模式上进行创新。

5．媒介融合

媒介融合是新媒体的重要构成要素，很多新媒体都是多种媒介形态的融合和创新，如手机电视就是无线网络、手机和电视等多种媒介的融合。在媒介融合的形式下，传统媒体也可以借助先进的数字技术和网络技术转变成新媒体。例如，传统的报纸、广播、电视可以升级为数字报纸、数字广播和数字电视。

1.2.3 新媒体与传统媒体的区别

新媒体与传统媒体是一组相对概念，两者的区别主要体现在 4 个方面。

1．信息双向化

传统媒体的信息流动是单向的，信息通过电视、报纸、杂志等传播出去后，信息传播者无法及时获取用户反馈。但在新媒体时代，用户既是信息的接收者，也可以成为信息的传播者。在大多数新媒体平台，普通用户可以随时随地分享所见所闻。新媒体为用户提供了交流的平台，也给很多用户带来了变现的机会。用户可以通过新媒体平台发布信息，吸引其他用户观看，继而实现新媒体平台账号的"涨粉"，再通过广告植入、电商卖货等方式获取收益。

2．互动性更强

新媒体具有更强的互动性。用户可以通过点赞、评论等方式与内容发布者进行即时互动。一些新媒体平台会收集并分析用户的反馈数据，如停留时长、点赞情况、评论情况等，以此判断用户的内容偏好，便于向用户推送其可能感兴趣的内容。

相较于传统媒体，新媒体更强的互动性可以帮助企业找到更精准的目标用户，投放更有针对性的广告信息，并且可以根据用户的互动反馈判断所推送信息的质量，及时调整推广策略等。

3．内容多元化

由于在新媒体平台发布内容的门槛很低，所以大量的普通用户都乐于参与内容的创作及传播，传播内容的来源不再局限于传统媒体机构。内容创作者的增加，让新媒体平台上的内容更加多元化。在新媒体平台，用户可以通过不同类型的内容满足自己娱乐、学习、了解资讯等多方面的阅读需求。与之相对应，内容创作者可创作的题材也更加多元化，只要发布的内容符合平台规范并具备质量保证，就有机会在新媒体平台获得广泛传播。

4．传播速度快

传统媒体上的信息传播速度相对较慢。例如，报纸媒体想刊登一则新闻，往往需要经过编辑、排版、印刷、发行等多个环节，从新闻事件的发生，到用户阅读，到相关报道，可能需要数个小时。即使是传播速度相对较快的电视媒体，其大部分播出的内容也是事先编辑和安排过的，实况直播的内容较为少见。由于互联网的出现及技术手段的革新，信息在新媒体平台可以更快速地传播，这为企业带来了更多的便利。例如，企业可以通过直播的形式销售产品，方便用户更快速、直观地了解产品，从而增加产品的销量。

1.3　新媒体的类型与特征

随着互联网的发展，大量基于互联网技术的新媒体开始出现。这些新媒体呈现不同的形态，并具有不同的特征。

1.3.1　新媒体的类型

新媒体的"新"是与"旧"相对而言的，随着信息技术的发展，不同的时代会诞生各种类型的新媒体。从发展演进的时间顺序看，新媒体大致可以分为3种类型。

1. 数字新媒体

数字新媒体是指传统媒体经数字化技术改造后形成的新媒体类别。随着信息技术的不断发展，传统媒体不再坚持固有的传播方式，而是积极与互联网媒体、移动互联网媒体融合，以数字技术作为支撑，将传播的内容以图像、视频、动画、音频等形式呈现，转型成为数字新媒体。

常见的数字新媒体包括由书籍、报刊转型的电子书、数字期刊，由广播转型的车载卫星收音机、网络收音机等数字广播，由电视转型的交互式网络电视（Internet Protocol Television，IPTV）、车载移动电视（见图1-2）、楼宇电视（见图1-3）等数字电视。

图 1-2　车载移动电视

图 1-3　楼宇电视

其中，IPTV是一种集互联网、多媒体、通信等技术于一体，利用宽带网向家庭用户提供包括数字电视在内的多种交互式服务的新技术。车载移动电视通常安装在公交车、地铁和出租车等公共交通工具上，通过无线发射、地面接收的方式进行电视节目和信息的传播。楼宇电视是指以数字电视机为接收终端，以播出电视广告和其他节目为表现手段，将商业楼宇、卖场超市、校园等场所作为传播空间，播放各种信息的新兴电视传播形式。

2. 网络新媒体

网络新媒体是以计算机和互联网为传播载体，能够有效传播文字、图像、音频、视频等信息的新媒介。在互联网发展早期阶段（Web1.0阶段），用户只能通过门户网站等

被动接收信息，信息的获取、使用过程缺乏个性和多样性。随着互联网发展进入 Web2.0
阶段，用户可以自主生成信息内容，并通过网络进行发布和分享，此时的网络媒体才可
以称为网络新媒体。常见的网络新媒体包括 PC（Personal Computer，个人计算机）端
通信工具（如 QQ）、社交网站（如网页版微博）、网络论坛（如百度贴吧）、视频网站
（如爱奇艺）等。

3. 移动新媒体

移动新媒体是对便携式新兴媒体的统称，其以无线网络作为传媒媒介，以移动设备
作为载体。移动新媒体的优势主要是便携、使用灵活方便，即时性、互动性强。目前，
移动新媒体的载体主要是智能手机，随着智能手机的高度普及，移动新媒体已经成为当
前主流的新媒体类型。移动新媒体的典型服务和产品包括移动社交（如微信）、移动新
闻客户端（如今日头条）、移动阅读（如微信读书）、移动视频（如抖音）等。

1.3.2 新媒体的特征

随着互联网的发展，人类的生活已经与数字化网络融合，开启了崭新的新媒体时代。
新媒体的内容涵盖面广，表现形式也日趋多元化。下面从传播、舆论和文化 3 个方面介
绍新媒体的特征。

1. 传播特征

从传播的角度来看，新媒体比传统媒体更加先进和便捷，是一种具有强大生命力的
传播媒体，其具有多个传播特征。

（1）主要依赖数字化技术。新媒体的数字化以信息科学和数字技术为主导，以大众
传播理论为依据，是将数字信息传播技术应用于文化、娱乐、商业、教育和管理等领域
的过程。新媒体的数字化包括图像、文字、音频、视频等各种形式，以及在传播形式和
传播内容中采用数字化，即信息的采集、存取、加工、管理和分发的数字化过程等。数
字化的新媒体已成为信息社会中新的、广泛的信息载体，几乎渗透人们生活与工作的方
方面面。

（2）由单向传播转变为交互性传播。传统媒体的传播方式是点对面的单向传播，而
新媒体的传播方式却是双向的。传播者与接收者之间能够进行信息的相互传递，增加了
两者之间的交互性，使得两者之间的交流更顺畅、更及时、更深入。

（3）传播行为更加个性化。新媒体实现了信息传播与接收的个性化，这里的个性化
是指新媒体可以通过网络，基于用户的使用习惯、偏好和特点等，为每位用户单独提供
满足其个性化需求的服务。而且，新媒体中的每位用户都能成为信息的发布者，可以通
过新媒体表达观点、传播信息，传播内容与传播形式等完全由用户自行决定。另外，用
户对信息具有完整的操控权，可以运用新媒体选择信息、搜索信息甚至发布信息。

（4）传播成本降低。新媒体传播突破了地域的限制，可以轻松实现低成本的跨国传
播；而传统媒体虽然理论上也能进行全球传播，但传播距离越远，其传播的成本就越高。
新媒体传播的广泛性使得用户可以低成本地在世界范围内便捷地选择其喜爱的媒体，并主

动获取所需的信息，增加了信息的开放性和透明度。

（5）传播更新速度快。新媒体传播的更新周期可以分或秒计算，而广播和电视等传统媒体的更新周期则以小时或天计算，报纸的更新周期以天或周计算，杂志或图书的更新周期则更长。

（6）从单一传播到融合传播。新媒体传播是多种技术和途径的融合，其突出表现为高度的融合性。新媒体打破了传统媒体的单一分工和界限，催生了媒体之间的融合，使传递的信息更加全面翔实。例如，现在的电视和广播节目均可在网络新媒体上进行实时传播，重大公共事件在传统媒体上报道的同时，也会在微博或网站等新媒体平台中同步更新。

（7）实时发布和异步接收。新媒体使用软件和网页等呈现内容，可以轻松地实现全天、全年在线，在发布信息时，不仅无时间限制，还可做到实时加工发布。而在用户接收信息时，则可以表现出异步接收的特征。这里的异步接收是指用户接收信息可以不受新媒体信息发布时间的限制，而是按自己的需要随时进行接收，也就是信息发布和信息接收可以不同步进行。

（8）共享海量的传播信息。建立在互联网基础上的新媒体能够使用户共享海量的信息资源。用户不仅可以通过互联网中运行的各种信息数据库，随时检索存在的历史文件，而且可以不限时、不限量地通过网络存储和传播信息。特别是在新闻传播领域，新媒体共享海量的传播信息这一重要特征开拓了实施"深度报道"的纵深途径，可以保证用户对新闻的背景及影响进行全程观察，有利于用户对新闻的真实性和正确性等做出客观的评价。图1-4所示为某新闻报道列出的时间线，便于用户全面了解相关背景。

图 1-4　新闻报道列出的时间线

2．舆论特征

广义的新媒体舆论泛指一切在新媒体中传播的社会舆论；而狭义的新媒体舆论则是指网络舆论，即用户对所关注的某一问题在网络平台中发表并传播的一致性意见。新媒体所具有的交互性和实时性等传播特征使得新媒体舆论呈现出以下异于传统媒体舆论的特征。

（1）自动产生议题。传统媒体以客观规律为基础，通过反思意识、预见性工作和定位调节，确定舆论议题。这些议题往往局限在一些重大的、显著的、反映社会主流思想价值观念的事件上。在新媒体时代，传播行为的个性化、传播的交互性，传播环境的相对自由、开放，以及信息传播的迅速、快捷等特点，使得用户的个人议题在短时间内可以迅速扩展并放大成为公众议题或社会议题。所以，新媒体的舆论议题大多数根据用户的个人议题自动产生并扩散，缺乏传统媒体舆论的反思意识和提前预见性工作。

（2）扩展舆论传播空间。传播空间的大小可以看作衡量舆论的社会影响力的一项重要指标。而新媒体基于互联网技术、无线网络技术和数字媒体技术，能够支持舆论传播超越地域的界限，使新媒体的舆论传播在空间上拥有了更大的可能性。

（3）缩短舆论形成的周期。传统媒体产生议题后，社会舆论通常在信息发布后的几周内受到影响，变化最显著的时间段则在信息发布后的8～10周。新媒体议题产生社会舆论的时间则比较短，由于新媒体中的信息可以及时发布并实时更新，通过便捷、畅通、低成本的发布和反馈渠道，新媒体中的议题能快速影响用户的意见。尤其是在有线载体（互联网）和无线终端（手机）的结合下，用户可以更迅速地传播信息和汇集意见，新媒体议题在吸引更多关注者和参与者的同时迅速成为舆论热点。

3. 文化特征

文化作为人类独有的现象，伴随着人类生存和发展的历史不断演进，而媒介在人类文化的形成和发展过程中起关键性的传播作用。新发展阶段的新媒体具有4个显著的文化特征。

（1）全球化扩展与不同文化的兼容。不同国家、地区的不同文化通过新媒体进行传播，促进不同文化相互影响、碰撞和融合，最终形成一种被广泛接受的文化形态。

（2）大众娱乐化。用户通过视觉、触觉和听觉等一切感觉通道来感受新媒体，各种大众化的娱乐项目在新媒体时代得到普及和强化，用户通过新媒体放松自我、获得乐趣。这种大众化的娱乐精神，已成为新媒体用户的主要状态，大众娱乐化也就发展成为新媒体的文化特征之一。

（3）平民文化。新媒体文化在一定程度上是一种大众文化、平民文化，这充分体现了人民群众对历史的伟大创造作用。用户能够在新媒体中生产信息、传播信息和接收信息，成为文化的创造者和文化传播的参与者。例如，新媒体平台上有很多普通用户发布的内容（见图 1-5），这些内容贴近日常生活，反映的是普通用户的所思所想，很好地体现了普通用户的创造力。

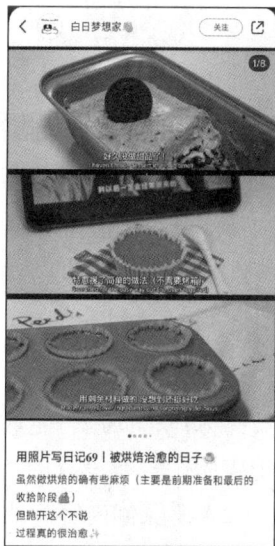

图 1-5　普通用户发布的内容

目前，新媒体中的平民文化正在蓬勃发展，但其中也包含不少负面问题，如不健康的价值观、过度娱乐化内容等。新媒体平台和运营者有责任承担传播优秀文化的重任，积极推动正面价值观的传播，引导用户关注平民文化中积极向上的内容，营造健康、有序的新媒体环境。

（4）文化的双面性。文化的双面性是新媒体的重要特征之一，即虚拟和现实两个方面的交融。新媒体时代文化的双面性主要表现在网络虚拟世界中文化的相互影响日益紧密，被文化影响的用户则关系紧密、交流频繁。

1.4 新媒体产业及发展概况

新媒体产业的快速崛起正在改变人们获取信息、沟通交流和娱乐的方式，随着技术的不断进步，新媒体产业将继续带来更多创新和发展机会，成为推动经济增长和文化交流的重要驱动力。

1.4.1 新媒体产业的类型和特征

新媒体产业通常是指以数字技术、计算机网络技术和移动通信技术等新兴技术为依托，以数字新媒体、网络新媒体和移动新媒体为主要媒介，按照工业化标准进行生产、再生产的产业类型，是当代文化创意产业的重要组成部分。

1. 新媒体产业的类型

根据盈利方式的不同，新媒体产业可以划分为新媒体广告产业和新媒体内容产业两种类型。

提个醒

按照盈利方式进行划分的两种新媒体产业类型中，占主体地位的是新媒体内容产业，新媒体广告产业则处于依附和从属地位。随着新媒体产业的不断发展，新媒体内容产业所占的比重还会继续加大。

（1）新媒体广告产业。新媒体平台可以通过网站、App等渠道展示广告，并通过精准投放技术将广告推送给目标用户，同时向广告主收取广告费用。新媒体广告不但具备传统媒体广告向广告主收取费用的一般性特征，而且还具备多元化、互动性和个性化等传统媒体广告所没有的特征。

（2）新媒体内容产业。新媒体内容产业的盈利方式与传统媒体产业完全不同，其盈利来源主要是通过新媒体平台向个人用户销售内容和服务，以此收取相关费用。新媒体内容产业有很多细分产业，常见的细分产业如表1-1所示。

表 1-1 新媒体内容细分产业

细分产业	内容
数字出版	电子书、数字杂志、数字报纸等数字化出版物
音乐产业	在线音乐平台、音乐 App、数字音乐下载和流媒体等
视频产业	短视频平台、视频分享网站、在线视频订阅服务等
知识付费	在线教育付费课程、知识分享平台
数字艺术	数字艺术展览、数字艺术品销售

2. 新媒体产业的特征

新媒体产业是当代社会发展中的重要组成部分,伴随着互联网和数字技术的快速发展,新媒体产业呈现出 5 个特征。

(1)集群性。产业是由一系列相互联系的企业、组织或行业,按照一定规律组合而成的集合。新媒体产业是由信息收集、内容生产、硬件制造、信息平台、服务提供和运营推广等多个环节组成的信息传播产业链,通过这种汇集大量企业的产业链,新媒体产业不但形成了规模经济,降低了整个产业的生产成本,还能通过集群性的优势吸引更多的企业加入新媒体产业。

(2)生产性。新媒体产业生产的产品以无形的内容为主,通过对思想、文化和意识形态等具体内容的编辑、加工和重构,不断地生产内容产品。这在为无形的内容产品增加价值的同时,也为社会创造了价值,从而使新媒体产业成为国民经济的重要组成部分。

(3)增值性和循环性。新媒体产业具有一个汇集大量企业的产业链,也就构成了有机、统一的经济收益整体(也可以称为价值产业链)。在这个整体中,每个价值产业链环节都由大量的同类型企业构成,上游企业在价值产业链环节中的功能通常以内容生产和服务集成为主,下游企业在价值产业链环节中的功能通常以平台运营和产品营销为主。价值产业链的各个环节紧密关联、相互制约、相互依存,整个价值产业链中的所有环节相互交换物质、信息和资金,共同推进新媒体产业的价值递增。

提个醒

在经济学的范畴内,产业是指具有某些相同特征或共同属性的,或生产同类产品的企业、组织或行业的组合,新媒体产业具有所有产业共有的经济学属性。上述的集群性、生产性,以及增值性和循环性就属于所有产业都具有的经济特征。

(4)融合性。媒介融合不但是新媒体的构成要素,而且是新媒体产业典型的承载和反映。表现在新媒体产业中的媒介融合就是产业融合。产业融合是推动新媒体产业向前发展的核心力量,这里的"融合"是指新媒体产业中的内容、技术和形态不断地交融和统一,推动新媒体产业价值链的有机整合,发现和催生新的业务方式和盈利方式,并促进信息传播产业新的生态环境和新的产业结构的形成。所以,产业融合是新媒体产生、存在和发展的必备条件,也是新媒体产业生存和发展的主要方式。

提个醒

新媒体产业的各种具体形态也是在媒介融合的推动下产生和发展起来的，如网络+电视、手机+报纸、手机+视频等。

（5）不稳定性。不稳定性也是新媒体产业区别于传统媒体产业的特性之一。新媒体产业通常会表现出明显的融合性、竞争性和变动性，这 3 个特性是新媒体产业不稳定性的主要表现形式。首先，融合性是由媒介融合这一新媒体的构成要素决定的，新媒体产业诞生之初就表现出明显的融合性。其次，所有的产业形态都具备竞争性这一基本特征，而在新媒体产业的产业价值链的整合和渗透过程中，上下游的企业和各个环节之间激烈的竞争和重组，使竞争性体现得尤为突出。最后，在融合性和竞争性的相互作用下，新媒体产业具备了与时俱进的变动性，而且这种变动性大多表现为一种良性的、积极的变动，为新媒体产业的发展起到了一定的促进作用。

1.4.2　新媒体产业的发展概况

在网络和信息产业的推动下，我国的经济结构在不断转型优化，新媒体产业不但与多个行业和领域实现了深度融合和创新，还广泛涉及社会经济和民生的各个方面，成为影响未来社会发展的重要因素。

1．新媒体产业的发展现状

传统媒体产业与新媒体产业的融合和优势互补促进了文化产业的发展，新媒体产业已经成为一种促进经济发展的动力。目前，我国新媒体产业的发展现状呈现出以下特点。

（1）传统平面媒体走向没落。《中国新媒体发展报告 No.11（2020）》指出，新媒体已经成为我国网民获取新闻信息的主要渠道。而报刊等传统平面媒体则步履维艰，各类传统平面媒体的广告资源量持续下降，其中汽车、房地产等传统广告大户的流失情况最严重，大量消失的报亭、停刊的报纸也印证了传统平面媒体产业的没落。

（2）媒体融合进一步加深。国家战略性发展规划已经明确指出，要将传统媒体与新媒体进行进一步融合，发展适应新时代特点的媒体产业。从整个媒体产业现阶段的发展情况来看，媒体融合已经步入深度融合的发展阶段。

（3）"互联网+"产业高速发展。"互联网+"政策促进新媒体产业升级，并带动了多个传统产业的转型，形成新的经济形态并实现了高速发展，如互联网金融、互联网医疗和互联网教育等。

（4）移动互联占据主导地位。随着 5G 移动通信技术的推广和普及，以及基础网络设备的不断完善，移动互联网发展浪潮持续推进，媒体承载的信息资源量会进一步引发广告营销模式的变革。5G 技术的广泛应用也将为移动互联网用户带来更佳的使用体验，先进的技术将牵引更多用户向新媒体平台转移，进一步为移动互联网提供动力。

（5）网络视频产业发展迅猛。近年来，新媒体产业中发展较快、呈现强劲发展势头的是网络视频产业，许多视频平台通过资本运作引进投资，掌握了大量发展资源，而且通过收益分成、付费服务和衍生品利润等多种盈利方式获得了极高的收益。未来，随着移动通信技术的发展和基础网络环境的进一步优化，移动视频、视频直播的市场前景将更为广阔，商业价值也会进一步增加。

（6）移动广告市场进一步扩大。伴随着移动应用和新媒体平台的快速发展，新媒体产业聚集了大量的网络用户流量，移动广告业的市场规模迅速扩大，各大新媒体平台开始利用自身流量和用户优势，大力开发移动广告市场，将广告、电子商务、增值服务等多元模式嵌入原先单纯的信息传播或新闻播放，通过多样化的增值服务实现自身的商业价值。

（7）优化和升级政务新媒体平台。各种政务新媒体平台在传统的信息传播功能基础上不断深入改革和创新，逐步开始进行精细化管理，向用户提供各种便民和政务服务，并将提供精准服务明确树立为政务新媒体平台的发展方向。升级后的政务新媒体平台将提升运营和管理水平，切实发挥平台的信息发布功能和沟通连接作用，并通过多个地方性政务新媒体平台的合作形成较强的区域性影响力，实现政务信息的公正、公开、真实和迅速的传播。

2．新媒体产业的发展趋势

近年来，我国新媒体产业蓬勃发展，呈现出 4 个发展趋势。

（1）互联网平台监管进入常态化阶段。2021 年以来，我国陆续出台了一系列互联网监管政策，如国家网信办等部门在 2022 年联合发布的《互联网信息服务算法推荐管理规定》，要求算法推荐服务提供者坚持主流价值导向，积极传播正能量，不得利用算法推荐服务从事违法活动或传播违法信息，应当采取措施防范和抵制传播不良信息。此外，中共中央政治局也在 2022 年 7 月的会议上强调常态化监管。可以预见的是，我国对互联网平台的常态化监管预计将在一定时期内保持相对稳定，相关政策将继续完善和更新，以确保互联网平台的规范运营、公平竞争，促进互联网行业的健康持续发展。

（2）互联网企业加速探索出海业务。根据 36 氪出海发布的数据，2022 年我国互联网企业在海外上线的非游戏类产品多达 30 多款，相关数据较上年明显增加。游戏、网络文学等领域是互联网企业出海的热门门类。

（3）人工智能产业快速增长。2022 年 11 月，ChatGPT 横空出世，成为全世界瞩目的焦点。仅在一周内，其就获得了超过 100 万的用户，且月访问量高达 2100 万人次。ChatGPT 的出现促使人们加大了对人工智能的关注，国内也迅速出现了大量人工智能平台和工具。可以预见的是，我国人工智能产业将进入快速增长阶段，而与人工智能联系紧密的新媒体行业将大为受益。

（4）出版行业与新媒体进一步融合。随着新媒体时代的到来，用户的阅读习惯发生了巨大的改变，在这样的冲击下，出版行业也在积极应对挑战，主动与新媒体融合，推出电子出版物，如电子书、有声书等，带动数字阅读新风尚的形成。随着各种新兴技术的逐渐成熟和用户体验的提升，未来用户对电子出版物的接受度将越来越高，电子出版物的内容范围也会更加广泛。

实践训练——对比分析《人民日报》纸质版和官方微博账号

【实践背景】

当下，各大传统媒体纷纷在新媒体平台注册账号并发布内容，《人民日报》就是其中的典型代表。对比分析《人民日报》纸质版和官方微博账号，有助于加深对新媒体和传统媒体区别的认识。

【实践目标】

（1）深刻理解新媒体与传统媒体的区别。

（2）从互动性、信息传播便利性和速度、内容 3 个方面分析《人民日报》纸质版和官方微博账号的区别。

【实践步骤】

《人民日报》纸质版是传统媒体的典型代表，且其官方微博账号拥有众多粉丝，内容也受到广大用户好评。下面展开对比分析，具体操作步骤如下。

（1）阅读《人民日报》纸质版的 PDF 文件。在百度中搜索"人民日报"，单击带有"官方"标志的"人民日报-人民网"链接，如图 1-6 所示。打开的网页中会默认显示"第 01 版：要闻"（单击页面右侧的写有版面编号的按钮可以切换显示的版面），单击"PDF 下载"按钮，在打开的页面中认真阅读整版《人民日报》纸质版的内容。

图 1-6　单击"人民日报-人民网"链接

（2）浏览《人民日报》官方微博账号。进入《人民日报》官方微博账号主页，浏览其最近发布的微博，并查看微博下方的评论。

（3）对比分析互动性。《人民日报》纸质版未提供互动的渠道，其信息传播是单向的；《人民日报》官方微博账号的每条微博都可以留言评论，用户还可以通过发私信、转发微博等方式与账号互动，其信息传播是双向的。

（4）对比分析信息传播便利性和速度。《人民日报》纸质版虽然可以通过网络传播，但单篇内容太长，且只能通过网页或文件的形式转发，传播不便利，且传播速度较慢；《人民日报》官方微博账号发布的内容短小精悍，一键即可转发，传播便利且速度快。

（5）对比分析内容。《人民日报》纸质版的内容较严肃，集中于政治、社会、民生、科技等方面，语言表述严谨，有一定的深度和专业性；《人民日报》官方微博账号发布

的内容更加丰富，既有严肃的新闻，又有与普通人生活、情感相关的轻松分享（见图
1-7），人情味更足，能够拉近与用户的距离。

图 1-7　《人民日报》官方微博账号发布的内容

课后思考

（1）请简述新媒体与传统媒体的区别。

（2）结合自己的理解，说说新媒体的发展过程是怎么样的。

（3）你手机中安装了哪些新媒体应用？这些应用为什么是新媒体应用？

（4）浏览《人民日报》官方微博账号发布的内容，并安装、使用人民日报 App，思考传统纸媒是如何与新媒体融合的。

（5）选择一种新媒体平台，从网上收集相关的信息，分析其具备哪些新媒体的特征。

（6）从网上收集互联网监管的相关政策，分析这些政策对新媒体产业的影响。

第 2 章

新媒体技术

【知识目标】

● 熟悉新媒体技术的相关知识，以及常见的新媒体技术和新兴的新媒体技术。

【能力目标】

● 能够判断某一新媒体技术的分类。

【素养目标】

● 了解新媒体技术的发展趋势及其在社会发展方面的积极作用，并积极学习新媒体技术。

引导案例

2023 中国新媒体大会主题活动中国新媒体技术展于 2023 年 7 月 11—13 日在湖南长沙举办。本次技术展以"智慧促深融"为主题，重点聚焦人工智能（Artificial Intelligence，AI）新技术新应用、智慧媒体服务社会治理新场景等，呈现新技术赋能融合发展新生态。

在技术展中，科大讯飞展示了其打造的 AI 数字人。AI 数字人高度还原真人声音和形象，不仅发音清晰、情感充沛，而且肢体动作、表情和口型等与真人非常相似，如果没有现场工作人员的讲解，观众很难分辨出画面里的主播是真人还是 AI 数字人。另外，观众还可以根据自己的喜好快速设置 AI 数字人的声音和形象，只需简单地输入文本或录音，即可一键制作 AI 数字人播讲的音、视频作品。

此外，腾讯多媒体实验室展出了自研 AI 通用作曲框架 XMusic。用户只需上传视频、图片、文字、哼唱等内容，XMusic 即可生成情绪、曲风、节奏可控的高质量音乐。例如，输入"轻松"二字，XMusic 就会生成一段节奏舒缓、旋律轻快的音乐。XMusic 的使用场景非常广泛，包括互动娱乐、辅助创作和音乐教育等。

以人工智能为代表的新兴新媒体技术还有很多，如大数据和云计算等，这些技术的发展将对新媒体行业乃至人们的日常生活带来巨大的改变。

本章要点

新媒体技术的构成　常见的新媒体技术　新兴的新媒体技术

2.1　了解新媒体技术

在历史发展的进程中，媒体的进化都是建立在媒体技术进步的基础上的，如电子技术的产生和发展促进了无线电、广播和电视等媒体的兴起和发展，计算机技术、网络技术和现代通信技术等新技术的产生和发展推动了新媒体的诞生和发展。因此，新媒体技术的重要性不言而喻。

2.1.1　新媒体技术的概念

如果把新媒体理解为新的技术支撑体系下出现的媒体形态，那么，新媒体技术就是在新媒体环境下出现的用于支撑新媒体形态的所有新的技术，涵盖信息采集和生产技术、处理和传播技术、存储和播放技术、显示和管理技术，以及互联网和移动通信的输入、处理、传播和输出全过程的各项技术。

如今新媒体技术已经广泛应用于信息传播、电子商务、新闻出版、广告创作、网络营销等领域，具有传播先进文化和获取经济效益两个方面的社会和经济双重属性，是一种先进性和综合性非常强的技术。

▌2.1.2　新媒体技术的构成

新媒体技术以数字化、网络化为特征，为信息的传播与交流提供全新的途径和手段。从新媒体技术的信息流动方式和功能来看，新媒体技术主要由 6 种技术构成。

1．新媒体信息采集技术

新媒体信息采集技术是指利用软件技术，针对定制的目标数据源，实时进行信息收集、挖掘和处理，将信息从网络中收集出来并保存到数据库中，从而为各种新媒体信息服务系统提供数据输入的技术。新媒体信息采集技术是新媒体获取信息内容的重要方式，现在常见的网络爬虫技术就是新媒体信息采集技术的主要应用之一。

2．新媒体信息处理及编辑技术

新媒体信息处理及编辑技术是将新媒体中的各种信息的表现形式和具体内容进行处理，并根据需要进行转换的技术，包括数字视听技术（处理图像、动画、音频、视频等的技术）及智能语音技术（涉及语音信息的处理与转换）等。

3．新媒体信息传输技术

新媒体信息传输技术是以网络技术为基础，并借助通信技术将各种新媒体信息内容传输至各种终端，为用户提供信息服务的技术，包括互联网传输技术、卫星通信技术、光纤传输技术、媒体流传输技术和移动通信技术等。

4．新媒体信息显示技术

新媒体信息显示技术是指将新媒体信息以适合用户阅读和感知的形式展示和呈现的技术，主要应用在信息内容的接收和展示阶段。这种技术的目标是通过合适的视觉和交互设计，让用户能方便地获取和理解信息，提升用户的使用体验。常见的新媒体信息显示技术有触摸屏技术、OLED 显示技术、LED 显示技术、虚拟现实（Virtual Reality，VR）技术、增强现实（Augmented Reality，AR）技术、全息投影技术等。图 2-1 所示为手机中运用的立体智能显示和全息投影技术。

图 2-1　手机中运用的立体智能显示和全息投影技术

5．新媒体信息安全技术

新媒体信息安全技术是指以新媒体的安全服务为核心，能够防范和发现信息安全威胁，完成信息风险的感知识别和预警防护，在面对信息破坏、信息内容安全、有害程序、网络攻击、灾害性事件、设备设施故障和其他信息安全事件时，能提供基于软硬件应急反应与信息安全保障的技术。新媒体信息安全技术主要包括信息加密技术和数字签名、信息隐藏技术、数字水印技术、数字版权管理技术、安全审计技术和检测监控技术等。图 2-2 所示的刷脸支付系统就运用了信息加密技术和数字签名、安全审计技术等新媒体信息安全技术。

图 2-2 运用新媒体信息安全技术的刷脸支付系统

6．新媒体信息存储技术

新媒体信息存储技术是指长时间保存信息内容的技术，主要包括磁存储技术和光盘存储技术，以及网络存储技术等。新媒体信息存储技术通常被看成建立在信息存储技术基础上的一种新媒体应用。

2.1.3 新媒体技术的发展趋势

随着 5G 的广泛应用和 6G 研发工作的开展，新媒体技术迎来快速发展的时代。这不仅扩充了新媒体技术的应用领域，还提升了新媒体用户的个人体验。基于技术平台的新媒体基本成熟并不断壮大，新媒体用户数量激增，对新媒体技术的需求也越发明显。从目前环境来看，新媒体技术的发展呈现以下几种趋势。

1．人工智能应用更深入

人工智能技术日益成熟，它正逐渐渗透新媒体领域，并带来深远的影响。可以预见的是，人工智能将更加广泛地应用于新媒体的各个方面，诸如 AI 写作、AI 数字人直播、AI 客服等应用将有效提高工作效率、改善用户体验并提升内容质量。人工智能应用的逐渐普及将推动新媒体行业向更加智能化、个性化和高效化的方向发展。

2．媒体融合

媒体融合是新媒体技术发展的重要趋势之一。随着信息技术的迅猛发展，不同类型的媒体开始在数字化、网络化的环境下融合，形成更多样化和交互性强的内容传播方式。传统媒体和新媒体通过数字化技术融合，可以在不同平台上共享内容，如报纸杂志内容可以在移动应用上获取。不同领域的媒体开始进行跨界合作，创造更具创新性的内容和体验。例如，影视作品可以和图书、音乐等领域进行联动，形成更加丰富的文化产业。

3．万物互联

万物互联通常被定义为"将人、流程、数据和事物结合在一起，使得网络连接变得更加相关、更有价值"。新媒体中的万物互联是指在大数据、云计算、物联网等新媒体技术的支撑下，将用户和信息加入互联网中，形成更加宽泛的网络，挖掘信息内容的价值并将其转化为行动，为用户带来更加丰富的体验。例如，智能家居利用物联网技术将家中的各种设备（如音视频设备、照明系统、家电等）连接到一起。这些设备能够收集、处理家中的各种数据，如温度、湿度、光线强度、电器用电量等，然后将数据上传至云端，云端平台借助人工智能技术，帮助用户通过手机 App 和语音交互等实现家居设备的智能化管理。

未来，在物理技术、数字技术和生物技术等融合的新媒体技术支持下，纳米技术、生物技术、可植入技术、3D 打印、无人驾驶、大数据和人工智能等技术都将集成到新媒体平台中，并以此为基础建立广泛意义上的智能、连接和协作，促进信息内容的创新和传播，这就是万物互联。万物互联必将为新媒体带来质的飞跃。

4．时空互联

2019 年 11 月，我国成立了国家 6G 技术研发推进工作组和总体专家组，标志着我国 6G 技术研发工作的正式启动。时空互联是建立在 6G 技术基础上的一种新媒体技术的发展趋势。6G 技术不仅能突破网络容量和传输速率的限制，还能在实现万物互联的基础上，利用卫星、航空平台、船舶和网络媒体平台等搭建一张连接空、天、地、海的全连接通信网络，最终实现时空互联。

随着以时空互联为目标的新媒体技术的飞速发展，VR、AR 和混合现实技术（Mixed Reality，MR）技术将进一步扩展和应用。应用这些技术的媒介会将网络与人类感官无缝集成，甚至替代智能手机成为人类娱乐、生活和工作的主要工具。

很多理论将时空互联具体化到空间通信、智能交互、触觉互联网、情感和触觉交流、多感官混合现实、机器间协同和全自动交通等场景。时空互联会将人工智能、机器学习深度融合，信息传输的智能程度将大幅度跃升。在时空互联的情形下，即便是沙漠、无人区、海洋等眼下信息内容传输无法实现的"盲区"都有望实现信号覆盖。另外，很多需要大容量信息数据传输支持的操作，如无人驾驶、无人机的操控等都会因为时空互联而轻松实现，用户甚至感觉不到任何时延。

2.2　常见的新媒体技术

新媒体蓬勃发展的同时推动了众多新媒体技术的成熟应用，如信息存储技术、数字视听技术、信息安全技术、移动终端数字技术、移动通信技术和爬虫技术等。目前这些技术已经十分常见，被广泛应用于人们的日常生活和工作中。

2.2.1　信息存储技术

存储是指根据不同的应用环境，采取合理、安全、有效的方式将数据保存到某些介质上并能保证有效访问。在以信息为中心的新媒体时代，存储已成为基础设施的核心之一。信息存储是继互联网热潮后的又一次技术浪潮，其进一步确立了以信息为中心的新媒体发展道路。在新媒体领域，信息存储技术主要包括以存储介质为分类依据的磁存储技术和光盘存储技术，以及符合网络时代技术特征的网络存储技术。

1. 磁存储技术

磁存储技术是利用磁介质存储信息的存储技术，现在的各种计算机系统中主要的信息存储设备多数是运用磁存储技术制造的硬磁盘存储系统，可以说磁存储技术在信息存储技术中占据统治地位。磁介质是在带状或盘状的带基上涂上磁性薄膜制成的，常用的磁介质主要是计算机硬盘，图2-3 所示为计算机的主要信息存储设备——硬盘。磁存储技术为各种新媒体平台建立较大的数据库或信息管理系统提供了物质基础。

图 2-3 运用磁存储技术制造的硬盘

提个醒

即便是运用了网络存储技术存储的信息，最终的存储介质也可能是大容量、大规模的硬磁盘存储系统。

2. 光盘存储技术

光盘存储技术是用激光束在光记录介质（光盘）中写入高密度数据的信息存储技术。在光盘存储技术中，作为数据存储载体的光盘可以存储新媒体中所有类型的信息。同样是利用计算机进行存储与检索，由于光盘制作材料、本身技术水平的限制等，光盘存储技术在存储容量、存储密度、存取时间和更新难易程度等方面都落后于磁存储技术。

3. 网络存储技术

网络存储技术是一种有利于信息整合与数据共享，且安全、易于管理的新型存储技术，具有适合新媒体交互式传播的特点，是一种新型的信息存储技术。从体系结构的角度看，目前新兴的网络存储技术主要有 3 种。

（1）集群存储技术。集群存储是将每个存储设备作为一个存储节点，通过互联网连接起来，将数据分散存储在多台独立的设备上，这些设备可以独立运作，相互之间又可以合作。所有存储节点的空间以一个虚拟磁盘的方式提供给客户端用户。集群存储技术具有高性价比、简单、易于维护、高可靠性/可用性、高整合带宽等优点。

（2）对等（Peer to Peer，P2P）存储技术。在对等结构的系统中，每个用户既向其他用户提供信息，也从其他用户处获取信息，通过互相合作完成用户信息的获取和存储工作。对等存储技术具有易于维护、可扩展性好、自配置功能强等优点。

（3）云存储技术。云存储技术可将信息资源放到云上（网络中的集群存储系统）供用户存取。云存储技术将网络中大量不同类型的存储设备集合起来协同工作，共同对外提供数据存储和业务访问功能。通过云存储，用户可以在任何时间、任何地点，以任何可联网的设备连接到云上存取数据。

2.2.2　数字视听技术

新媒体信息的内容表现形式主要包括文字、图片、动画、音频和视频等，数字视听技术主要就是针对这些表现形式进行创作、编辑和开发的技术，具体包括数字图像处理技术、数字动画处理技术、数字音频处理技术和数字视频处理技术。

1．数字图像处理技术

数字图像处理技术是通过计算机对图像进行画质增强、图形复原、特征提取、编码压缩和画面分割等图像处理的技术。在新媒体领域，图像是普通用户比较容易接受的内容表现形式，运用数字图像处理技术编辑和处理内容是一种必要且常见的工作，主要表现在画质增强、图形复原、特征提取、画面分割等方面。

2．数字动画处理技术

动画是一门通过在连续多格的胶片上拍摄一系列单个画面，从而产生动态视觉效果的技术，动态视觉效果是按照一定的速率放映胶片体现出来的。数字动画则是运用数字媒体制作出来的，可以清楚地表现一个事件的过程，或是展现一个活灵活现的事物的计算机动画。数字动画处理技术就是使抽象的信息变成可感知、可管理和可交互的数字动画的一种技术。

具体来讲，数字动画处理技术包含两方面的内容：一方面是指在动画制作过程中运用计算机技术生成的动态画面，如很多影视作品或广告视频中非现实存在的画面，这种动态画面并非传统意义上的动画片；另一方面是指与传统动画相对应的，通过数字化方式创作的具有一定情节、结构和任务关系的动画作品，如动画电影和动画广告。

3．数字音频处理技术

数字音频处理技术是一种利用数字化手段对声音进行录制、存放、编辑、压缩或播放的技术，是一种随着数字信号处理技术、计算机技术和多媒体技术的发展而形成的全新音频处理技术。在新媒体中应用数字音频处理技术，不但能提升用户信息的感知体验，而且音频制作者还能通过相关付费系统获得足够的经济收益。与传统模拟音频技术相比，数字音频处理技术的优势包括音质更真实、音频编辑更简单、抗干扰性更强。

4．数字视频处理技术

数字视频处理技术是指将动态影像以数字信号的方式加以捕捉、记录、处理、存储、复现等的一系列技术。在新媒体领域，数字视频处理技术的主要表现形式是信息的视频传播方式，包括影视剧、短视频、商业视频和视频直播等。

利用数字视频处理技术可以在计算机网络或移动通信网络中传输图像数据，不仅不受距离限制，信号不易受干扰，还能够大幅度提高图像品质和稳定性。另外，数字视频处理技术使视频信息的数字化存储成为可能，经过压缩的视频信息数据可以通过信息存储技术进行存储，用户可以非常便捷地查询、播放和传播视频。

▍2.2.3　信息安全技术

新媒体中的信息内容容易被搜索、复制和传播，甚至被恶意攻击、伪造和篡改，这会严重影响信息所有者自身的权益，因此需要借助信息安全技术来维护和提高信息内容的安全性能。信息安全技术的类型有很多，新媒体领域常用的包括防火墙技术、病毒防护技术、安全扫描技术、数字密码技术和数字认证技术等。

1．防火墙技术

防火墙（Firewall）是一种用于保护计算机网络免受未经授权访问和恶意攻击的安全设备或软件。它可以监控网络流量，并根据预先设定的安全规则过滤、阻挡或允许数据包通过。防火墙在网络边界处建立了一个安全的屏障，以阻止恶意入侵者和未经授权的访问者进入网络。

2．病毒防护技术

病毒是威胁网络安全的危险因子，病毒在网络中的传播途径多、传播速度快。新媒体的应用领域非常广阔，并且其信息内容有些涉及商业机密、知识产权和安全信息等。所以，为加强计算机网络的安全防护，保护新媒体信息的安全，就必须加强病毒防护技术的应用，减少病毒入侵。

常见的病毒防护技术主要包括阻止病毒的传播技术、检查和清除病毒技术、病毒数据库升级技术。

3．安全扫描技术

安全扫描技术是一种主动性很强的信息安全技术，能够与防火墙技术、病毒防护技术互相配合，向用户提供安全性较高的网络信息。利用安全扫描技术研制的安全防护和管理软件可以主动发现并分析网络中的各种安全漏洞，如密码文件、系统目录、共享文件系统、敏感服务和系统漏洞等，并给出相应的解决办法和建议，以及通过专门的软件修复漏洞。

4．数字密码技术

新媒体中的信息传递是一种无形的信息表达方式，为了保证信息能够安全地相互传递，通常需要对其进行电子加密，或者说对信息进行密码伪装，这就是数字密码技术的本质。数字密码技术的基本内容主要包括 6 个方面。

（1）明文。明文是指没有加密的文字（或者字符串）、位图、数字化的语音或数字化的视频图像等，这种信息普通用户都能看懂，且通过某种公开的方法就能获得。

（2）密文。密文是由密码系统产生的报文和信号，通常明文加密后就是密文。

（3）加密。加密是指通过加密的算法和密钥将明文转变为密文的过程。

（4）解密。解密是指通过解密的算法和密钥将密文恢复为明文的过程。

（5）密钥。密钥是一种参数，是一种在明文转换为密文或将密文恢复为明文的算法中输入的参数。

（6）算法。算法在数字密码技术中是指一种有效的方法，可以在有限的空间和时间内，用一组精确定义操作序列的计算机语言规则来表示明文加密和密文解密。

5．数字认证技术

数字认证技术是用数字电子手段证明信息发送者和接收者的身份，以及信息文件完整性的技术。利用数字认证技术可确认双方身份在信息传送或存储过程中是否被篡改。在新媒体领域，数字认证技术常用于用户登录、身份确认和货币交易等操作。常见的数字认证技术包括密码技术、二维码技术、指纹识别技术和人脸识别技术等。

（1）密码技术。密码是指一组特别编辑过的用于认证的符号。新媒体的应用中密码技术使用广泛，如多数新媒体平台的注册用户登录平台可以使用密码登录。

（2）二维码技术。二维码是一种在手机等移动智能终端上流行的编码认证方式。二维码技术的出现使用户登录、身份认证和货币交易等操作更加方便、快捷。例如，用户可以直接在淘宝网中用手机扫描二维码进行登录。

（3）指纹识别技术。指纹识别技术是一种生物特征识别技术，通过对人体手指（主要是指尖）上的皮肤纹路进行扫描和分析，进而用于识别和验证用户身份的技术手段。该技术在电子商务、信息安全和理财支付等方面应用广泛。

（4）人脸识别技术。人脸识别技术是基于人的脸部特征，对输入的人脸图像或者视频流进行判断，依据人脸的位置、大小和各个主要面部器官的位置信息提取人脸中所蕴含的身份特征，并将其与已知的信息数据特征进行对比，从而识别用户身份的技术。在新媒体中，常见的人脸识别技术应用包括人脸识别登录系统、人脸识别支付系统，以及人脸识别信息采集系统等。

2.2.4　移动终端数字技术

移动终端是指能够执行与无线传输接口有关的所有功能的装置，如手机、平板电脑和笔记本电脑等移动性较强的智能终端设备。在这些移动终端上所应用的技术就是移动终端数字技术。除了网络技术、信息安全技术和数字视听技术，移动终端数字技术还包括触摸屏技术和智能语音技术等特殊技术。

1．触摸屏技术

为了快速和方便地进行信息传播和处理，移动终端通常采用触摸屏进行操作。按照触摸屏的工作原理和传输信息的介质，触摸屏可以分为电阻式、声学脉冲识别式、表面声波式、电容式和红外/光学式等类型。现在，以手机为代表的移动终端通常使用电容式触摸屏。电容式触摸屏的屏幕表面贴有一层透明的特殊金属导电物质，当手指接触金属层时，触点的电容发生改变，与之相连的振荡器频率同步发生变化，通过测量频率变化可以确定触摸位置获得信息。

电容式触摸屏不仅支持多根手指的触控，还能识别手势及多种物体混合式触控，甚至还能给予用户触觉反馈，这些都是触摸屏技术的主要表现。

（1）多点触控技术。多点触控技术是在构成的触摸屏（屏幕、桌面、墙壁等）或触控板上，实现屏幕识别多根手指同时做出的点击和触控动作，从而能够同时接收来自屏幕上多个点进行的计算机系统的人机交互操作，如图2-4所示。

图 2-4 多点触控

（2）混合式触控技术。混合式触控技术是指在一块触摸屏上采用两种或两种以上的触控技术。混合式触控技术可以达到多种触控技术之间实现优劣互补的目的。目前，使用混合式触控技术的触摸屏是一种基于电容式和电阻式的混合式触摸屏。这种触摸屏既支持手写笔和手指操作，也支持多点触控，可以显著提高触摸屏的识别效率。

（3）触控反馈技术。触控反馈技术是一种通过模仿触觉感受，向用户提供触觉反馈的技术。它通过在用户与设备的交互过程中产生物理性的触觉反馈，增强用户体验，并提供更真实、直观的互动感。

2．智能语音技术

智能语音技术可以理解为一种实现人机语言通信的技术，它使得计算机能够通过语音与人进行自然交互，并对语音信息进行处理和分析。常用的智能语音技术主要包括语音识别技术和语音合成技术两种。

（1）语音识别技术。语音识别技术也被称为自动语音识别，其目标是将人类语音转换为计算机可识别的内容。现在的语音识别技术已经扩展并应用到手机、平板电脑等各种移动终端中，如语音助手、语音输入、语音搜索、语音翻译、语音控制、语音导航等，为用户带来了许多的便利。

（2）语音合成技术。语音合成技术是指通过机械的、电子的方法产生人造语音的技术，具体在移动终端数字技术中是指将移动终端中的文字信息转变为具有人类声音特征的语音输出的技术。语音合成技术在新媒体中的应用也比较广泛，如视频自动配音、语音通知、语音图书、语音虚拟角色、语音广告等。

2.2.5 移动通信技术

移动通信是移动体之间的通信，需要通信双方至少有一方在运动中进行信息交换，达成或实现这种信息交换的技术就是移动通信技术。移动通信技术大致经历了从 1G 到 5G 的发展历程。5G 技术是目前较先进、应用较广泛的移动通信技术。

1．5G 技术的特点

5G 技术是第五代移动通信技术，是一种新型的无线通信技术。5G 技术具有许多显著的特点和优势，主要包括 5 个方面。

（1）更高的传输速率。5G 技术采用了更高的频率和更大的带宽，使得数据传输速率大幅提升。相较于 4G 技术，5G 技术的传输速率可以达到每秒数千兆甚至更高，这意味着用户可以更快地下载和上传数据，如高清视频、大型文件等。

（2）更低的延迟。5G 技术通过多种方式降低了网络延迟，通信时延大幅缩短。这对实时交互和互动应用非常重要，如视频通话、远程控制等。更低的延迟也为实时数据传输和物联网应用提供了更好的支持。

（3）更多的连接性。5G 技术支持更多设备的同时连接，大幅提升了网络的容量和稳定性。这对物联网应用来说尤为重要，可以连接大量的传感器和设备，实现智能城市、智能交通、智能家居等领域的发展。

（4）更高的能效。5G 技术在传输效率方面进行了优化，使得设备的能效更高。这意味着设备的电池寿命可以得到改善，用户可以更长时间地使用移动设备而无须频繁充电。

（5）支持多种新技术应用。5G 技术为新技术的应用提供了更好的支持，如 AR、VR、人工智能、物联网等。这些技术的发展将极大地丰富用户的使用体验和应用场景。

2.5G 技术的新媒体应用

在新媒体领域，中央广播电视总台已经建成我国第一个基于 5G 技术的国家级新媒体平台——5G 媒体应用实验室，全力推动 5G 技术在 4K 超高清节目传输中的技术测试和应用验证，研究制定基于 5G 技术进行高清视频直播信号传输、接收和制作技术规范等的 5G 新媒体行业标准。在 5G 技术的支持下，以 VR 和 AR 技术为代表的新媒体业务将迎来爆发式增长。用户不但可以借助 VR 技术抵达"真实"的新闻现场，进行 360°全景查看，还能回放新闻事件的全过程，获得完整和全面的新闻信息。AR 技术则将音、视频等多维信息叠加至文本之上，大幅提升新媒体信息传播的广度和深度。

5G 技术大力推动了融媒体的发展，其带来的带宽扩展，促使融媒体的报道"直播化"。5G 技术与其他技术的连接，使信息传播不再局限于电视、手机，智能手表等穿戴设备成为信息采集器和信息传播载体。"5G 背包"（一种便捷、灵活、适应性强的 5G 接入设备）有助于实现便捷式新闻采编，加快了新闻报道的速度。

提个醒

融媒体是指将不同类型的媒体通过整合和协同的方式进行有效融合的新型媒体形态。其充分利用互联网，把电视、广播、报纸等传统媒体与微信公众号、短视频等新兴媒体进行相互整合，形成更加丰富、多样化的传播方式。中共中央办公厅、国务院办公厅印发的《关于加快推进媒体深度融合发展的意见》指出，要推动传统媒体和新兴媒体在体制机制、政策措施、流程管理、人才技术等方面加快融合步伐。

此外，在 5G 技术的支持下，中国移动、中国联通等运营商纷纷推出 5G 消息业务。该业务融合文本、图片、音视频、表情、位置和联系人等多种格式的内容，用户无须下载 App，通过短信消息窗口即可完成服务搜索、发现、交互、支付等一站式业务体验（见

图 2-5）。在人工智能技术的加持下，5G 消息还可以根据用户需求提供智能推荐，进一步提升用户的使用体验。

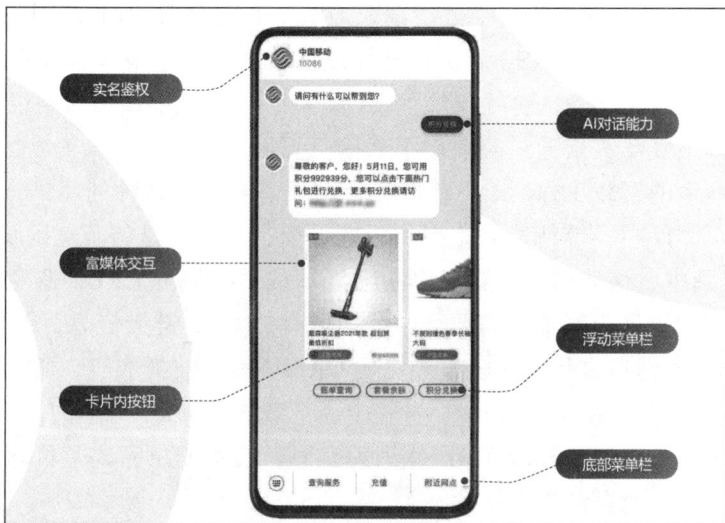

图 2-5　5G 消息业务

提个醒

自 2018 年起，我国就开始前瞻性研究和布局 6G 技术研发，目前已取得阶段性成果。例如，在 2023 上海世界移动通信大会上，中国移动正式发布 6G 公共试验验证平台，支持各种新型业务和应用场景的验证，可以降低 6G 关键技术研发的门槛。

2.2.6　爬虫技术

随着移动互联网和移动终端的飞速发展，新媒体已经成为信息共享和传播的主要平台，如何从海量的新媒体数据中收集并整理出想要的信息内容已成为当前研究的热点之一。爬虫就能完成这项收集和整理任务。在技术原理上，爬虫是一个高效的下载工具，能够批量将网页下载到指定位置进行保存，如果结合一些其他工具和算法，能够实现收集同一类型的网页或重复执行同一动作等操作。简而言之，爬虫是通过技术和算法模拟用户在网络中的信息收集、浏览、下载和保存等操作和行为。

1．通用爬虫的基本构架

通用爬虫的基本构架如图 2-6 所示。根据通用爬虫的基本构架，爬虫技术的实现原理可以简要概括为如下流程。

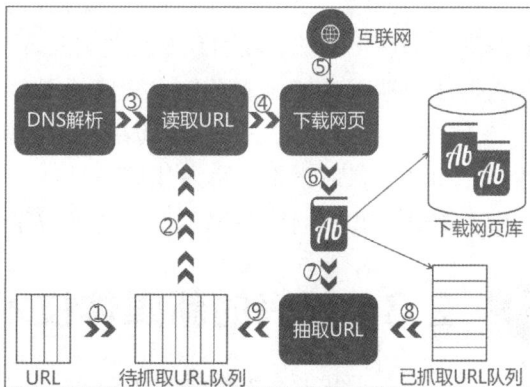

图 2-6　通用爬虫的基本构架

首先，爬虫从互联网中选择一部分目标网页，将这些网页的链接地址作为统一资源定位器（Uniform Resource Locator，URL），再将这些 URL 放入待抓取 URL 队列中。然后，爬虫从待抓取的 URL 队列中依次读取 URL，并在读取 URL 的同时，通过域名系统（Domain Name System，DNS）解析把链接地址转换为网站服务器对应的 IP（Internet Protocol，网际互联协议）地址。接着，将目标网页的 IP 地址和相对路径名称传输给网页下载器，网页下载器负责通过互联网下载网页页面。

完成目标网页的下载工作后，下载的目标网页需要进行两种处理：一种是将其存储到下载网页的页面库中，等待建立索引和后续处理；另一种是将下载网页的 URL 放入已抓取 URL 队列中，该队列用于记录爬虫已经下载过的网页 URL，避免重复抓取。

对于已经下载的目标网页，需要从中抽取所有的 URL 链接信息，并与已抓取 URL 队列中的 URL 链接信息进行对比。如果发现 URL 还没有被抓取过，则将其放到待抓取 URL 队列的末尾，在之后的读取 URL 步骤中会下载这个 URL 对应的网页。

如此形成循环，直到待抓取 URL 队列为空时，表示爬虫完成了目标网页的抓取工作，完成了一轮目标网页的抓取流程。

2．爬虫在新媒体中的应用

爬虫在新媒体中的应用主要体现在个人和企业两个方面。

（1）个人。在新媒体领域，个人用户可以通过爬虫获取大量的信息和数据，在一定程度上大幅节省收集这些数据的时间，可以提高个人的工作效率。例如，新媒体文案写作人员可以利用爬虫从各种新媒体平台下载一些优秀的营销或宣传文案，进行竞品分析、行业研究、用户画像等信息收集和分析工作，然后有针对性地编辑和优化文案内容。

（2）企业。在新媒体领域，一些企业的商业模式就建立在爬虫技术之上。例如，搜索引擎、新闻资讯、社交媒体和电子商务等。

① 搜索引擎。绝大多数的搜索引擎是直接利用爬虫技术抓取信息来构建底层服务的，包括百度搜索、搜狗搜索和 360 搜索等。

② 新闻资讯。很多新媒体平台中传播的新闻资讯不是原创内容，而是通过爬虫技术抓取的其他媒体平台的新闻源，如百度新闻。

③ 社交媒体。社交媒体同样需要利用爬虫技术获取用户信息，以针对用户的不同喜好进行个性化引流，吸引用户注册从而增加平台的用户数量。例如，很多社交媒体平台在创建初期就直接抓取微信或微博的用户信息，以完成早期的用户积累。

④ 电子商务。电子商务中爬虫技术的常见应用是价格对比，即将多家电商网站中的产品和价格抓取出来，再对比同一种产品的不同价格，以方便用户选择购买。例如，一淘、蘑菇街和美丽说等比价网站就抓取了各大电商平台的产品价格信息。

2.3　新兴的新媒体技术

当前，人工智能、大数据、物联网、区块链、云计算等新兴技术正在迅猛发展，并逐渐成为引领潮流的关键驱动力。这些新技术为新媒体行业赋予了更多的可能性，给信息交流、内容创作、智能化服务等领域带来了巨大的变化。

2.3.1　人工智能

人工智能是计算机科学的一个分支，主要研究目标是用计算机程序来表示人类智能，该领域的研究包括机器人、语言识别、图像识别、自然语言处理和专家系统等。人工智能从诞生以来，理论和技术日益成熟，应用领域也不断扩大，基于数据的人工智能技术进入人们的日常生活，甚至取代部分人类劳动。目前来说，人工智能在新媒体行业中的常见应用主要有 6 个方面。

（1）内容生成。人工智能可以通过自然语言处理技术和深度学习算法实现内容的自动生成，包括新闻报道、文章、广告文案、视频、配音、图片等，能大幅提升新媒体内容的创作效率，当前已广泛应用于新闻、体育、影视、娱乐、教育和政务等多个领域。图 2-7 所示为文心一格根据关键词自动生成图片的页面。

图 2-7　文心一格根据关键词自动生成图片

（2）内容审核。在新媒体平台上，用户可以发布文字、图片、音频、视频等内容，但这些内容的质量参差不齐，通常需要由新媒体平台进行审核。人工智能内容审核依托生物特征识别和语义分析等技术，对用户生产的信息内容进行多维度智能分析，可以高效识别违规内容，大幅提升审核效率。

（3）人工智能客服。人工智能客服是一种基于自然语言处理技术的拟人式服务，其能通过文字、语音与用户进行多轮交流，并在获取必要信息后给出相应的解决方案。人工智能客服可以解决一些碎片化、简单的、重复的用户需求，如用户经常重复咨询的简单问题。

（4）图像处理。人工智能可以快速实现自动剪裁、去水印、降噪、补光、光学字符识别等操作，帮助用户更快地完成图像处理工作。此外，人工智能还可以实现基于视频和图像的智能分类、推荐和搜索等。

（5）虚拟主播。虚拟主播是基于人工智能技术生成的虚拟形象，其外貌、声音和语言均由计算机程序控制。虚拟主播可以在直播中扮演各种角色，并根据预设的指令和情感表现出不同的行为和表情。这些特点拓展了传统主播的表现形式，同时还能实现长时间直播，有效降低直播成本。

（6）AI助手。AI助手是基于人工智能技术的智能助理，可以为用户提供个性化的推荐和服务。通过分析用户行为和兴趣，AI助手可以推荐符合用户偏好的内容、产品或服务，从而增强用户体验并提高满意度。用户也可以向AI助手提出要求，AI助手会据此提供实时的帮助和解答，帮助用户解决问题和完成任务。

> **素养课堂**
>
> 党的二十大报告指出，推动战略性新兴产业融合集群发展，构建新一代信息技术、人工智能、生物技术、新能源、新材料、高端装备、绿色环保等一批新的增长引擎。这说明人工智能等新兴技术受到国家的高度重视，未来的应用将更为广泛，学生要积极学习人工智能的相关知识，适应时代的发展。

2.3.2　大数据

大数据通常是指在单位时间范围内，无法使用常规方式捕捉、管理和处理的数据集合。大数据的研究机构 Gartner 给出的定义是："大数据是需要新处理模式才能具有更强的决策力、洞察发现力和流程优化能力的海量、高增长率和多样化的信息资产。"

1. 大数据的特点

大数据具有 4 个明显的特点。

（1）规模大。规模大是指大数据的容量应该达到 PB 级别以上。这里 PB 是数据的存储容量单位，1PB 等于 1024TB，1TB 等于 1024GB。

（2）价值大。大数据的价值表现在 3 个方面：一是通过为企业提供基础的数据统计报表分析来辅助企业决策；二是通过数据产品、数据挖掘模型实现产品和运营的智能化，从而极大地提高企业的整体效能产出；三是通过对数据进行精心包装，对外提供数据服务，从而获得现金收入。

（3）多样性。大数据不仅包含结构化数据（如关系数据库中的数据），还包括非结构化数据（如文本、图片、音频、视频等）。这些数据的来源和格式多种多样，使得数据的处理和分析更加复杂。

（4）速度快。速度快是指通过算法快速地对数据进行逻辑处理，实时从各种类型的数据中快速获得高价值的信息，从而避免因为数据和商业业务决策的时效性而产生的商机损失。

2. 大数据技术的新媒体应用

在新媒体时代，大数据已成为新媒体的核心资源——不仅是新闻报道的重要内容，也是媒体统计和分析用户心理、需求以及行为习惯等的重要依据。分析、解读数据，探索得出一种为用户提供个性化服务的新媒体运营方式，将成为新媒体在大数据时代竞争的趋势。具体来说，大数据技术在新媒体领域中的常见应用包括 4 个方面。

（1）用户画像和个性化推荐。利用大数据技术分析用户行为和偏好，可以构建精准的用户画像。基于用户画像，新媒体平台可以进行个性化推荐，向用户展示更符合其兴趣的内容，从而增强用户黏性并提高平台的用户留存率。

（2）舆情监测与分析。大数据技术可以实时监测新媒体平台上的舆情动态，帮助企业了解用户对其品牌、产品或服务的反馈和评价。通过舆情分析，企业可以及时回应负面舆论，调整营销策略，维护品牌声誉。

（3）数据驱动内容创作。新媒体平台可以通过大数据技术分析用户喜好和内容互动情况，为创作者提供数据支持和指导。这样的数据驱动内容创作方式可以增加内容的吸引力和分享性，提高内容的传播效果。

（4）智能营销和广告投放。大数据技术可以帮助企业实现智能化的广告投放和营销策略。通过分析用户数据和广告效果数据，企业可以优化广告投放的时间、地点和用户群体，提高广告的点击率和转化率。

2.3.3 云计算

云计算是一种分布式计算，是指通过"云"（实质是网络、互联网的一种比喻说法）将巨大的数据计算处理程序分解成无数个小程序，然后通过多台服务器组成的系统进行处理和分析，最后得到结果并返回给用户。利用云计算技术，可以在很短的时间内完成对数以万计数据的处理。云计算也可以理解为与信息技术、软件、互联网相关的一种网络服务，把资料存放在网络上的服务器中，并借由浏览器浏览这些网页，并在网页上进行各种计算和工作。云计算就是把这些计算资源集合起来，通过软件实现自动化管理，快速提供计算资源、技术能力和计算结果。

1. 云计算的特点

与传统的网络数据处理模式相比，云计算具有以下特点。

（1）超大规模。云计算需要由超大规模的服务器作为硬件支持，通常基础的云计算需要成百上千台服务器，而一些大型企业或网站则需要几十万甚至上百万台服务器。

（2）虚拟化。虚拟化是云计算显著的特点之一，云计算可以突破时间、空间的界限，支持用户在任意位置使用各种终端获取应用服务。用户只需要一个移动终端，就可以通过网络服务实现数据备份、迁移和扩展，甚至是超级计算。

（3）高可靠性。云计算比使用本地计算机拥有更高的可靠性，即使单个服务器出现故障，云计算也可以通过虚拟化技术将分布在不同物理服务器上的应用进行恢复或利用动态扩展功能部署新的服务器进行计算。

（4）通用性。云计算可以构造出千变万化的应用，即便是同一个"云"也可以同时支撑不同的应用运行。

（5）可扩展性和弹性。"云"的规模是可以动态伸缩的，云计算能自如地应对应用急剧增加的情况。在原有服务器基础上增加云计算功能，能够使计算速度迅速提高，最终实现动态扩展虚拟化的层次达到对应用进行扩展的目的。

（6）按需服务。"云"的规模是巨大的，其中包含许多应用等。不同的应用对应的数据资源库不同，当用户需要运行不同的应用时，云计算能够根据用户的需求快速配备计算能力及资源。

2．云计算的新媒体应用

云计算的应用是云计算技术在应用层的具体表现，是一种面对用户解决实际问题的表现形式。云计算在新媒体中的应用非常广泛，它为新媒体行业带来了许多便利和创新。

（1）存储和备份。新媒体机构会产生大量的数据，包括文本、图片、视频、音频等，云计算提供有大规模的存储和备份解决方案，可以帮助新媒体机构高效地存储和管理海量数据，确保数据的安全、可靠。

（2）弹性扩展。云计算可以根据需求自动扩展计算和存储资源，使新媒体机构能够应对流量高峰和突发事件，从而提供更好的用户体验。

（3）视频云服务。新媒体机构通常需要处理大量的视频数据，包括存储、转码、加密、分发等。云计算提供视频云服务，帮助新媒体机构高效地处理视频内容。

（4）内容分发网络（Content Delivery Network，CDN）。云计算提供有全球分布式的内容分发网络，可以加速内容的传输和分发，提高用户的访问速度，降低网络延迟。

（5）多媒体协作和共享。云计算可以实现多媒体文件的在线协作和共享，方便新媒体团队开展合作和沟通。

（6）移动应用支持。云计算提供有移动应用的开发和部署支持，可以帮助新媒体机构快速推出移动端应用，覆盖更多用户。

2.3.4　区块链

区块链（Blockchain）是一门新兴技术，已受到金融界与技术界的高度关注。根据工业和信息化部发布的《中国区块链技术和应用发展白皮书（2016）》，从狭义上讲，区块链是一种按时间顺序将数据区块以顺序相连的方式组合成的一种链式数据结构，并以密码学方式保证不可篡改和不可伪造的分布式账本；从广义上讲，区块链技术是利用块链式数据结构来验证与存储数据，利用分布式节点共识算法来生成和更新数据，利用密码学的方式保证数据传输和访问的安全，利用由自动化脚本代码组成的智能合约来编程和操作数据的一种全新的基础架构和应用模式。

上述定义比较抽象，可以借助一个简单的例子来辅助理解。例如，小陈、小张和小李分别往银行存入100元，此时银行账本中3人的存款均为100元。现小李向小张转账50元，那么此时银行账本中小张的存款就变为150元，而小李的存款变为50元，并且将记录相关的操作记录。若银行账本出现问题（事故或误操作），小李向小张转账的记录丢失，那么小李和小张的账户信息将变回交易前的100元。而采用区块链技术，小陈、小张和小李的账户信息和交易记录将由3人共同记录，小李向小张转账的操作记录将分别被小陈、小张和小李的账本记录，其中任何一人的账本丢失，都可以从另两人的账本中重新获取记录,同时小陈还可以作为第三方为交易的真实性进行公证,这样可以保证账本记录的正确性。

区块链在新媒体领域有着广泛的应用前景,可以提升内容的可信度、透明度和安全性。具体来说,区块链在新媒体中的应用包括 6 个方面。

(1)版权保护与溯源。区块链可以用于对新媒体内容的版权保护和溯源。将内容的版权信息记录在区块链上,可以确保内容的原创性和不可篡改性,防止盗版和侵权行为。

(2)数字资产管理。区块链可以用于新媒体数字资产管理,如加密货币、数字版权证书等,确保数字资产的真实性和安全性。

(3)广告交易透明。区块链可以实现广告交易的透明和公平。广告主和广告媒体之间的交易信息可以被记录在区块链上,确保交易过程的透明和可追溯。

(4)内容共享与激励。区块链可以用于构建新媒体内容共享平台,通过智能合约实现内容创作者和内容分享者之间的激励机制,鼓励更多创作者创作高质量的内容。

(5)社交媒体身份认证。区块链可以用于社交媒体用户身份的认证和管理。用户的身份信息可以被记录在区块链上,确保账号的真实性和安全性。

(6)用户数据隐私保护。区块链可以用于用户数据的隐私保护。用户可以授权将个人信息数据记录在区块链上,并选择向哪些平台提供访问权限,从而保护个人隐私。

素养课堂

区块链在防范金融风险方面可以发挥积极作用,有助于保障国家金融安全。例如,商业银行利用区块链的可追溯性和不可篡改特点来完善反洗钱监测体系。这一点正好与党的二十大报告中提到的"加强和完善现代金融监管,强化金融稳定保障体系,依法将各类金融活动全部纳入监管"相吻合。

2.3.5 物联网

物联网(Internet of Things,IoT)技术是一种将各种物理设备、物体与互联网连接,实现智能化交互和数据传输的技术体系。简单地说,物联网可以把所有能行使独立功能的物品,通过信息传感设备与互联网连接起来,进行信息交换,以实现智能化识别和管理。在物联网上,每个用户都可以应用电子标签连接真实的物品与网络,可以利用物联网的中心计算机集中管理和控制机器、设备和人员,也可以遥控家庭设备、汽车,以及搜索位置、防止物品被盗等。

1.物联网的特征

物联网将各种物品数据进行连接,最终聚集成物品大数据,从而实现物物相连。物联网主要具有 3 个显著特征。

(1)主动全面感知。物联网会依靠物体植入的各种感应芯片,主动利用射频识别(Radio Frequency Identification,RFID)、二维码、传感器等技术,感知物体的存在,并获取物体的状态、位置等信息,再通过各种通信网络交互和传递信息,实现主动、全面感知。

（2）可靠传输。物联网可以通过有线、无线等不同的传输方式，在任意时间、任意地点，对物体的实时信息进行分类管理，再准确、有指向性地传输给信息处理设备与环境，与任意物体进行可靠的信息交互与共享，以适应不同的应用需求。

（3）智能分析处理。物联网中存在海量数据，需要利用各种智能计算技术进行分析与处理，以更好地支持特定行业和特定场景的用户决策和行动，实现智能化决策和控制。

2．物联网新媒体

物联网新媒体是指具备媒体信息采集功能的智能传感装置和物联网节点，通过与人工智能技术融合，实现新闻信息的采集、播报和交互，从而达到智能化的媒体传播效果。物联网新媒体具有以下显著特点。

（1）实时采集和传播。物联网新媒体可以实时地采集和传播信息，通过智能传感装置和物联网节点实时感知现场情况，并将数据即时传输到中心服务器或云端平台，实现信息的快速传播。

（2）个性化定制。物联网新媒体可以根据用户的需求和偏好采集和推送信息，实现个性化定制的内容传播，为用户提供更加精准的新闻资讯和服务。

（3）泛媒体特性。物联网新媒体具有跨终端、跨媒体、跨平台的特征，能够实现不同媒体形态之间的无缝连接和互动。

实践训练——使用人工智能生成文本配音

【实践背景】

当下，人工智能技术快速发展，为新媒体运营内容的制作带来各种便利，如智能化编辑、语音识别、图像自动处理等。小李是一个新闻传播领域的知识博主，需要定期发布与新闻传播相关的内容，以吸引和留存用户。最近小李写作了一篇有关新闻要素的文章，为便于用户在其他场合也能收听，他需要将文章制作为音频的形式。

教学视频

使用人工智能生成
文本配音

【实践目标】

（1）深入了解新媒体技术为日常生活和工作带来的便利。

（2）掌握新媒体技术的具体应用，能够通过人工智能生成音频。

【实践步骤】

目前有很多人工智能配音工具都支持将文本生成音频，如腾讯智影。腾讯智影是一款人工智能创作工具，可以快速实现文本转配音的操作，具体操作步骤如下。

（1）进入腾讯智影首页并登录，在打开的页面中选择"文本配音"选项，在打开的页面中单击"新建文本配音"按钮。在打开的配音编辑页面中单击"导入文本"按钮，在打开的"打开"对话框中选择文档（配套资源：\素材\第2章\配音.docx），单击"打开"按钮。

（2）此时页面中将导入文档中的内容，单击右上角的卡通人头标志，在打开的窗口中选择"云依"选项，单击"确定"按钮关闭窗口，如图2-8所示。

（3）将鼠标指针定位到文本最前面，单击页面右上角的"试听"按钮，试听文本朗读效果。试听后发现文本中的"1"读法有误，选择"1"，单击"数字符号"按钮，在打开的列表中选择"数值（读法：一）"选项，如图 2-9 所示。

（4）将鼠标指针定位到第三自然段段首，单击上方的"插入停顿"按钮，在打开的列表中选择"短"选项，如图 2-10 所示。

图 2-8　选择发音选项

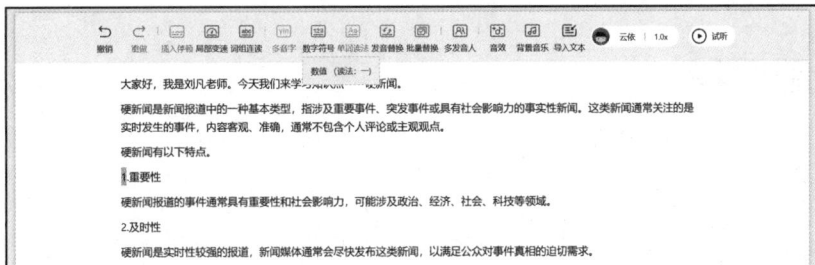

图 2-9　修改发音

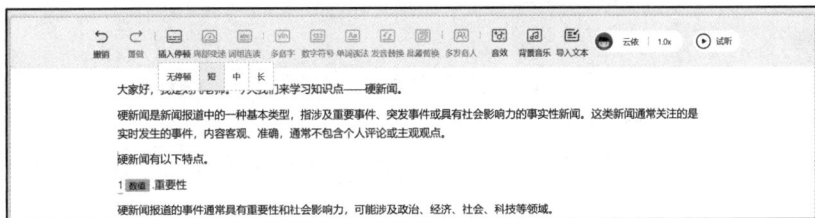

图 2-10　插入停顿

（5）单击页面下方的"多音字检测"按钮，打开的窗口中会以拼音的形式显示多音字的默认发音，如图 2-11 所示。检查发音是否正确，若发现有误，可以单击该多音字，在打开的列表中选择正确的发音选项。此处检查无误，直接单击右上角的"完成"按钮。

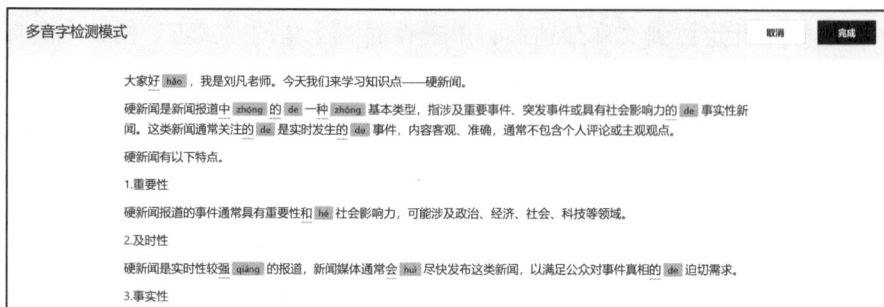

图 2-11　多音字检测

（6）返回配音编辑页面，单击页面右上角的"生成音频素材"按钮。在打开页面的"配音作品"栏中可看到生成的音频，如图 2-12 所示，将鼠标指针移到作品右上角，单击"下载"按钮将其下载到计算机中（配套资源：\效果\第 2 章\配音.mp3）。

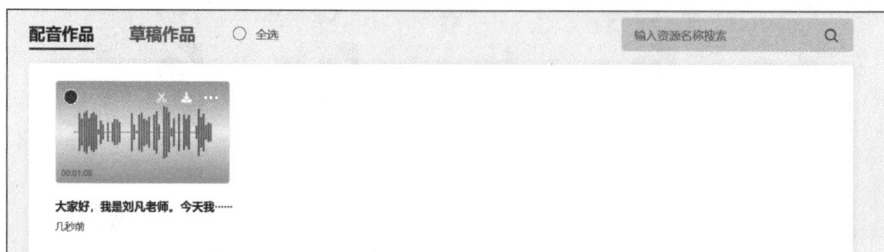

图 2-12　查看生成的音频

课后思考

（1）爬虫技术在新媒体中的应用有哪些？

（2）举例说明手机和计算机中常用的信息安全技术。

（3）盘点支付宝的登录、支付、修改密码等环节所使用的数字认证技术，思考各种认证技术的优缺点。

（4）尝试与手机中的 AI 助手对话（如小米手机的小爱同学），思考 AI 助手能实现的功能有哪些。

（5）进入今日头条首页并登录，搜索"美食"关键词，查看平台推荐的内容，思考大数据是如何实现个性化推荐的。

（6）在网络上搜集"小米智能家居"的相关资料，思考物联网在小米智能家居中起到的作用。

第 3 章
新媒体用户研究

【知识目标】
- 了解用户研究的受众理论、受众向用户的转变,掌握用户特性和用户行为分析。

【能力目标】
- 能够结合实际案例分析受众与用户的区别。

【素养目标】
- 了解网络实名制等相关网络安全治理措施,自觉维护良好网络风气。

李明是一个"80后"，从中学时期开始就热衷于阅读。他订阅了各种报纸和期刊，并尝试向其投稿，但可惜都没有成功。

随着新媒体的普及，李明开始通过微博、微信和小红书等新媒体平台获取最新的新闻资讯，而且还定期在平台中分享自己的生活点滴、旅行经历和美食体验，并参与网络社区讨论。最近，李明对视频拍摄产生了浓厚兴趣，他想通过视频记录和分享自己的生活。于是他尝试拍摄、制作视频，并发布到抖音。出乎意料的是，这些视频取得了不错的反响，收到了很多网民的点赞和评论，李明的抖音账号也增加了很多粉丝。这让李明备受鼓舞，他决定进一步提升自己的视频拍摄水平，争取成为一名视频达人，后期通过打广告、推荐商品等方式实现变现，获取收入。

李明见证了传统媒体向新媒体的转变。新媒体赋予了李明更多元的信息获取途径和更广阔的表达空间。他通过发布原创内容积极参与新媒体内容的创作。从李明的经历可以看出，在传统媒体向新媒体转型的过程中，用户的地位和作用发生了很大的变化。研究新媒体用户可以揭示这种变化，并更好地明确用户特性和用户行为。

用户研究的受众理论　受众向用户的转变　用户特性　用户行为分析

3.1　用户研究的受众理论

在媒体传播领域，传播活动的对象被称为受众，是信息传播的接收者。例如，广播的受众称为听众，戏剧表演或体育比赛的受众称为观众，报纸的受众称为读者等。受众的基础是社会上的普罗大众，具有数量大、地理位置分散和个性化等特点，受众的行为和反应是决定媒体传播活动能否实现信息传播效果的关键因素。

在新媒体出现以后，由于信息传播媒介发生了变化，以及受众在整个信息传播链中的地位和作用发生改变，"受众"一词失去了明确的指向，所以新媒体中引入了"用户"的概念来代替"受众"。但在学习和研究用户前，需要先了解受众的相关理论。

3.1.1　受众市场论

从宏观上看，受众是一个巨大的集合体；从微观上看，受众则体现为具有社会多样性的人。受众市场论是商业媒体的理论观点，商业媒体的商品主要表现为信息或服务（娱乐），媒体和受众之间是一种市场经济形态下的供求关系。在市场竞争中，商业媒体努力把信息或服务推荐给消费者，而商业媒体的消费者就是受众。这里的受众市场是由各种商业媒体的受众、各种渠道的受众和潜在的受众共同组成的。

从市场经济、商业营销和公共关系的角度来理解受众市场论，很多学者认为受众是传播媒体的市场。这一观点有以下两方面的积极意义。

（1）强化了受众的主体地位，突出了受众的主动性，避免了媒体信息传播的零效果或负效果现象。

（2）反映了媒体传播的某些属性，如经营性、商品性和竞争性等。

3.1.2 受众商品论

受众商品论来源于政治经济学领域，更多地将受众理论的关注点集中到媒体的经济结构上面。通常传统观点偏重商业媒体向受众销售信息商品或提供服务，但在后工业时代，商业媒体产生的消息、思想、形象和言论等信息不是它最重要的商品，受众实际上已经成为一种商品，商业媒体的使命是将受众集合并打包以便出售。商业媒体是卖方，各种广告商则是买方。

受众商品论认为，以广告费支持的电视媒介提供的电视剧、新闻、综艺节目等是"免费午餐"，其目的是引诱受众来到生产现场（如电视机前）。尽管受众在享受这些节目的过程中消磨时间，但实际上也在进行着一种劳动，并创造价值。这种价值体现在商品的广告附加值中。换句话说，受众在使用媒介的过程中付出了劳动，即利用闲暇时间为媒体创造了价值和剩余价值。然而，受众没有因此得到经济上的补偿，相反，他们还需要在购买商品时支付广告附加费。

3.1.3 个人差异论

美国著名的实验心理学家卡尔·霍夫兰最早提出个人差异论，该理论以心理学"刺激——反应"模式为基础，从行为主义的角度来阐述接受对象，认为"受众成员心理或认识结构上的个人差异，是影响他们对媒介的注意力以及对媒介所讨论的问题和事物所采取的行为的关键因素"。

1. 个人差异论的基本观点

在传统媒体中，受众是信息和媒体商品的消费者，是传播内容的归宿，也是传播活动的积极参与者，在整个传播过程中占据重要地位。受众个人因素所造成的各种差异则会对整个传播过程和媒体产生影响，主要表现在 5 个方面。

（1）受众之间差异的形成通常分为两个部分，一是受众的先天条件不同，二是后天生活和学习所得的不同。个人差异主要是指受众的后天差异。

（2）受众在成长过程中接触的信息和知识是大相径庭的，但其会在不同的环境中获得一系列的看法、态度、价值观和信念，从而构成了其个性化的心理结构。

（3）由于后天学习所得的不同，受众在感知和理解客观事物时，自身带有个性化的倾向性。另外，个人的心理差异会影响其对信息刺激物的挑选，也制约受众对信息刺激物意义的认识和理解。

（4）由于心理结构的不同，受众对传播媒体中各种信息内容的接受程度、理解程度、记忆程度和反应程度也不相同。

（5）在设计劝服性传播信息前，无论是传统媒体还是新媒体，都需要先分析和了解受众的兴趣、爱好、需要、价值观和态度等特性，再挑选与之相关的信息进行传播，否则受众会回避或拒绝接收与自己的个性和需求等不相符的信息。

2．个人差异论的积极意义

从理论贡献的角度出发，个人差异论的价值在于提出了"选择性注意和选择性理解的信息传播"的观点。这一观点要求媒体在进行传播活动时，从尊重受众的角度出发，要善于了解、利用来自受众的经验、态度和立场。单个受众所处社会环境和经历不同，造成了个人的种种差异，这些差异决定了受众对信息有着不同的选择和理解，进而产生不同的态度和行为，这些都会对新媒体的用户研究产生极大的影响。

传统媒体的信息传播过程经历了从以传播者为中心到以受众为中心的转变。随着新媒体的发展，信息传播过程的中心再次发生转变，其核心是以个人为中心和以组织为中心。个人差异论从理论上不但支持个人在传播过程中的主体地位，而且最大化了个人作为社会实践主体所具有的能动性。

3.1.4　社会类型论

虽然受众在兴趣、爱好和性格特征等方面各不相同，但在性别、年龄、职业、文化程度和工资收入等方面仍然有某些共同的或相近的特征，从而形成多层次的社会类型，这就是社会类型论的主要内容。社会类型论其实是在个体差异论的基础上演变而来的一种受众理论。个人差异论主要以心理学为依据，强调受众心态与性格的不同；而社会类型论则以社会学为基础，重点强调受众的社会群体的特性差异。社会类型论的主要观点如下。

（1）传播媒体向受众提供各种信息，但受众是有选择地接收和解释这些信息的。

（2）受众有选择地接收信息的行为基础是受众在社会结构中所处的地位。

（3）社会结构由许多社会群体类别组成，社会群体类别的分类依据是性别、年龄、职业、文化程度和工资收入等人口统计学的因素。

（4）同一社会类型的受众往往具有相同或相似的兴趣和爱好。这些因素通常影响受众对传播媒体信息的关注度和反应形式，从而使同一社会群体的受众对同一传播媒体或同一传播信息内容做出大体一致的反应。

（5）不同的社会类型，其价值观和社会观可能是不同的，因而其受众对传播内容的选择就有所区别。而构成社会类型的受众，则往往要受同类型人的约束和影响。

3.1.5　社会关系论

社会关系论通常用来着重分析受众日常的社会关系对媒体信息接收行为的影响。社会关系论认为受众都有特定的生活圈，媒体传播的任何信息都需要遭到生活圈的审查、过滤或抵制，受众最终接收到的信息可能不来自媒体，而是来自生活圈中的"意见领袖"。所以，在经过二次传播后，受众接收到的信息可能出现偏差。也就是说，受众之间复杂的社会关系极大地限制和约束着受众接收媒体传播信息的效果。

社会关系论的主要观点可以归纳为以下 6 个方面。

（1）媒体向受众传播各种信息，但受众接收和解释信息的行为是有选择的。

（2）受众所关联的丰富且庞大的社会关系会极大地影响其接收信息的方式，这也是受众有选择地接收媒体传播信息的重要原因。

（3）当受众有选择地接收媒体传播的信息后，对家庭、朋友、同事、生意伙伴或其他社会关系产生影响和改变时，就表明社会关系的影响在产生作用。

（4）受众会通过个人对媒体的注意形式和反应形式来展示其社会关系网络。

（5）媒体进行信息传播的效果是非常强大的，而且具有非一致性和非直接性等特点。

（6）受众之间的关系在很大程度上会制约和影响媒体进行信息传播的效果。

3.1.6　文化规范论

受众理论中的文化规范论强调文化对受众行为和媒体接受的影响。该理论认为，受众的行为和价值观往往受到所处文化背景的制约和塑造。文化规范是社会共同遵循的行为准则和价值观，它们对受众的认知、态度、行为，以及受众对广告和媒体的接受产生重要影响。

文化规范论的主要观点可以归纳为以下 4 个方面。

（1）文化的塑造作用。文化规范论认为，受众在成长和社会化过程中接受和内化了特定的文化规范，这些文化规范对受众的价值观、信仰、行为准则等产生深远影响。

（2）文化背景影响。受众所处的文化背景会影响其对广告和媒体的理解和接受。不同文化背景的受众可能对相同的广告产生不同的反应，因为他们对广告中的符号、象征和隐含意义有着不同的理解。

（3）价值观的决定性作用。文化规范论强调受众的价值观是决定其行为和消费决策的重要因素之一，受众的价值观会影响他们对广告和商品的态度和选择。

（4）文化差异。不同地区、国家和民族拥有不同的文化背景，文化差异会导致受众对广告和媒体传播的接受产生差异。广告和媒体传播需要考虑并适应不同文化背景的受众需求。例如，某外国品牌在针对中国市场的广告中经常会营造家庭团聚的场景，就是考虑了中国人重视家庭的文化背景。

3.1.7　使用与满足论

使用与满足论从受众的心理动机和心理需求角度出发，结合心理学和社会学相关知识，通过分析受众对媒体的使用动机和需求，来考察媒体传播给受众带来的心理和行为上的效用。该理论把受众看作是有着特定需求的个体，把受众与媒体的接触活动看作是受众基于特定需求来使用媒体，从而使这些需求得到满足的过程。该理论认为，受众对媒体的积极作用制约着媒体传播的过程，并指出受众使用媒体完全基于受众的需求和愿望。

使用与满足论对受众的解读更加具体，媒体信息传播过程中的受众并不是被动地接收信息，而是能够主动地选择自己喜欢和需要的信息，并且不同的受众还可以通过同一则媒体信息来满足不同的需求，甚至达成不同的目标。因此，使用与满足论的观点就不是传播媒体在使用受众，而是受众在使用传播媒体，受众使用传播媒体的目的是满足自己的需求。

1．使用与满足论的研究对象

简单来说，使用与满足论是一种受众行为理论，该理论认为受众基于特定需求的动机接触媒体，并从中得到满足。使用与满足论的研究对象主要包括以下几项。

（1）需求的社会和心理起源。

（2）受众的需求。

（3）需求产生的期望。

（4）期望指向的传播媒体或其他来源。

（5）这些来源引起对不同形式媒体的接触（或参与其他活动）。

（6）由接触产生需求的满足。

（7）与需求满足同时产生的其他结果（大多是无意获得的结果）。

2．使用与满足论的基本模式

使用与满足论将媒体接触行为概括为"社会因素+心理因素——媒介期待——媒介接触——需求满足"的因果连锁过程，并提出了"使用与满足"过程的基本模式，如图3-1所示。

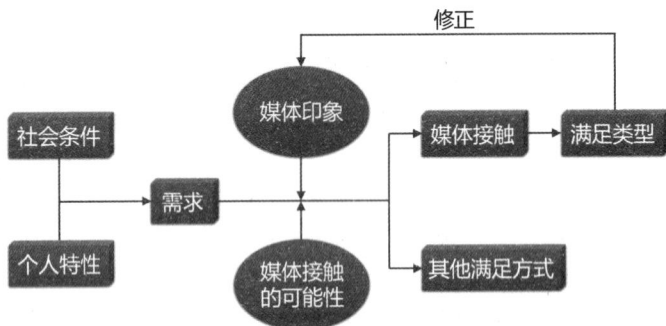

图 3-1　"使用与满足"过程的基本模式

（1）受众接触媒体的目的是满足特定需求，这些需求具有一定的社会和个人心理起源。

（2）实际接触行为的发生有两个条件的支持。

① 媒体印象。媒体印象是指媒体能否满足受众现实需求的评价，媒体印象是在以往媒体接触过程中实际经验的基础上形成的。

② 媒体接触的可能性。媒体接触的可能性是指受众身边必须有电视机、报纸或广播等媒体介质的物质条件，如果不具备该条件，受众通常会转向其他代替性的满足手段。

（3）根据媒体印象，受众选择特定的媒体或信息内容开始具体的接触行为。

（4）媒体接触行为通常会产生两种结果：一是需求得到满足，二是需求没有得到满足。

（5）无论媒体接触行为产生哪一种结果，都将影响后续的媒体选择和使用行为，受众根据满足结果来修正既有的媒体印象，在不同程度上改变对媒体的期待。

3. 使用与满足论在新媒体中的发展

与从传统媒体得到的需求满足相比，受众使用新媒体可以得到新的满足，包括信息发布、自我表达、价值实现和个性化满足，以及参与和互动等。在使用与满足论挖掘受众被满足的新需求之前，新媒体中的以下两个因素会对该理论的实现过程产生影响。

- 技术。新媒体与传统媒体的不同之一是技术权的下放，这里技术权主要是指使用权。

- 互动。新媒体能够向受众提供大量的渠道，这意味着减少了技术和渠道两方面的主体和内容受到的限制，使得互动成为可能。新媒体中的这种互动包括人与人之间的互动，也包括人机之间的互动。

此外，新媒体的产生和发展引起了信息传播环境的变化。技术成为需求，促进了新媒体的技术变革，技术也成了受众的消费品，这也从理论前提和实现过程方面强化了使用与满足论，主要表现在以下 2 个方面。

- 接触方式的改变。受众与传统媒体的接触方式十分有限，绝大多数受众使用媒体只是为了获取信息，或者扩展生活的丰富性。但在新媒体中，受众与媒体的接触方式发生了根本性的变化，接触方式从"接收信息"变成了"控制媒体"，即受众与媒体的接触方式转变成一种对媒体的控制行为，包括对时间、空间的控制，以及对话语权的控制等。

- 互动修正了"使用与满足"的过程。传统使用与满足论的基本模式中隐含一个子过程，就是"信息→传播者、传播媒体→受众"的过程，这也是受众从产生需求到需求被满足而必须经历的一种线性媒体接触过程。但在新媒体中，互动机制修正了这种简单的线性模式，将"使用与满足"过程拓展成"信息→传播者、传播媒体→受众→传播者、传播媒体"的链环式过程，如图 3-2 所示。

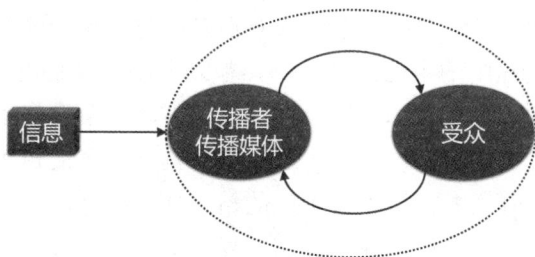

图 3-2　新媒体中的"使用与满足"链环式过程

3.1.8　社会参与论

社会参与论也称受众介入论，是一种主张受众有权直接参与媒体传播过程的理论。社会参与论认为，传播媒体应当成为受众的讲坛，受众有参与和使用传播媒体的权利。社会参与论在一定范围内强调了受众的互动性，是一种具备新媒体传播特征的受众理论。这种受限的互动性表现在受众与受众之间的信息交流和受众与媒体之间的关系中。社会参与论还认为，受众与受众之间进行信息交流时，受众既是信息的接收者，也是信息的传播者；受众既有权利要求媒体传播的信息客观、公正，也有权利用媒体反映自己想要反映的情况和意见。

社会参与论的主要观点可以归纳如下。

（1）传播媒体应该是公众的讲坛，而不是少数人的传声筒。

（2）受众既是信息的接收者，也是信息的传播者。

（3）受众不甘于被动接收信息，而是希望参与信息内容的制作。

（4）让受众参与媒体信息传播是为了提升其主观能动性，因为相较于被动接收的信息内容，受众更容易接受自己亲身参与形成的观点，且不易改变。

（5）参与信息传播也是受众表达权、反论权的具体体现。

3.2　受众向用户的转变

新媒体时代，新媒体信息的生产主体已经发生转变，传统的"受众"逐渐转变为全新的"用户"。用户既是信息的生产者，又是信息的消费者，他们具有双重身份，并且推动了用户文化的兴起和发展。用户生产的内容成为新媒体的重要内容。

3.2.1　受众和用户的区别

在传播学中，"受众"一词源于广播媒体，概念中具有观众、听众等含义，具有一种被动的属性，传播者、媒体和受众三者构成一条完整的传播链。"用户"一词则最早出现在营销学领域，是指某一种技术、商品或服务的使用者，或被服务的一方。

传统媒体负责采集信息内容、制作并形成商品，受众付费或免费获取、使用这些商品，受众属于信息的被动接收方。经过一定时间的发展后，传统媒体意识到不能忽视受众的主动性，于是在受众理论中体现了受众对现有媒体信息内容的反馈，但这种主动性的本质是在被动接收过程中的主动反馈，仍然被划分到被动性的范畴内。这种"主动"的反馈已经与"用户"的内涵有部分相似性，但还不能完全代表用户。新媒体中不仅存在反馈式互动，而且在信息传播过程中，用户自身具备信息的自主选择、自主参与和自主生产等功能。用户是信息内容接收和生产的结合体。用户在概念上就与受众有明显的差异——用代表主动性，而户代表独特性和差异性。

一些学者还总结了受众与用户的区别，如表 3-1 所示。

表 3-1　受众与用户的区别

对比项目	受众	用户
媒体传播模式	消费型的工业模式	生产与消费融合的社会化模式
信息接收特点	被动	主动
与媒体的联系方式	单向	双向
不同群体的界限	界限划分明显，身份固定：有专业和业余、生产者和消费者的划分	界限模糊，身份会随不同情形转换：专业和业余、生产者和消费者界限模糊

续表

对比项目	受众	用户
个体或行动者	个体	行动者：可以是个体，可以是机构，也可以是各种身份或团体
是否跨平台和跨媒体	针对单一媒体形态：不同受众追随不同媒体形态，如电视、报纸、广播等，受众追随信息内容	跨平台和跨媒体：可以应用于任何与计算机相关的行为，同一个用户可以与任何媒体信息内容联系，由用户追随信息内容变为信息内容追随用户

从表 3-1 中可以看出，传统受众转变成为用户，成为信息生产的全新主体，具有极强的能动性。传统媒体的"媒体—受众"的单向传播模式已不能客观反映现状，新媒体更倾向于一种"媒体—网络—用户"的互动和循环过程，不论何种形态的媒体都需要通过网络服务到达用户。电视、报纸或广播等传统媒体中的受众在新媒体时代都成为网络用户，标志着用户发展成为跨平台、跨媒体的存在。因此，新媒体时代的媒体信息传播模式不同于传统媒体中以媒体为核心的受众模式，而是一种以"用户—媒体"互动为核心的用户模式。

3.2.2 从被动接收到主动获取

人类社会的发展，离不开信息的传递和交流。人类社会的信息传播经历了漫长的历程，如果把传统媒体看成工业社会的标志之一，那么新媒体的诞生则是信息社会的重要标志。传统媒体向新媒体的转变是科学技术发展的体现，更是人们交流的根本需要的体现，推动了信息接收方式的不断革新。

新媒体不仅延续了各种媒体技术的优点，以数字化、网络化等信息技术为核心，而且也兼容传统媒体，特别是在交互性方面更强于传统媒体。新媒体的交互性主要表现在创作者能实时与用户沟通。例如，知乎就是能表现新媒体交互性的典型代表，用户可以将自己的观点或文章上传至网络。与微信朋友圈不同的是，知乎是一个开放的空间，任何好友或非好友的用户都可以访问创作者主页，查看其上传到知乎的内容并进行转发，而且在观看时还可以通过评论直接发表意见或与创作者讨论相关问题。又如，今日头条利用大数据技术为用户推荐其喜欢的内容，用户点击、点赞、收藏、评论某内容后，即可源源不断地接收到平台推荐的类似内容，还可以通过选择"不感兴趣"（见图 3-3）等选项来修正平台的推荐逻辑，因此今日头条中的用户掌握着内容浏览的主动权。

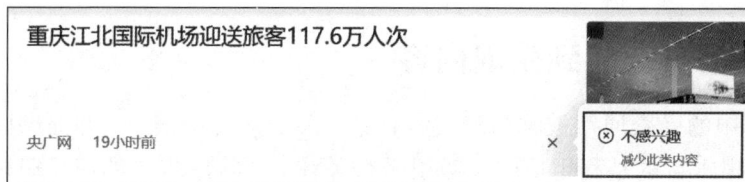

图 3-3 选择"不感兴趣"选项

从知乎和今日头条的例子中可以看出，新媒体的信息传播打破了传统媒体的"媒体让受众看什么，受众就必须看什么"的局面，转变成"用户想看什么就可以看什么"的新局面。新媒体中的用户可以主动选择并获取媒体所提供的信息，并且还可以对接收的信息进行公开评论，这些都是传统媒体中的受众无法获得的权益。

从变革的角度来讲，受众和用户只是一个相对概念，用户是一种相对于受众从媒体中获取信息的方式变革。新媒体以信息和网络技术为先导和动力，将各种媒体融合在一起，使得用户可以便捷地通过任一媒体获取另一种或几种媒体信息，同时也可以反馈信息的获取方式。这里的用户获取媒体中传播的信息内容既有被动的一面，也有主动的一面。所以，受众向用户转变的过程，也就是从被动接收到主动获取的媒体信息获取方式的变革过程。

通过网络和智能终端，用户时时刻刻都可以获取海量信息，这些都是新媒体给信息传播带来的变革，大大影响了用户的生活。对于这些信息，用户可以自由地选择，这种选择既包括对信息内容和类型的选择，也包括对信息接收方式、接收时间或接收顺序等的选择。

3.2.3　从接收信息到传播信息

在过去，受众在信息传播的过程中多处于被动、次要的地位，受众只是无条件地接收传统媒体提供的所有信息。随着信息传播研究的深入，人们发现受众并不是消极地接收信息，在传统媒体的信息传播过程中，受众都在或强或弱、或明或暗地起着各种制约作用，但受众作为信息接收者的地位是基本不变的。

新媒体的不断发展，各种新媒体技术的使用和推广，使受众参与信息传播成为可能，受众的"信息接收者"与"信息传播者"角色发生重叠和互换。在新媒体技术条件下，信息传播的每个节点都可能是信息传播或信息接收的中心，信息传播活动呈现出双向结构或网状结构。与传统媒体的信息传播相比，受众进行的传播活动更加便捷和高效，受众不再是单纯的信息接收者，而是成为传播活动的主体，转变成了用户。

新媒体的信息传播创造性地赋予了用户主体地位，即用户被赋予了获取信息传播的权利，而媒体则从传统的传播主体变成一个供用户平等参与的公共空间。例如，在微博中，用户不仅可以转发他人的微博，还可以通过文字、图片、视频等形式与其他用户分享日常生活。在该过程中，用户通过积极互动和创作分享，往往可以占据相关信息传播的主导权。当用户在擅长的领域表现出一定的专业性、积累一定数量的粉丝后，其话语权会大大提高，发表的内容会被其他用户信任，此时用户"传播者"的角色将进一步凸显。

3.2.4　从消费商品到生成内容

传统媒体中的受众通常被称为消费者，媒体向受众传播信息，并提供商品来满足受众的需要，其根本目的是利用广告来吸引受众关注，并将广告中的商品销售给受众获取商业利润，从而将受众变成消费者。传统媒体生成和传播信息的过程也不可避免地执行了市场经济的通用原则，即以消费者为主，消费者喜欢什么就生成什么，消费者对什么信息感兴趣就传播什么信息给他们。

在新媒体环境下，受众的角色发生了改变，从被动的信息接收者、商品的目标消费者变成主动的信息传播者、搜寻者、反馈者和生成者。这种转变的重要标志之一就是用户生成内容（User Generated Content，UGC）概念的诞生和流行。

1. UGC 的定义和特征

UGC 是指用户通过网络，以文字、图片、音频或视频等形式制作并发布资讯和观点等。经济合作与发展组织（Organization for Economic Co-operation and Development，OECD）将 UGC 定义为"业余人士通过非专业渠道制作的、包含一定的创造性劳动并在网络上公开可用的内容"。经济合作与发展组织还在 2007 年发布的相关报告中描述了 UGC 的 3 个主要特征。

（1）以网络出版为前提。UGC 存在的前提是用户创作的内容要发布到网络中，范围为面向公众或特定群体的网站或媒体平台，而用户自己创作但没有发布在这个范围内的信息则不能称为 UGC。例如，用户写作的电子邮件或与朋友的微信交流等内容属于私人化的传播内容，因此不能称为 UGC。

（2）内容具有一定程度的创新性。UGC 必须体现用户的思想、观点或意见，通常是用户经过创作或改编而成的内容。如果只是从其他新媒体平台中分享、转发或下载的内容，严格意义上并不能称为 UGC。

（3）非专业人员或非权威组织创作。非专业人员或非权威组织是信息内容生成和传播的主体，所以信息生成和传播没有商业市场的介入，创作过程中也没有商业利益动机的驱使。

2. UGC 的积极意义

新媒体不但创造了信息共享的媒体环境，而且扩大了信息内容的生成范围，有利于原创性内容的生成和传播。UGC 的积极意义主要表现在以下 3 个方面。

（1）增加内容的丰富性和多样性。UGC 的背后是拥有不同背景、兴趣和经验的用户，因此内容更加多样化和丰富。这为用户提供了更多选择，可以满足不同人群的需求。

（2）打破传统媒体信息传播渠道与内容垄断。在 UGC 时代，用户可在多个新媒体平台发布信息，并且用户可自行制作内容，也可以改编媒体发布的内容，这种内容既具有私人化的性质，又具有公共传播的性质，打破了传统媒体在信息传播渠道和内容方面的垄断。

（3）用户可以获取经济收益。相较于具有用人门槛的传统媒体，新媒体中的用户可以通过个人的才智取得和传统媒体相同的"成名机会"，还能获得在传统媒体中不可想象的经济收入。例如，直播平台中就有很多利用 UGC 成名并获取经济收益的用户。这些用户利用自己创作的信息内容吸引大量的粉丝，后期通过推荐商品或为商家发布广告等获取收益。

3. UGC 的原则

不是所有用户生成的信息内容都能在新媒体中使用，这时就需要筛选用户生成的信息内容，并培养用户生成内容的基本能力，所以，UGC 通常还需要遵循以下 3 项原则。

（1）编辑 UGC。在新媒体发展初期，UGC 存在信息垃圾泛滥等问题，影响了普通用户的正常信息传播和内容生成，并导致部分专业性较强的用户流失。随着新媒体行业的逐渐成熟，大多数新媒体平台开始对用户生成的内容进行梳理，并在不损害内容主题、观点和信息传播等正当行为自由的前提下，对优质的用户生成内容进行编辑，主要是对内容进行有效的筛选和细分归类，目的是使用户生成内容更有条理、更符合用户的阅读逻辑等。例如，微博中常用的跟帖评论机制就是编辑用户生成内容的体现，这种机制将微博中一些经典的、有创意的用户评论加以置顶和推动，聚合了大多数用户的兴趣和关注，既保证了用户生成内容的质量，又提高了用户对平台的关注度。

（2）激励用户提高内容质量。新媒体平台中高质量的内容更容易吸引普通用户的关注，并提高专业用户生成内容的积极性。所以，新媒体平台要利用建立优质内容激励机制等方式营造良好的创作环境，促使用户为新媒体平台提供高质量的内容。图 3-4 所示为今日头条发起的创作活动，用户参与活动即有机会被评选为优质创作者，并获得相应奖金。

（3）培养用户生成内容的能力。新媒体平台中用户的素质参差不齐，只有高质量的内容才能被高效地传播，这就需要平台对用户生成内容的能力进行培养。用户生成内容的能力包括一些基本的新闻采、写、编、排，以及视频拍摄技巧等。例如，很多新媒体视频网站中专门设置有"教程"栏目，向用户教授基本的视频剪辑方法，并已经形成了"老用户制作教学视频培养新用户"的良性循环。图 3-5 所示为今日头条为用户开设的创作课程，包括新手入门、创作技巧、变现攻略等内容。

图 3-4　创作活动

图 3-5　创作课程

3.2.5 从匿名到公开

在传统媒体的信息传播过程中，由于受众没有主动生成内容，因此具有匿名性的特点，即便受众通过直接或间接的方式参与了媒体信息的传播活动，但从整个传统媒体的信息传播过程来看，受众仍然是一种笼统的和隐蔽的存在。

在新媒体发展早期，用户虽然可以主动生成信息内容，但多数新媒体平台的账号注册都不需要填写真实的身份信息，因此用户仍属于匿名状态。后来，随着网络管理的加强，各大新媒体平台都实行了实名制，用户注册时需填写真实姓名和手机号码。这意味着，新媒体用户在网络上的身份从匿名转变为公开。

实名制对新媒体用户的好处体现在 3 个方面。

（1）实名制有利于巩固用户在新媒体中作为信息内容生成者和主动传播参与者的地位，提升用户在信息传播中的公信力，从而为用户提供发表观点、看法和建议的渠道。

（2）实名制能让用户自觉约束言行，从而遏制网络暴力，营造良好的信息传播环境，特别是有一定知名度的公众人物、专家等信息舆论领袖。实名制能够从客观上约束用户生成内容和传播信息的行为，对其所创作的内容，发表的意见、看法和观点，甚至是转发的文章等保持慎重，并力求真实。这在某种程度上也算是一种自律行为，起到净化新媒体环境的作用。

（3）实名制在某种程度上可以促进用户的自我保护，因为在新媒体中的用户可能出现意见相左的情况，如果是匿名状态，用户极有可能会在评论区引发非理性的论战，但如果是实名制，意见不同的双方会更加理性和克制，让论战始终保持在辩论的层面。

素养课堂

党的二十大报告指出，健全网络综合治理体系，推动形成良好网络生态。近年来，我国高度重视网络安全和网络治理，并相继颁布了一系列法律法规，如《中华人民共和国网络安全法》，并逐步加大网络监管和治理力度。这些措施旨在维护社会稳定和公共利益，确保网络环境的安全和健康。

3.2.6 从受众反馈到用户体验

在传统媒体中，受众作为被动接收信息的一方，虽然不能成为信息的传播者，但可以以各种形式的反馈向传播者表达观点和意见，如通过电话或信件向媒体提供意见、填写相关意见调查表等。但是，受众的这种信息反馈形式落后、信息量小、速度缓慢，不能在信息传播的同时实时反馈给传播者，在一定程度上阻碍了媒体的发展。

如果说在传统媒体的信息传播中，"反馈"一词只能反映受众的被动和弱势地位，那么在新媒体的信息传播中，"体验"一词更能准确描述用户的主动地位和传播者的角色。在新媒体平台的建设过程中，提升用户体验直接关系到终端用户、市场等多个方面，加强用户体验已经成为众多新媒体平台的共识。对新媒体来说，用户体验是指用户在获得信息的过程中，使用信息时的主观感受，包括动机（如想要获取专业资讯还是娱乐信息）、情绪（如开心还是郁闷）、认同（如只读信息不发表意见，还是发表意见并得到回应）等多方面因素。新媒体平台会利用多种手段提升用户的体验，以吸引更多用户，并增加用户的参与度、提高用户的满意度。

（1）用户界面优化。优化平台的用户界面，使其更简洁、直观、易用和美观。良好的界面设计可以提升用户的操作体验。

（2）内容个性化推荐。利用用户的历史行为和兴趣偏好等数据，采用推荐算法向用户推送其感兴趣的内容。

（3）快速加载和响应。优化平台的性能，确保内容和界面快速加载，提升平台的响应速度，避免用户长时间等待。

（4）互动和社交功能。提供评论、点赞、分享等互动功能，增加用户之间的交流，进而增强用户的参与感和归属感。

（5）多渠道接入。提供多种接入方式，包括网页、App、小程序等，让用户可以更便利地访问和使用平台，扩大用户覆盖面。图 3-6 所示分别为知乎的 App 和小程序界面。

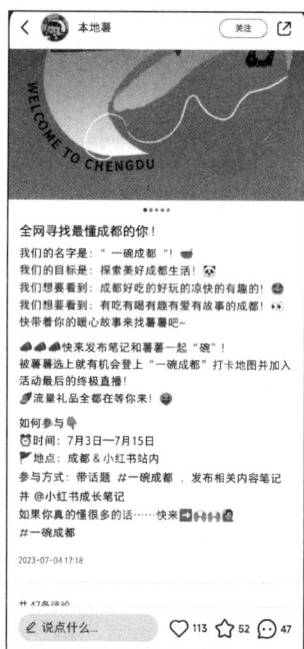

（6）活动和福利策划。举办有趣的活动、赠送福利、提供优惠等，吸引用户参与，提升用户忠诚度和参与度。例如，小红书官方账号会在平台中不定期发起一些有趣的线上、线下活动，如图 3-7 所示。

图 3-6　知乎的 App 和小程序界面

图 3-7　小红书发起的活动

（7）个性化设置。提供个性化的设置选项，让用户可以根据自己的喜好和需求，自定义平台的显示和功能设置。例如，微博、抖音等平台可以进行隐私设置，用户可以自行设置私信、评论等权限。

（8）数据分析与优化。利用数据分析了解用户行为和反馈，优化平台的功能和内容，不断提升用户体验和满意度。

（9）用户服务与支持。建立完善的用户服务和支持体系，及时回复用户的问题和反馈，解决用户遇到的问题，提高用户满意度。

3.3　用户特性

用户特性指的是与用户相关的一系列属性、特点和行为，用于描述和分析用户群体的特点以及他们在特定环境下的行为表现。在新媒体环境中，主要的用户特性包括数字化生存、表演化生存、节点化生存和并发性生存。

3.3.1　数字化生存

数字化生存是新媒体用户的主要特性之一。数字化生存是指用户的生活方式和信息获取途径日益数字化，使用户能够在虚拟世界中开展多样化的生活和交流活动。数字化生存改变了信息获取、社交互动、内容定制和虚拟体验的方式。

1．信息获取更便捷

新媒体的兴起为用户提供了更便捷的信息获取方式。借助互联网和智能设备，用户可以随时随地获取全球范围内的新闻、知识和娱乐内容。新媒体使得用户不再局限于传统媒体的时空限制，可以实时了解发生在世界各地的事件。

2．社交方式更多样

新媒体平台为用户提供了多样化的数字社交方式。微博、微信、小红书等新媒体平台成为用户分享生活、交流情感、结识朋友的重要场所。用户利用文字、图片、视频等形式展示自己的生活，与他人分享体验，形成了突破地域限制的社交网络。

3．信息个性化和定制化

在新媒体时代，用户能够根据个人兴趣和需求定制信息流。互联网公司和新媒体平台通过用户数据分析和算法推荐，向用户有针对性地推送各种数字化内容，如音乐、电影、新闻等，提升了信息获取的效率和质量。

4．虚拟与现实相融合

在新媒体时代，虚拟世界与现实生活融合在了一起。虚拟现实技术使用户可以身临其境地体验虚拟环境，增强了娱乐和体验的效果。同时，数字技术使用户能够更加便捷地处理日常生活，如在线购物、在线学习等，实现了数字化与现实生活的无缝衔接。

3.3.2　表演化生存

表演化生存是新媒体用户的显著特性之一。它指的是用户在数字化的虚拟空间中表演自己，自由地设定和制造多重角色，并在不同的环境下扮演各种角色。这种特性让用户在网络平台上展示丰富多样的自我形象，参与社交互动和内容创作，实现自我表达和展示。

1．多重设定

在表演化生存中，用户可以对自己的角色进行多重设定。用户在虚拟空间中可以创造各种各样的个人形象，如在社交媒体上展示时尚风格、在专业平台上展示专业技能，以及在兴趣社区中分享个人爱好，等等。这些不同的角色展示了用户多样化的兴趣和才能。

2．自由分解

用户可以自由分解自己的角色，展示更细致的个性和特点。在不同的网络社交圈中，用户可以展现出自己不同的方面，与不同群体建立更加亲密的联系。这种自由分解让用户能够更加灵活地应对不同的社交场景。

3．多环境扮演

表演化生存使得用户可以在不同环境下扮演不同的角色。在不同的网络平台和社交应用中，用户可以展示不同的形象和态度。这种多环境扮演让用户能够更好地适应不同的社交和内容创作需求。

4．自我表达和展示

表演化生存使得用户能够实现自我表达和展示。用户可以利用文字、图片、视频等多种形式展示自己的生活、兴趣、才能和态度，获得他人的点赞、评论和关注，从而获得自我认同和社会认可。

> **素养课堂**
>
> 个人在表演自我的同时，应该保持理性和谨慎，充分发挥表演化生存的积极作用。同时，还要认识到虚拟舞台与现实生活的差异，真实地维护自我和社交关系。

3.3.3　节点化生存

节点化生存是指用户是社会资源、信息传播、内容-社交-服务的个体节点。在节点化生存中，每个用户都具有连接其他用户的能力，通过信息网络获取相关信息，建立自己的意义网络和社交结构，或加入社区获取其他服务。

这种生存方式使用户成为信息传播的节点和参与者，不再局限于被动接收信息，而是积极参与、影响和拓展信息的传播路径，推动了信息的多样化接触和传播，丰富了用户的信息体验和社交互动。

1．多样化的信息接触

在新媒体时代，用户不再依赖传统媒体的单一信息源，而是通过社交媒体、新闻网站、视频平台等多样化的节点，获取不同来源的信息。这样的多样化信息接触丰富了用户的信息来源，拓宽了知识面。

2．社交传播的影响力

用户在新媒体平台上分享信息，通过点赞、评论、分享等行为可以让信息被更多人看到和传播。用户成为信息的传播节点，用户自身的影响力可以得到进一步拓展和扩散。

3．内容共创与传播

节点化生存促进了用户之间的内容共创与传播。用户可以在新媒体平台上共同创作和分享内容，形成多样化的内容生态。例如，用户可以在新媒体平台上转发他人的优秀内容，将优质信息传播给更多人。

4．信息传播路径的多样性

在新媒体时代，信息在网络中借助用户的点赞、评论、分享等行为得以传播，形成错综复杂的信息传播路径。节点化生存使信息传播路径更加多样化和复杂化。

3.3.4　并发性生存

并发性生存是指用户在同一时空中同时进行多项任务，扮演多重角色。用户面对大量的信息和任务，需要具备高效的多任务处理能力，以适应快节奏的生活和工作。并发性生存主要包括 4 个方面。

1．多任务处理

用户在数字化生活中面临着各种各样的任务，如工作、学习、社交、娱乐等，这促使用户在同一时空中处理多项任务，如在工作间隙回复社交消息、利用碎片时间学习新知识等。

2．跨平台应用

现代技术使得用户可以在不同的数字平台上同时进行多项任务。例如，用户在计算机上处理工作邮件的同时，也在手机上进行社交互动，实现了多平台之间的快速切换。

3．多重角色扮演

用户在新媒体时代通常需要扮演多重角色，如职场中的专业人士、家庭中的监护人、社交平台上的自我展示者等。这些角色在同一时空中并存，用户需要灵活地切换和管理不同角色的身份和行为。

4．信息筛选

由于信息过载，用户需要对信息进行快速筛选，优先处理重要的任务和信息，同时合理规划时间，避免时间浪费，以保持高效的生活方式。

3.4　用户行为分析

新媒体时代的用户行为不仅反映了用户的兴趣和需求，还影响着整个数字生态系统的运转，因此针对用户行为的分析就变得越来越重要。

3.4.1　用户行为分析的内容

分析用户行为有助于更好地了解用户群体的特点、需求和行为模式，从而优化内容创作、营销策略和用户体验，提高用户参与度、忠诚度和转化率。常见的新媒体用户行为分析的内容主要包括 5 个方面。

1．用户兴趣和偏好

分析用户的浏览和搜索行为，可以了解他们对不同主题、话题或内容的偏好。这有助于媒体和品牌更准确地定位目标用户，并提供相关和个性化的内容。

2．用户互动和参与

分析用户的互动行为，如评论、点赞、分享和转发等，可以了解用户对内容的反应和参与程度。这有助于评估内容的影响力和用户参与度，为内容优化提供依据。

3．用户购买行为

对于电商平台和品牌，分析用户的购买行为可以了解他们的消费偏好、购买习惯和购物决策过程。这有助于优化商品推荐和个性化营销策略，提高购买转化率。

4．用户流失和留存

分析用户的流失率和留存率可以评估平台的用户黏性和忠诚度。了解用户的离开原因和留存动因后，可以采取相应措施提高用户的留存率和忠诚度。

5．用户地理位置和设备偏好

分析用户的地理位置和设备偏好可以帮助媒体和品牌了解用户的使用习惯和行为特征。这有助于优化内容展示和广告投放，提供更精准的定位和个性化体验。

3.4.2　用户行为分析的指标

在用户行为分析中，常用的指标可以分为3类，分别是黏性指标、活跃指标和产出指标。每个分类下又包含多个具体行为指标。

1．黏性指标

黏性指标主要衡量用户对新媒体平台的黏性和忠诚度，即用户在一段时间内对平台的持续使用程度。常用的黏性指标包括使用时长和使用频率。

（1）高频率高时长。用户使用平台的次数多、时间长，说明平台很好地满足了用户的基本需求（如社交沟通，典型代表是微信），用户黏性非常强。

（2）高频率低时长。用户使用平台的次数多，但由于功能有限等原因导致使用时间不长，用户黏性较强。部分天气预报、运动记录等软件会呈现这样的特点。

（3）低频率高时长。用户使用平台的次数不多，但每次使用时间长，说明平台较好地满足了用户的某项需求（如家电/数码产品网购等），用户黏性较强。

（4）低频率低时长。用户使用平台的次数不多且时间短，说明平台没有得到用户认可，用户黏性弱。

2．活跃指标

活跃指标主要衡量用户在平台上的参与和互动程度。常用的活跃指标包括日活跃用户数（Daily Active User，DAU）/月活跃用户数（Monthly Active User，MAU）、点击率、分享率、访问量（Page View，PV）/独立访客（Unique Visitor，UV）、评论量和点赞量等。

（1）DAU/MAU。DAU是指在某一天内访问和使用平台的用户数量（去除重复登录的用户）。MAU 是指在一个月内访问和使用平台的用户数量（去除重复登录的用户）。这两个指标是衡量平台活跃度的重要指标。

（2）点击率。点击率指用户点击某链接或广告的次数与链接或广告展示次数的比率。

（3）分享率。分享率指特定内容的分享次数与该内容的总曝光次数（或浏览次数、点击次数等）的比率。较高的分享率表明内容具有较强的吸引力和价值，能够激发用户兴趣并促使用户分享。

（4）PV/UV。用户在网页的一次访问请求可以看作一次 PV。比如，1 个用户浏览了 10 次页面，则 PV 为 10。UV 可以理解成访问某网站的计算机数量。比如，1 个用户浏览了 10 次页面，UV 仍为 1。

（5）评论量和点赞量。评论量和点赞量反映用户对内容的参与程度。

3．产出指标

产出指标主要衡量用户在平台上的创造和贡献程度。常用的产出指标包括订单数、客单价、内容发布频率、内容分享数和内容创作数等。

（1）订单数。订单数是指在一定时间内，平台上完成的订单数量。这是针对具有电商功能的新媒体平台的指标，可以衡量产出。

（2）客单价。客单价是指平均每个订单的交易金额，也是针对具有电商功能的新媒体平台的指标，用于衡量平均每次产出价值的大小。

（3）内容发布频率。内容发布频率是指用户在一定时间内发布内容的次数。

（4）内容分享数。内容分享数是指用户将他人内容分享的次数。

（5）内容创作数。内容创作数反映了用户在平台上的创作和贡献程度。

3.4.3　用户行为分析的方法

在新媒体时代，用户在数字环境中的行为会产生庞大且复杂的数据。用科学的方法进行用户行为分析，可以挖掘这些数据的价值，揭示用户的行为模式、兴趣偏好和需求变化。具体来说，用户行为分析的方法包括行为事件分析法、行为路径分析法、漏斗模型分析法、页面单击分析法和用户画像分析法。

1．行为事件分析法

行为事件分析是指对用户在新媒体平台上的各种行为事件（包括点击、浏览、搜索、分享、评论、购买等）进行收集和分析，主要用于研究某行为事件的发生所产生的影响及影响程度。行为事件分析法一般包含事件定义、多维度细分分析、解释与结论等环节。

（1）事件定义。事件定义是指用户在某个时间点、某个地方、以某种方式完成了某件具体的事情。为了全面准确地定义一个事件，需要考虑以下关键因素。

① Who（谁）。其是指参与事件的用户身份或角色，如用户账号等。

② When（何时）。其是指事件发生的具体时间点或时间段。

③ Where（何地）。其是指事件发生的具体地点或平台。

④ What（做了什么）。其是指用户在事件中具体做了什么。例如，对于"购买"

类型的事件，则可能包含商品名称、类型、购买数量、购买金额、付款方式等。

⑤ How（如何）。其是指用户在事件中从事行为的方式，如使用的设备、浏览器、App 版本等。

例如，2023 年 7 月 15 日晚上 8 点，用户小明（Who）在淘宝 App（Where）上搜索并浏览了一台××笔记本电脑（What）。他在淘宝 App 搜索栏输入关键词"××笔记本电脑"（How），在搜索结果中查找了相关商品，最终在××旗舰店中浏览了该笔记本电脑的详细信息。

（2）多维度细分分析。在这一环节，平台对行为事件进行多维度细分分析，探索不同维度的用户行为特征。例如，短视频平台就旅游短视频进行不同旅游目的地、不同发布时间、不同观看人群等维度的分析。

（3）解释与结论。在分析完各个维度的行为数据后，需要对分析结果进行解释和总结，为优化运营策略提供指导。例如，短视频平台发现，冬天北方的中老年群体更热衷于观看关于海南旅游的短视频，说明海南是这些群体青睐的旅游目的地，接下来就可以将海南旅行团的广告精准推送给这些群体。

2．行为路径分析法

行为路径分析法是指对用户在平台上的行为路径进行追踪和分析。通过追踪用户在平台上的行为路径，平台可以了解用户的浏览习惯和参与路径，发现用户的喜好和兴趣，也可以监测用户路径走向存在的问题，为 App 设计优化、App 核心模块到达率的提升提供决策依据。

例如，针对一款健康管理类 App 进行用户路径分析，得到用户在 App 中的典型行为路径：运动计步用户路径（打开 App→进入运动计步功能界面→开始计步→计步完成后查看当天的步数统计→退出 App）、饮食管理用户路径（打开 App→进入饮食管理界面→查看今日的饮食计划→点击"添加食物"按钮→记录今天的早餐、午餐和晚餐→退出 App）。根据这些典型的用户行为路径，可以进一步简化用户的操作，如在 App 首页设置"运动计步"和"饮食管理"功能组件，方便用户直接在首页完成相关操作。

用户行为路径分析的常用工具是桑基图，其通常以流程图的形式呈现，使用连续的箭头和流量线来表示用户在不同步骤之间的转化和流动情况。

3．漏斗模型分析法

漏斗模型分析法是指对用户在平台上的行为过程进行漏斗形式的分析。例如，对于电商平台，转化漏斗模型可以包括用户访问商品页面、下单、支付等环节，如图 3-8 所示。通过漏斗模型分析法，平台可以了解用户在不同环节的转化率，进而找出转化率低的环节，并对该

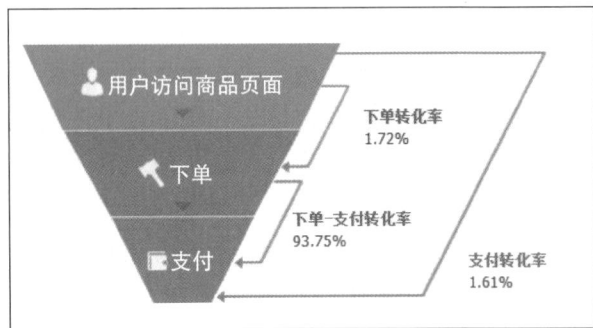

图 3-8　电商平台的转化漏斗模型

环节进行有针对性的优化。

4. 页面单击分析法

页面单击分析法主要用于展示页面或页面组中不同元素的单击情况，如某元素（如按钮）的单击次数、占比、哪些用户有单击行为等，一般使用特殊高亮颜色的热力图来展示（见图3-9）。分析页面的单击情况，可以发现用户对页面中哪些元素感兴趣、哪些元素容易被忽略，从而优化页面布局和内容，提高用户对页面的满意度和参与度。

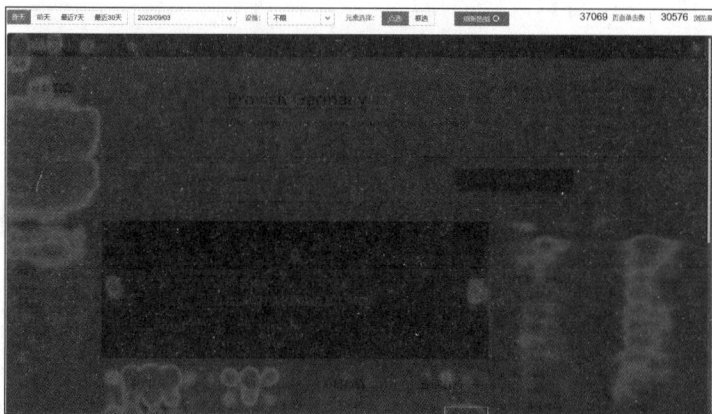

图 3-9　热力图

例如，电商平台利用页面单击分析法了解到用户下单前大量单击"商品图片"或"用户评价"按钮，说明用户在进行购买决策时十分重视商品图片信息和以往购买者的评价，那么就可以增加"大图显示"功能，并设计激励机制来鼓励以往购买者发表商品评价。

5. 用户画像分析法

用户画像分析法是一种通过收集和分析用户的个人信息、行为数据、兴趣爱好等多维度数据来描绘用户形象和特征的方法。该方法有助于更好地了解目标用户群体，从而进行更有针对性的内容推送、广告投放和用户体验优化。

用户画像分析法的一般步骤如下。

（1）数据收集。平台通过用户注册信息、社交媒体活动、浏览记录、搜索关键词等多个渠道收集用户的以下信息。

① 用户固定特征。其包括性别、年龄、受教育水平、职业等。

② 用户兴趣特征。即用户的兴趣爱好，如喜欢外观精致的物品、流行歌曲，热爱阅读、旅行，对美食、购物感兴趣等。

③ 用户社会特征。其包括生活习惯、婚恋情况、人际交往及家庭情况等。

④ 用户消费特征。其包括收入状况、购买水平，以及商品的购买渠道、购买频次和购买商品类型的偏好等。

⑤ 用户动态特征。其包括用户当下的需求，周边有哪些商户等信息。

（2）数据清洗和整合。平台对收集到的数据进行清洗和整合，去除重复和错误数据，确保数据的准确性和完整性。

（3）用户分类。根据收集到的数据，平台使用聚类分析、分类算法等方法对用户进行分类，如健身爱好者、健康养生者、专业运动员等。

（4）分析特征并构建画像。借助统计分析、数据挖掘等手段对每个用户群体进行特征分析，了解他们的共同特点和特征，然后构建用户画像，即对每个用户群体进行形象化描述。例如，健身爱好者人群经常在平台搜索健身教程和器械推荐，喜欢观看健身类直播，习惯在网上购买健身器材和代餐食品，年龄主要在 20～45 岁。

（5）用户画像应用。将构建好的用户画像应用到实际运营中，在内容推荐时针对不同用户群体推送不同类型的内容，在广告投放时选择与目标用户群体相关的广告，从而提高用户的参与度和满意度。例如，向健身爱好者推荐高强度的健身训练视频和代餐食品的广告。

提个醒

当前很多数据分析网站（如艾瑞咨询、友盟、百度统计等）都提供用户行为分析功能。以友盟为例，运营者可以直接在友盟中针对自己的 App、网站、小程序等进行事件分析（见图 3-10）、漏斗分析、路径分析、用户群体画像等。

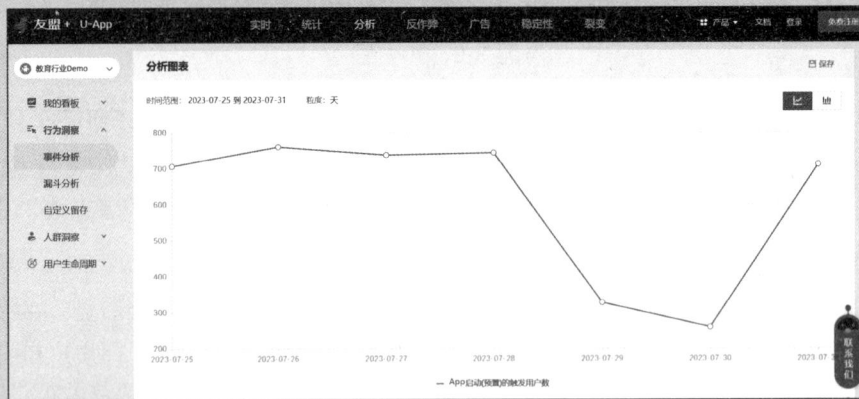

图 3-10　事件分析

实践训练——使用百度统计进行用户行为分析

【实践背景】

用户行为分析需要对用户数据进行统计、处理，当前市面上有很多网站提供用户行为分析的功能，百度统计是其中的代表。百度统计可用于分析网站、App、小程序等的数据，还提供演示网站的数据，便于普通用户试用。小王是一名新媒体运营实习生，需要熟悉使用百度统计进行用户行为分析的基本方法。

【实践目标】

熟悉用户行为分析的基本内容和方法，使用百度统计演示版进行简单的用户行为分

教学视频

使用百度统计进行
用户行为分析

析，包括用户画像、用户转化情况、页面单击情况 3 个方面。

【实践步骤】

百度统计是专业的数据分析网站，能帮助企业实现数据驱动营销和运营决策。下面在百度统计中查看演示网站的用户数据并进行简单分析，具体操作步骤如下。

（1）分析用户画像。进入百度统计首页，单击"体验 Demo"按钮，在打开的页面中选择左侧列表中"访客分析"下的"访客属性"选项，然后在打开的页面中查看性别比例、年龄分布、学历分布（见图 3-11）和兴趣指数（见图 3-12）。从图中可以看出，该网站的用户以男性用户为主，年龄主要在 25 ～ 44 岁，学历主要是大专及以上，对影视音乐、汽车、家电数码、生活服务等感兴趣。

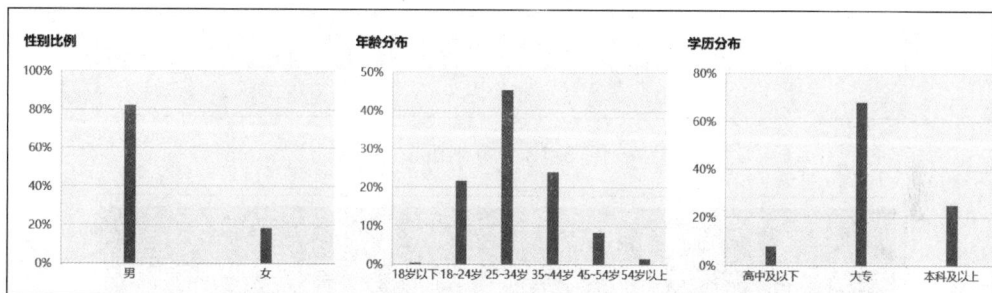

图 3-11　性别比例、年龄分布、学历分布

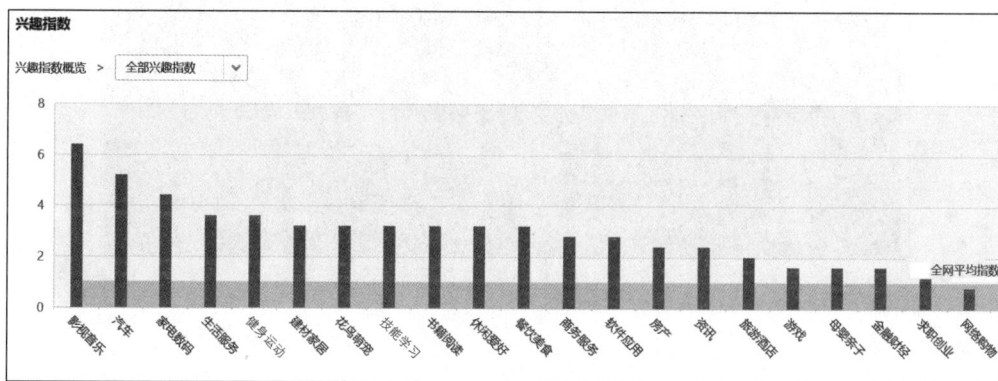

图 3-12　兴趣指数

（2）分析用户转化情况。在左侧列表中选择"转化分析"下的"转化概况"选项，在打开的页面中设置查询期间为"最近 30 天"，按"日"查看，然后查看访问次数、访客数、转化次数（用户到达转化目标页面的次数）、转化率（转化次数与访问次数的比值）等指标，如图 3-13 所示。从图中可知，该网站的转化率比较稳定，接近 20%的水平。

（3）分析页面单击情况。在左侧列表中选择"访问分析"下的"页面单击图"选项，在打开的页面中单击"首页"对应的"查看点击图"超链接，在打开的页面中可以查看网页的热力图，如图 3-14 所示。从图中可以看出，左侧、右侧和图片下方列表是用户主要单击查看的区域。

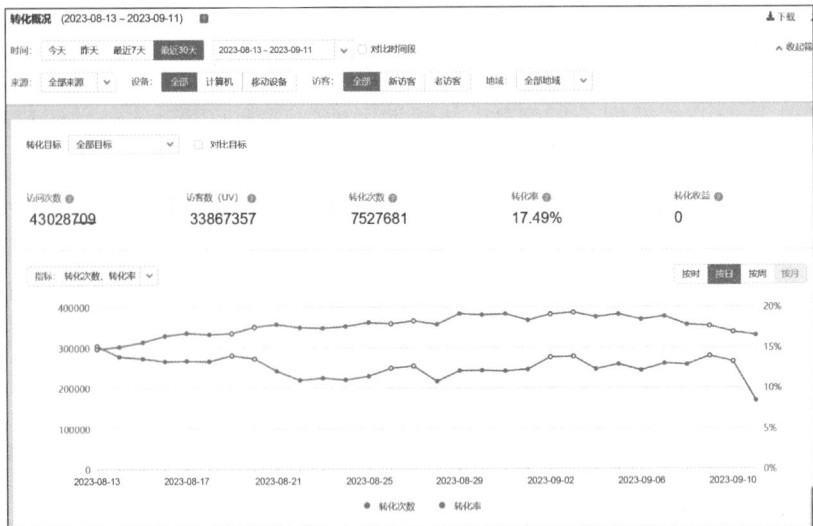

图 3-13　转化概况

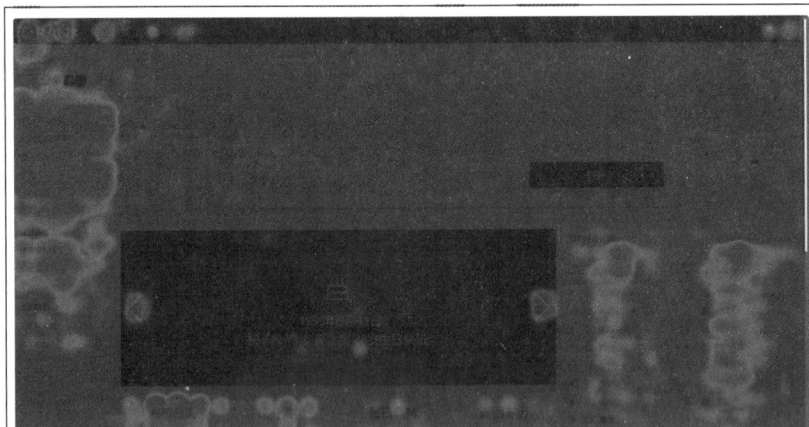

图 3-14　热力图

课后思考

（1）简述新媒体用户研究中的主要受众理论。

（2）受众理论中"使用与满足"过程的基本模式是怎样的，用图表的形式绘制出来。

（3）简述受众与用户的区别，请举例说明。

（4）浏览小红书上的内容，说说 UGC 包含哪些内容。

（5）联系本章所学的理论知识，从受众向用户转变的角度，论述传统报刊开设网络版的必要性。

（6）结合自身经验，说说数字化生存、表演化生存、并发性生存的具体表现。

（7）以自己经常使用的新媒体平台为例，说说其是如何提升用户体验的。

第4章

新媒体内容策划与文案写作

【知识目标】
- 掌握新媒体选题和内容策划的相关知识。
- 掌握新媒体文案写作、新媒体新闻写作、AI写作的相关知识。

【能力目标】
- 能够写作新媒体文案和新媒体新闻。
- 能够使用AI进行写作。

【素养目标】
- 了解传统媒体在新媒体平台发布新媒体新闻的积极作用。
- 积极应对AI带来的变化,不断提升自身的创新能力。

2021 年，张某与朋友合伙创办了一家文创工作室，主营文创产品设计服务。初创阶段，由于资金有限，他们没有聘请专业的文案人员，而是自己硬着头皮写文案。然而文案发布到微博等平台后，没有引起太多的关注和传播，他们也意识到非专业人士在文案写作方面的表达能力和逻辑性有所欠缺。

随着 ChatGPT 在国内大火，张某也尝试使用它来写作文案。他像一名教练一样向 ChatGPT 发出写作指令，并对 ChatGPT 写作的文案进行反复优化，直到满意为止。虽然 ChatGPT 有时不太理解张某的想法，但张某从不泄气。让张某欣喜的是，在持续的训练之后，ChatGPT 渐渐能够理解张某所需的语言风格与表达方式，写作效果也越来越好。张某感叹："以往花费半天时间才能构思出'金句'，现在用 ChatGPT 只需短短 5 分钟就能写出漂亮的文案，而且不会出现错别字和语病。ChatGPT 甚至可以把高深的概念用普通人能够理解的方式表达出来，这种能力比我强很多。"

如今，ChatGPT 出色的写作表现让张某能够有更多时间投入设计工作中。他认为，熟练使用 AI 写作工具可以节约大量精力、人力，未来会有更多企业使用 AI 来写作文案。

选题与内容策划　新媒体文案写作　新媒体新闻写作　AI 写作

4.1　选题与内容策划

在新媒体时代，企业只有输出符合用户需求的优质内容，才能在竞争中获得更大的优势。而对于新媒体内容运营而言，选题与内容策划是基础性工作，只有做好这两项工作，才能创作出有吸引力的内容。

4.1.1　选题的类型及挖掘方法

在新媒体内容创作中，选题是指选择合适的主题或话题。选题的合理与否，会直接决定新媒体内容能否吸引目标用户，传递有效的信息。常见的新媒体内容选题包括常规选题、热点选题和系列选题 3 种类型。

1. 常规选题

常规选题是指那些用户长时间关心的内容主题，具有持久性和稳定性，不受短期事件的影响，时效性相对较低。这类选题通常涵盖用户日常生活中的常见问题、兴趣爱好、生活方式等方面，如健康养生、美容护肤、家居装饰、旅行攻略、情感关系等，不随时事变化而波动。常规选题可以持续吸引目标用户，能够建立一种稳定的内容输出节奏，让用户习惯性地关注和浏览，提升新媒体账号的活跃度和关注度，适用于长期稳定的内容创作和传播。

挖掘常规选题时，需要从用户的角度出发，寻找他们关心的话题，并结合品牌或产品的定位来确定合适的主题。此外，还可以参考同类账号发布的内容。

（1）参考同行。运营者可以关注一些优质的行业账号（要确保这些账号的目标用户群体与自己的目标用户群体相吻合），对其发布的内容进行分析，筛选出互动数据较好的内容，并提炼这些内容的选题关键词，其中的高频关键词就可以作为选题关键词。

（2）围绕品牌发散。运营者可以围绕品牌、品牌的产品/服务、品牌所在行业进行发散，找出与其相关的主题，包括员工/创始人故事、用户故事、日常动态、产品介绍/测评等。例如，海尔官方微博的一大常规主题就是品牌的日常动态，图 4-1 所示为新员工入职场面，可以促进用户了解品牌。

图 4-1 品牌日常动态

（3）从用户需求入手。运营者可以通过分析用户数据、开展问卷调查、与用户实时互动、查看评论等方式了解目标用户的兴趣、需求和痛点，选择用户喜欢的内容或为用户提供问题解决方法，包括产品使用技巧（如服装穿搭技巧）、产品选购指南（如选购相机的注意事项）等。图 4-2 所示为行李箱品牌的常规选题。

图 4-2 行李箱品牌的常规选题

2. 热点选题

热点选题是指结合了当前网络热点（如时事、社会事件、节日等）的选题。热点选题的特点是具有强烈的时效性，用户在短时间内的关注度很高，会吸引大量用户的注意力。热点选题的关键是快速响应，以便在用户关注热度最高的时候，提供相关的内容，需要在较短时间内完成内容制作和发布。

运营者要想挖掘热点选题，需要实时利用各种渠道获取热点话题，如微博热搜榜单、抖音热搜榜单、百度热搜榜单等。对于可预测的热点，如节假日、纪念日、体育赛事等，可以借助营销热点日历（见图 4-3），提前准备好相关内容。

图 4-3　营销热点日历

需要注意的是，选择的热点不能脱离账号定位，不能为了"蹭热点"而发布和账号定位无关的内容，如账号定位是办公技巧类账号，却生硬地利用亚运会相关的热点选题。当有热点事件发生时，运营者需要先判断能否从该热点事件中找到与账号定位相关的选题角度，再决定是否要借助该热点进行内容创作。

3．系列选题

系列选题是指将一个大主题或内容划分为多个相关子主题，分期发布形成一个系列，构建完整的内容体系。这种选题方式适用于较复杂的话题，通过分阶段展开，让用户逐步了解并参与讨论。系列选题能够增加内容的延续性和连贯性，提高用户对内容的关注度。挖掘系列选题的方法主要有两种。

（1）故事串联。运营者可以以一个连贯的故事情节或主题为核心，将内容进行串联，形成一个有情节发展的系列内容，以讲述故事的方式激发用户兴趣，让他们想要持续追踪故事的发展和结局。这种方法尤其适合情感类、故事类内容，如情节连贯的故事型系列短视频，能够让用户对之后的情节产生期待，增加内容的吸引力。

（2）主题深挖。运营者可以选择一个热门或有趣的主题，并从不同角度进行深入挖掘，通过对主题的多方面探讨和深度剖析，形成一系列有层次、有深度的内容。这种方法可以满足用户对知识的渴望，同时也能增加内容的系统性。例如，围绕某一关键词延伸出更多选题关键词：围绕"养生食谱"关键词，按照不同季节的养生食谱延伸出春季养生食谱、夏季养生食谱等；按照不同人群的养生食谱，延伸出老年人养生食谱、中年女性养生食谱等；按照不同作用的养生食谱，延伸出润肺养生食谱、护发养生食谱等。

▌4.1.2　内容策划的原则

选题规划是阶段性的内容设计，主要考虑的是"写什么"的问题；而内容策划则是更具体的内容设计，主要考虑的是"怎么写"的问题。通过内容策划，运营者可以快速梳理出内容创作的逻辑，以便更高效地开展后续的内容运营工作。一般而言，内容策划应当遵循以下原则。

1．价值传递

价值传递是指内容策划应该注重传递有价值的信息，让用户感觉浏览/观看内容后能够有所收获。用户在网络上浏览/观看内容时，往往希望获取有意义、有价值的信息，解决问题或满足需求。因此，在进行内容策划时需要了解目标用户的需求、兴趣和痛点，输出有针对性的、实用性强的内容，同时做到深入浅出、通俗易懂。

2. 内容垂直

内容策划要垂直，即专注于某一特定领域或主题，如美食、旅行、数码等，以提升内容的深度和专业性，针对特定用户群体提供更为精准的内容。现在的新媒体平台往往会根据用户的兴趣来为其推荐内容，账号的内容垂直有助于平台准确识别和理解账号的内容特点，进而获得更多平台推荐流量。此外，通过持续深耕某个领域，新媒体账号可以建立起在该领域的影响力，有助于积累更多忠诚度高、黏性强的粉丝。

3. 渠道适应

渠道适应是指根据不同新媒体平台调整内容的形式和风格，以适应不同平台的用户特点和使用习惯。这有助于提升内容在不同平台上的传播效果和用户体验，最大化地吸引目标用户。具体来说，渠道适应主要包括 3 个方面。

（1）内容形式。不同新媒体平台对内容形式有不同的要求。例如，抖音、快手主要以短视频为主，哔哩哔哩、西瓜视频侧重于长视频，深度长文章在知乎上更受欢迎。针对不同平台，运营者可以灵活调整内容形式。例如，针对短视频平台，运营者可以制作快节奏的短视频；针对知乎，运营者可以写作深度科普文章。

（2）内容风格。不同新媒体平台的用户特点和使用习惯不同，对内容的风格也有一定的要求。例如，微博等平台的娱乐性更强，运营者可以选择幽默风趣的风格；豆瓣用户更喜欢文艺、清新的内容风格。因此，在不同平台上，运营者可以调整内容的语言风格，以更贴近平台用户的喜好。

（3）内容输出节奏。不同平台的内容传播速度不同，如新闻类平台要求内容更新频率较高，而专业知识分享平台则更注重内容的深度和质量。因此，在发布内容时，运营者需要考虑平台的内容节奏，合理安排更新频率。

4. 内容原创

内容原创指的是追求内容的独特性和创新性，避免简单地重复已有的内容。新媒体平台每天都会产生海量的内容，内容要想脱颖而出，一定要有新意。除了策划全新的内容，运营者还可以在他人内容的基础上注入自己的想法和灵感来实现创新。具体可以从不同的角度出发，以独特的视角来解读问题或展现观点。例如，某体育运动员夺冠，常规的角度是关注他背后付出的努力，而从其父母教育方式切入，强调父母教育的重要性，就会与其他内容形成差异。

4.1.3 内容策划的主要任务

内容策划是一项细致的工作，不仅要列出内容大致框架，还要确定内容发布平台、内容形式、内容制作分工等。具体来说，在内容策划阶段，运营者需要根据实际情况，完成以下任务。

1．明确内容创作目的

运营者需要明确内容创作的目的，并将其量化为可衡量的数据指标。例如，运营者希望通过某篇文章实现粉丝数量增长的运营目标，则应将这一目标量化为计划在文章发布后的多长时间内增加多少数量的粉丝。在内容创作的整个过程中，运营者需要以内容创作的目的为核心，不能偏离目的。

2．确定内容发布平台和内容形式

当前新媒体平台众多，很多品牌是同时运营多个平台的，不同平台有不同的用户群体和内容特点。运营者要根据实际情况选择内容发布平台，如时效性强的热点选题内容适合发布在微博、抖音等快节奏的平台上，有深度的长内容可发布到微信公众号上。

新媒体内容的形式多种多样，包括文字、长视频、短视频、音频、图片、直播等。运营者要根据平台特点选择内容形式，此外还要考虑团队的内容制作能力，如果团队没有拍摄短视频的设备和相关人才，就不要选择短视频。

3．梳理内容大纲

内容大纲是全篇内容的要点所在，运营者需要梳理内容大纲，把内容分为几个部分，明确每个部分要向用户传递的信息，并规划好每个部分内容的长度。梳理内容大纲可以让内容有逻辑和条理，也会让运营者把握好内容的长度。

4．规划内容制作周期

运营者需要提前规划好内容的制作周期，以便能够在规定的时间内按时发布内容。如果内容的发布频率和内容选题是固定的，运营者可以提前准备好一定数量的内容。

5．安排内容制作分工

很多内容的创作需要多人协作完成，运营者就需要统筹分工，确认每个参与者需要完成的事项、完成的时间、完成的标准及要求等，保证所有参与者能够各司其职。

4.2　新媒体文案写作

文案指为了宣传、推广或销售某个产品或服务等而写作的内容。文案可以将产品或服务信息传递给用户，以便用户了解产品或服务。新媒体文案可以简单地理解为借助新媒体平台生成的创意型文案。

4.2.1　新媒体文案类型及特点

随着新媒体的快速发展，大量不同类型的文案出现。虽然种类繁多，但新媒体文案还是表现了一些共有的特点。了解新媒体文案的类型和特点，有助于写出更加符合用户需求的新媒体文案。

1．新媒体文案的类型

根据表现形式、长短、广告植入方式、写作目的等的不同，新媒体文案可划分为不同的类型。

（1）按表现形式分类。新媒体文案按表现形式可以分为文字式文案、图片式文案和视频式文案。

① 文字式文案。文字式文案是指以大段的文字输出为主的文案（见图 4-4），如微信公众号文案、微博头条文章、门户网站上的营销软文等。文字式文案的篇幅较长，部分还会穿插图片、链接等，是当前主流的文案表现形式之一。

② 图片式文案。图片式文案是指以图片为载体的文案，其代表为海报文案（见图 4-5）和超文本标记语言（Hypertext Mark Language，HTML）文案。该类文案对图片创意与信息选择的要求较高，一般要求利用有限的文字传达主题思想和重要信息。

③ 视频式文案。视频式文案是以视频为载体的文案，主要包括直播和短视频类（见图 4-6）文案，抖音、快手、哔哩哔哩等平台中的文案多为这类文案。

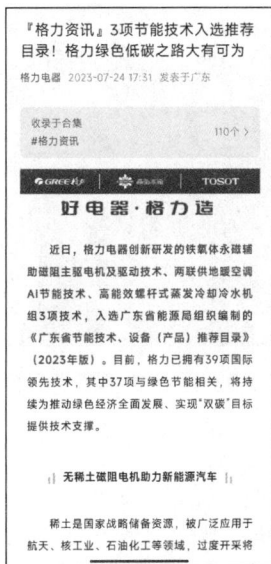

图 4-4 文字式文案 　　图 4-5 海报文案 　　图 4-6 视频式文案

（2）按长短分类。按文案长短，新媒体文案可分为 1000 字及以上的长文案和 1000 字以下的短文案。长文案要么是进行信息的铺叙分析，要么是展开大的故事场景描写；短文案侧重快速触动用户，重点在于表现核心信息。

（3）按广告植入方式分类。新媒体文案按广告植入方式的不同，可分为硬广和软文。硬广通过媒体渠道进行直接的文案展示，清楚直白、开门见山；软文不直接介绍产品或服务，而是将其巧妙地植入情感故事或"干货"分享中，达到"润物细无声"的营销效果，图 4-7 所示的软文就将营销信息自然地植入几位女登山者的故事中。企业或品牌如果想要高强度地宣传曝光可以选择硬广，如果想要达到出其不意的效果可以选择软文。

（4）按写作目的分类。新媒体文案按写作目的的不同，可分为销售文案和品牌文案。

① 销售文案。销售文案是指发布之后能够立刻带来销量的文案，如电商产品详情页文案（见图 4-8）等。销售文案一定要能打动用户，激发用户的购买欲并引导其产生

购买行为。

② 品牌文案。品牌文案是用于宣传或推广品牌的一种文案。品牌文案不直接促进产品销售，但能加深用户对品牌的印象，提升用户对品牌文化及品牌理念的认同感，从而使用户转变为忠实用户。品牌文案分为品牌口号（如美团——美团，美好生活小帮手）和品牌故事（见图4-9）两类。品牌口号简洁明快、朗朗上口，有助于传播；而品牌故事则致力于传递品牌的历史、文化和理念等。

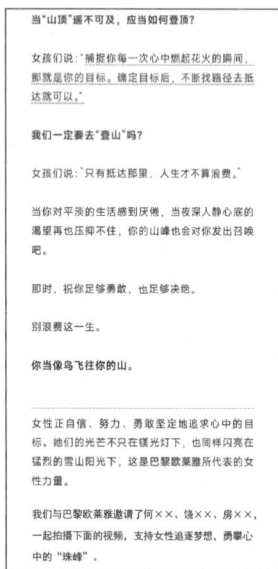

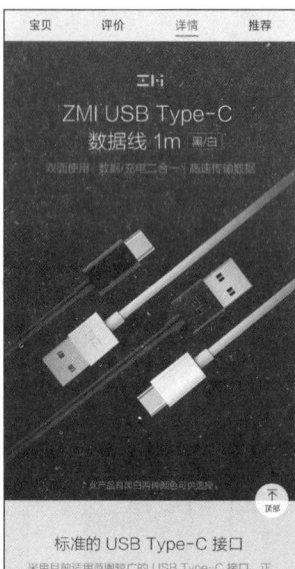

图 4-7　软文　　　图 4-8　电商产品详情页文案　　　图 4-9　品牌故事

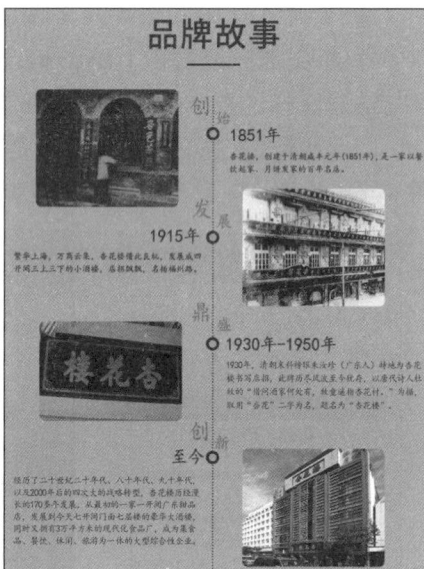

2. 新媒体文案的特点

新媒体文案是在当代社会环境的变革下发展形成的一种文案类型，它更符合当前人们的阅读习惯，也更能适应媒体传播的需要。其写作方式也与传统媒体中的文案有所不同，主要包括5个特点。

（1）成本低。相较于传统媒体中的文案，新媒体文案的发布成本更加低廉。企业或品牌可以通过各种渠道免费发布新媒体文案，输出优质的内容吸引用户关注，或者引起用户共鸣来促使用户主动传播文案。另外，企业或品牌还能及时获得用户的意见与回复，增加与用户之间的互动，引发讨论或形成话题。如果互动的范围和讨论的话题具有一定的热度，则还能促进宣传与营销，起到事半功倍的效果。

（2）多媒体化。随着移动互联网和相关技术的普及，新媒体文案越来越趋向于多媒体化。除了传统的文字和图片，越来越多的平台开始采用音频、视频、直播和 AR/VR 等多种形式的内容呈现方式。多媒体化的新媒体文案具有更强的表现力和趣味性，信息的展示更加直观，视觉冲击力也更强。

（3）时效性强。在移动互联网环境下，信息的传播与更新速度快，人们开始追逐新鲜的信息与内容。在这样的背景下，新媒体文案往往会融入当下流行的热门话题、网络流行语等来吸引用户关注，这就使得新媒体文案的时效性变得很强。一旦相关流行元素过时，融入这些元素的新媒体文案也就很难打动用户。

（4）定位精准。随着大数据等相关技术的成熟，各大新媒体平台开始在分析用户行为数据的基础上，根据用户的个人喜好来为用户推荐其感兴趣的内容，实现了个性化推荐。在这样的大背景下，越来越多的新媒体文案呈现出定位精准的特点，不仅以目标用户的需求和内容偏好为出发点，还会植入目标用户关注的关键词。

（5）互动性强。新媒体文案的传播不是单向的，而是多向的。企业或品牌的新媒体文案发布后，用户可以在评论区发表自己的看法，与其他用户互动。许多新媒体文案常采用问答、投票等方式引导用户参与。新媒体文案不仅是传递信息的手段，还是用户互动的桥梁，促进企业或品牌与用户的交流，拉近其与用户的距离。

4.2.2 写作新媒体文案标题

在新媒体时代，用户每天都会浏览大量信息，其通常会根据新媒体文案标题的吸引力来判断是否查看该文案。因此，标题对文案至关重要。文案人员要多在标题写作方面下功夫，写出有新意、有吸引力的标题。

1. 常见的新媒体文案标题类型

优秀的新媒体文案标题有一些共同的写作模式，文案人员掌握这些写作模式可以快速写出具有吸引力的标题，提高标题的点击率。

（1）故事型标题。故事型标题是一种运用故事性元素和情节来吸引用户注意力的标题类型，其注重情感和故事的表达，能够激发用户的阅读欲望。例如，"她，从小书迷到畅销作家，一封家书改变了一切""一个普通工程师，用一项发明成就了城市的未来"就是典型的故事型标题。

（2）观点型标题。观点型标题是以表达观点为核心的一种标题，往往能吸引对该主题感兴趣的用户。为了增强说服力，标题通常会引用名人或资深/专业人士的观点。写作观点型标题时要注意：观点一定要精练、击中要害；标题可以适当长一些，确保观点表达完整；标题中的观点要与文案内容保持一致。例如，"营养师解析：膳食多样性比单一健康饮食更有益于身体健康""心理学家称成功的秘诀在于不断突破舒适区"。

（3）揭露真相型标题。揭露真相型标题是指为用户揭露一些不为人知的秘密的标题。这种标题通过揭秘让用户产生强烈的求知欲，激发用户的阅读欲望。写作揭露真相型标题时要突出冲突性和展示真相的重要性，并运用一些醒目的关键词，如秘密、秘诀、真相、背后、爆料、绝招等。例如，"揭秘长寿村——××（地名）的秘密""助理爆料：顶尖投资者是这样与初创公司达成交易的"。

（4）警告型标题。警告型标题是通过一种严肃、警示、震慑的语气来说明内容，以起到提醒、警告作用的标题，常用于事物的特征、功能、作用等属性的内容写作。警告型标题可以给予具有相同症状或心里有某种担忧的用户强烈的心理暗示，引起他们内心的共鸣。需要注意的是，警告型标题可以在一定程度上夸张，但不能扭曲事实，要在陈述某一事实的基础上，以发人深省的内容、严肃深沉的语调给用户以暗示，使其产生一种危机感，进而忍不住点击标题。例如，"警告：20 岁女子熬夜成常态，后果竟然这么严重！""不要再忽视了！这些错误的小习惯正在不知不觉中损害你的视力！""这个习惯不仅影响你的效率，还可能损害你的身体健康！"

（5）提问型标题。提问是一种快速激起用户求知欲的方式。提问型标题就是用提问的方式来吸引用户的注意力，引导他们思考问题并阅读全文一探究竟的标题。在写作提问型标题时，要从用户关心的利益点出发，这样才能引起他们的兴趣。提问的方法有很多，如反问、设问、疑问等。例如，"感觉学习效率不高？心理学家教你提升学习效率的方法！""熬夜起床后感觉疲惫不堪，难道就只能依赖咖啡吗？试试这个提神方式！""你知道如何有效管理时间，实现高效工作吗？看看这些建议！"

（6）命令型标题。命令型标题是一种通过命令语气向用户传达某种指令或行动要求的标题类型。这类标题通常以动词开头，并直接呼吁用户去做某事，引导他们采取特定的行动。此外，命令型标题要包括明显的利益点，才能促使用户行动。例如，"马上订阅，每周获取精彩的旅行攻略和特价机票信息！""新品超低价，就在今天，一定要锁定××抖音直播间！"

提个醒

部分文案人员为了吸引用户关注，可能会在标题中添加"最高级""最佳""第一""首次""极致""独家"等词语，以凸显产品的价值，如"全球首发！绝无仅有的保温杯，你值得拥有"。根据《中华人民共和国广告法》（本书后续都简称为《广告法》）的规定，这些都属于敏感词，不得出现在文案中。

2. 新媒体文案标题的写作技巧

除了掌握标题的不同写法，文案人员还应熟悉一些有利于提升标题吸引力和点击率的技巧，将其融入标题写作中，使文案标题的写作事半功倍。

（1）使用符号。符号主要指"！""|""？""【 】""/"等标点符号和"√"等特殊符号。这些符号往往带有一定的标志性意义或感情色彩，在标题中灵活使用这些符号，可以为标题附加一些感情色彩，或促进标题主题分类等，丰富标题的表现形式，提升标题的表现力。例如，标题"新书 | 一部晚清铁路认知史，也是近代科技思想史"中的"|"起到划分的作用，可以使符号前面的内容更醒目。

（2）巧用数字。数字自带一种精确感，确切的数字信息往往比较引人注目，同时给人一种理性思考的感觉。标题中融入数字可以增强标题的条理性和可信度，提升文案表现效果，如"文案没人看？学好这 5 个步骤，助你流量大增""1 台空气炸锅顶 6 台厨房电器"。

（3）网络流行语。网络流行语是指在一定的时间、范围内被用户在互联网上或者现实生活中广泛使用的词、词组等语言表达单位，其大多是由某些社会热点话题或热门事件形成的，在用户的作用下快速传播。在社交网络的传播中，每年都会诞生大量的网络流行语，如"家人们，谁懂啊""无所谓，我会出手"等。如果将网络流行语巧妙地融入文案标题中，不仅能引起用户的关注，还可以增加标题的趣味性和潮流感，如"家人们，谁懂啊！刚入职第一天就……""奶茶店集体卖咖啡，更适合'中国宝宝'的'新咖饮'？"

（4）借力。借力是指利用别人（如政府、专家、社会潮流或新闻媒体等）的资源或平台，对自身产品或服务进行推广营销，达到快速销售产品或服务的目的，"××（名人）都在玩的乐器，一周就能学会啦！""××电视台都在推荐的书，你还不读吗？"

（5）借势。借势主要是借助热门事件、新闻，如世界杯、奥运会、热播电视剧和时事热点等，以此为文案标题创作源头，来增加用户对文案的关注度，提高文案的点击率和转载率，如"刷屏的'多巴胺穿搭'，是如何疗愈情绪的？""2023 高考作文题大火：AI 用 5 秒写出的高考作文，值不值得夸？"

（6）使用修辞手法。修辞手法可以很好地增加文案标题的吸引力和趣味性。写作文案标题时，常用的修辞手法包括比喻、拟人等。

① 比喻。比喻简单来说就是打比方，用浅显、具体、生动的事物来替代抽象、难以理解的概念。写作文案标题时应用比喻手法，要求喻体和本体具有可比性和相似性。例如，"生活是一场没有彩排的演出，每天都在上演着不同的戏码""创业就像在薄冰上舞蹈，当你感到恐惧时，才会更仔细地注意脚下的步伐"。

② 拟人。拟人就是把事物（如产品、品牌或某个元素等）人格化，赋予其人的言行或思想感情。采用拟人的手法写作文案标题，可以把事物的特点生动形象地表达出来，如"这辆汽车，知道你的每一个驾驶习惯，一直在为你着想""让好奇心不再孤单"。

4.2.3　写作新媒体文案正文

有吸引力的文案标题可以引导用户浏览文案正文，但如果文案正文的吸引力不足，用户也不会接受文案所传达的信息，更别说购买产品或对品牌产生好感了。因此，文案人员有必要掌握文案正文的写作方法。

1．正文开头写作

正文开头直接决定着用户在打开文案的一瞬间，是继续阅读文案还是离开。文案人员要精心设计正文开头，以充分吸引用户的注意力，激发其好奇心，引导其继续阅读文案。具体来说，文案正文开头有 7 种常见的写作方法。

（1）开门见山。开门见山指的是在正文开头直接揭示主题或点明说明的对象，不拖泥带水。这种开头方式简单明了，让用户一目了然，但文案的主题必须有足够的吸引力，且语言要朴实简洁、干净利落，不能故弄玄虚，也不要使用专业词汇。此外，这种开头常与标题相呼应，让被标题吸引进来的用户不会产生落差和跳脱感。图 4-10 所示为一篇介绍消费券发放信息的文案，其正文开头开门见山地介绍了消费券发放时间、涉及行业，还呼应了标题。

（2）借助热点。热点即当前引起广泛关注和讨论的热门话题或事件。将热点作为文案正文开头，可以增强用户的阅读兴趣。借助热点写开头时，一定要注意将热点与文案主题合理地联系起来，要从热点中找到与文案主题相关的、意想不到的关联点。图 4-11 所示的文案以某名人的年度演讲热点引出文案正文，显得顺理成章、不突兀。

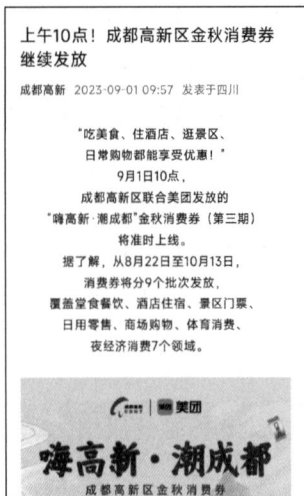

图 4-10　开门见山

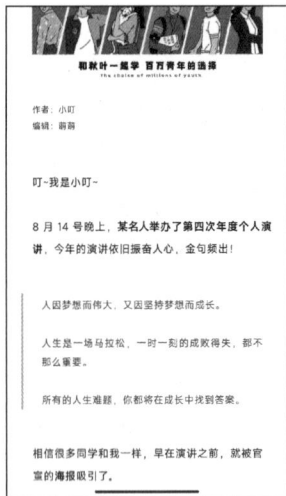

图 4-11　借助热点

（3）先给结论。先给结论即直接在正文开头给出结论，再在后续内容中给出论据，证明开头的结论。这种开头的好处是可清晰地传达中心思想并引发用户的兴趣。需要注意的是，在使用这种开头方式时，后续的内容应该能够提供充分的论据来支持和证明开头给出的结论；否则，用户可能会对文案的可靠性产生怀疑。图 4-12 所示的文案开头就先给出结论"聪明的人不一定智慧，但智慧的人大都聪明"，然后在后续内容中再通过举例等方式进行论证，十分具有说服力。

（4）提出问题。提出问题是一种常见的引起用户兴趣的开头方式，它提出引人思考的问题来吸引用户的注意力，并激发他们思考，进而更加投入地阅读文案。以提问开头需要确保问题具有启发性和引导性，问题的表达要简洁清晰，并且能够在后续内容中得到充分的解答和论证。图 4-13 所示的文案开头就提出了"你听说过'牛油果'型人格吗？"的问题，吸引对这个概念感兴趣的用户，让他们继续阅读文案以深入了解。

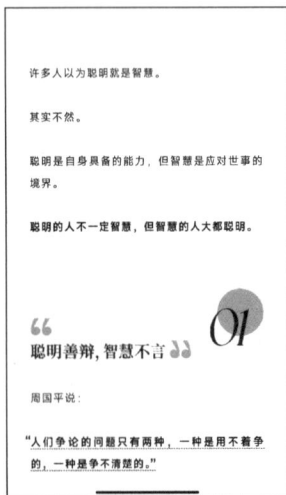

图 4-12　先给结论

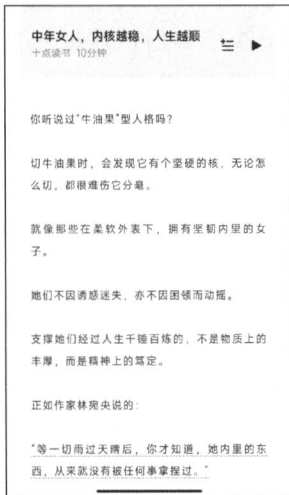

图 4-13　提出问题

（5）以故事引入。正文开头以故事引入，容易让用户代入某种情景，引发用户的联想，激发用户的阅读兴趣。故事可以是富有哲理或教育意义的寓言故事，或者其他有助于表现主旨的真实故事或虚拟故事，用于引出文案主旨。在文案开头讲故事，关键点是为故事增加细节。具体来说，故事中可以加入对时间、天气、地点、人物、事件、心理活动、动作等的描写。例如，某咖啡品牌的文案开头是"在一个寒冷的冬日，街角的咖啡馆弥漫着浓浓的咖啡香味。人们手中捧着咖啡，凝视着窗外飘零的雪花，仿佛在寻找着什么。在这样的时刻，一个陌生人走进了咖啡馆，他的眼神里透露着一种期待，仿佛等待着一场奇迹的发生。"这个开头把时间、地点、环境、人物的神情等描写得十分生动，将用户代入故事情景中，激发用户的阅读欲望。

（6）描述痛点。痛点是指长期或反复出现、经常给用户带来不便的问题。在文案开头描述痛点，可以引发用户的强烈共鸣，吸引其继续阅读文案。这种方式要求文案人员从用户的角度出发，用生动、有画面感的语言描述用户对某一类问题的负面感受，并强调这些问题给他们带来的影响（如产生负面情感、浪费时间、遭受经济损失等）。图 4-14 所示的文案开头就生动描述了擦地的麻烦，让经常擦地的用户感同身受，进而想要继续阅读找到解决办法。

（7）灵活引用。引用名人名言、谚语、诗词或者某个行业的调查数据、分析报告、趋势研究等资料，引领文案的内容，将其与文案主题相融合，可以凸显文案的主旨及情感。这种正文开头写作方法既能吸引用户，又能提高文案的可读性。图 4-15 所示的文案开头就引用了某心理学家的话，点出了文案的主题。

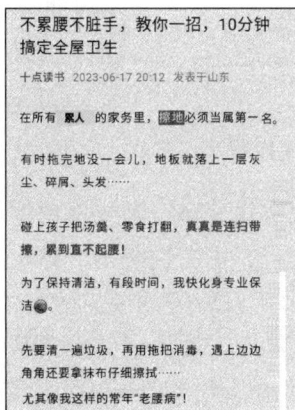

图 4-14　描述痛点　　　　图 4-15　灵活引用

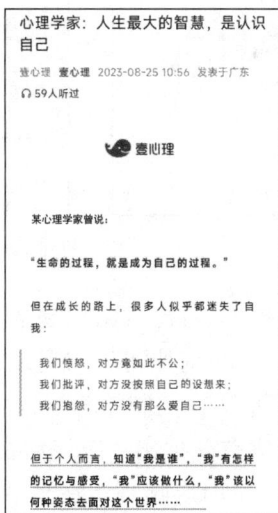

2．正文内容写作

正文的主题可以多种多样，但背后的结构安排却有一定的套路。掌握常见的正文结构安排，有助于写出清晰连贯的文案。

（1）递进式结构。递进式结构即正文中材料与材料间的关系是层层推进、纵深发展的，就像剥洋葱一样一层一层地深入，后面材料的表述只有建立在前面材料的基础上才能显出意义。其优点是逻辑严谨、思维缜密，按照某种顺序一步步铺排，给人一气呵成的畅快感觉。递进式的写作可以借议论体或故事（对话）的方式来实现，重点往往放在后半段。其写作思路倾向于逻辑推理，利用清晰的思维脉络引领用户阅读全文，内容只有层次分明、节奏感强，才能具有感染力。

递进式结构要求层层深入，这对文案人员的逻辑思维能力有一定的要求。这里提供一种比较简单的写法：先描述一个现象，然后根据现象总结一个规律或分析产生现象的原因，最后讲如何看待/面对/处理这种现象。

图4-16所示的文案正文即采用了递进式结构，其首先描述了一个现象——有人不善于表达自己的需求，再透过这个现象分析了背后的原因，如对需求存在认知偏倚，最后告诉用户如何做出改变。整体逻辑是从"是什么"到"为什么"再到"怎么办"，层层递进，说服力很强。

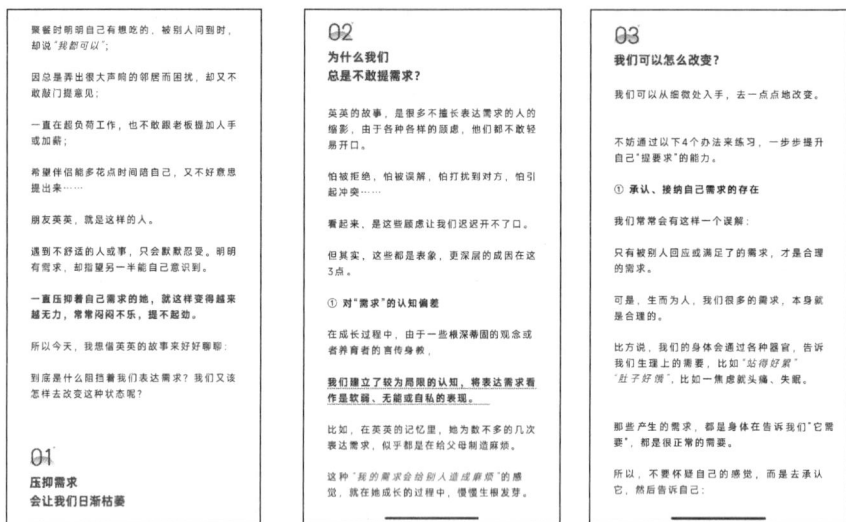

图4-16 递进式结构

（2）对比式结构。对比式结构是把两种人或事物、同一人或事物的不同方面组合在一起，进行对比。运用对比可以将道理讲得更透彻，更有说服力。对比时要围绕主题确定对比点，如主题是科普控制糖分摄入的重要性，可以将控糖前后的身体状态进行对比。图4-17所示的文案首先提出"应该活在当下"，然后以对比式结构展开叙述，分别论述了过多幻想未来的负面影响和活在当下的积极作用，从一反一正两个维度形成对比，论证了"活在当下"的主题。

（3）并列式结构。并列式结构是指各部分并列地叙述事件、说明事物，不分先后顺序和主次，各组成部分是相互独立、完整的，能够从不同角度、不同侧面来阐述主题。并列式结构的各部分内容要各自独立又紧紧围绕着中心，共同为主题服务，不能产生从属或交叉的关系。很多电商平台的销售文案的正文布局就是并列式结构，各部分分别介绍产品卖点，如图4-18所示。

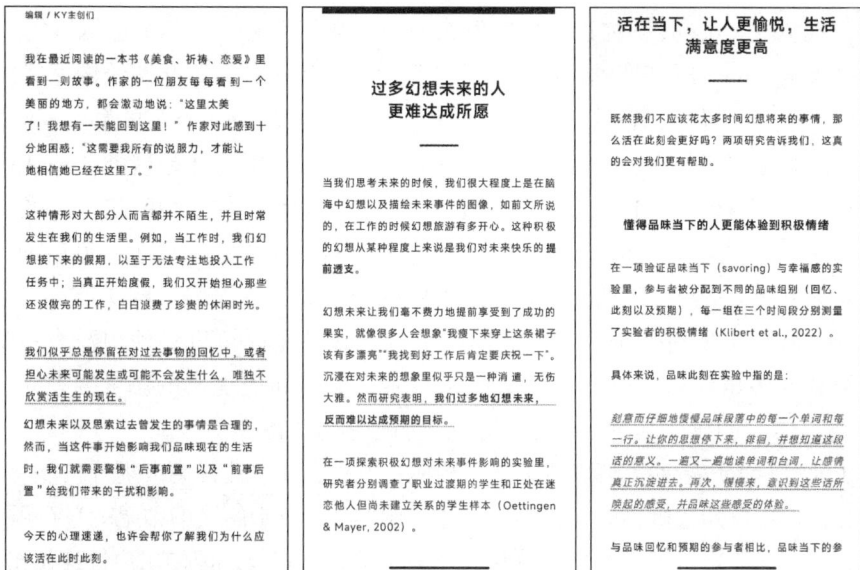

图 4-17　对比式结构

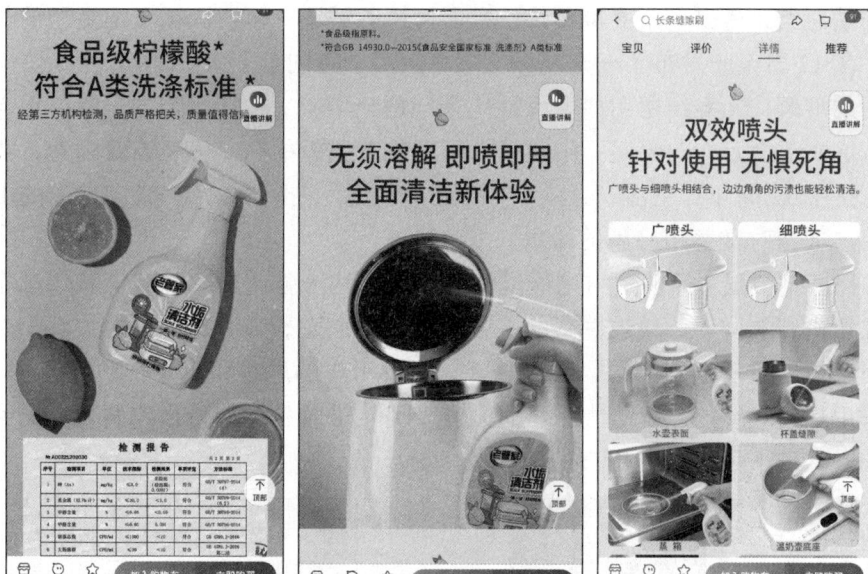

图 4-18　并列式结构

3. 正文结尾写作

文案标题和正文开头能够吸引用户完整阅读正文内容，但一个好的结尾也能为文案增色，或总结全文、突出主题，或与开头相呼应，或引导用户关注产品、购买产品。文案人员可参考 4 种常见写作方法写作正文结尾。

（1）首尾呼应式结尾。首尾呼应式结尾即将文案开头和结尾对应起来。比如，正文开头提出某个观点，那么在结尾时再次解释、总结或强调。这种方法既可以让文案结构更完整，逻辑更严谨，主题更突出；又可以强化阅读体验，将用户注意力再次转移到主题上，加深用户对文案的印象。

　　例如，天猫在"6·18"临近结束时发布了一则视频文案"一条全是结尾的广告"。文案开头是"天猫'6·18'，真的快结束了。如果再买最后一件，你想买给谁呢?"中间部分则分别提到了爸爸、奶奶、表弟、朋友，文案结尾为"这个'6·18'的最后一件，给值得关心，但差点忘记关心的人。一个你不留遗憾的天猫'6·18'，才是这个'6·18'最好的结尾。"与开头"天猫'6·18'，真的快结束了""再买最后一件"相呼应，强化了主题。

　　（2）请求号召式结尾。请求号召式结尾是指在前文铺垫的基础上，最后向用户提出请求，或者发出某种号召，促使他们做出某种行动，如关注账号、购买产品、在评论区留言互动、实践前文所讲的道理等。写作请求号召式结尾时可以多使用没有主语的祈使句，句式要短，多用动词，以增加文案的力量感；言语间表现出的态度要坚定，行动号召的内容要具体、明确，包含清晰、具体、明确的行动指令。

　　要成功地号召用户行动，可以告诉用户相应的好处，如享受优惠或提升技能等，并适当制造紧张感，让用户知道机会难得，不能错过。图4-19所示的文案结尾就号召用户报名参加某课程，不仅详细展示了报名后的收获，还强调了名额有限，促使用户快速做出行动。

　　（3）总结式结尾。总结式结尾即通过前文的阐述和分析，在最后用简洁的语言对全文进行归纳总结，得出一个高度凝练、有启发性的结论，起到深化文案主题的作用。例如，快手在12周年庆发布了一则视频文案"生活一直向前"，正文内容为6位快手创作者对生活的理解，文案结尾用"生活是什么?是一步步往前走，跨过一道道坎，闯过一道道关；是成千上万人的温暖，化成了一颗颗执着坚毅的心。一起笑着闹着，去生活里找生活。快手12周年，生活一直向前"。总结全文，点出"生活一直向前"的主题，有助于让用户加深对文案和品牌的印象。

　　（4）抒情式结尾。抒情式结尾通过情感化的表达来强调文案的观点和情感态度。它在总结文章内容的同时，通过情感的渲染和情绪的激发，来引起用户的共鸣。在抒情的同时，还可以向用户提出问题，发出呼吁，激发用户的思考和引导行动。图4-20所示的文案采用抒情式结尾，借助情感化的语言表现父母对子女的付出和两代人的羁绊，呼吁用户关爱父母，可以引发用户的情感共鸣。

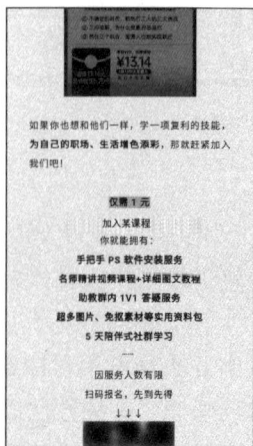

图4-19　请求号召式结尾　　　　图4-20　抒情式结尾

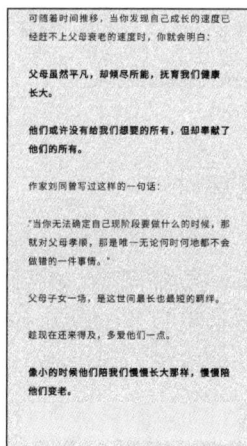

需要注意的是，写作此类结尾时要找准容易触动用户情感的要点，确保真实地表达情感，可以从亲情、友情、爱情等角度入手，语言表达要细腻、克制，不能过分煽情。

4.3 新媒体新闻写作

新媒体的普及使传统媒体（尤其是报纸）受到了巨大冲击，新媒体的成长之快、扩张范围之广，使得新媒体新闻逐渐成为新闻的一种新兴形态。

4.3.1 认识新媒体新闻

新媒体新闻作为目前十分流行的新闻形态，受到大量用户的关注，下面对其含义、特点与结构进行介绍。

1. 新媒体新闻的含义

新媒体新闻并没有确切、明晰的定义，但结合新媒体的概念来看，人们仍然能够理解它的内涵。新媒体新闻是一种基于当代技术环境的新闻形态，主要依托互联网技术进行呈现与传播，可以为人们带来视、听等方面的全新体验，贴近当前人们生活方式和阅读形态的一种新闻形式。

2. 新媒体新闻的特点

受新媒体的影响，新媒体新闻主要有以下特点。

（1）新闻生产产品化。新媒体新闻生产逐渐朝着产品化的方向发展，也就是说，和其他产品一样，新媒体新闻不仅具有自身的价值，还蕴含着附加价值。在传播新媒体新闻的同时，媒体可以找到连接新媒体新闻与其他领域的桥梁，将新媒体新闻与其他商业活动相结合，以实现更大的利益，创造超越新媒体新闻本身的价值。这一点实际标志着新闻经营模式的创新。

（2）新闻生产云端化。新媒体新闻生产云端化是通过将新媒体新闻生产所需的系统、工具和资源迁移到云端平台，利用云计算技术的灵活性和可扩展性，实现新媒体新闻的采集、编辑、发布和分发等环节的优化和自动化，以提高新媒体新闻生产的效率。具体来说，云计算技术可以提供 4 个方面的支持。

① 数据存储和处理。云计算可以提供大规模的数据存储和处理能力，这使得新闻工作者可以方便地存储和检索大量的新闻素材和信息。

② 在线创作和编辑。新闻工作者可以在云端平台上进行新媒体新闻的创作和编辑，这使得他们可以随时随地使用在线工具进行工作。

③ 协同工作。云计算可以提供强大的团队协作工具，这有助于新闻工作者之间的实时沟通和协作。

④ 数据可视化和分析。利用云计算的数据处理和分析能力，新闻工作者可以将采集的数据以图表、图像等形式呈现给用户，使其更加直观易懂。

（3）新闻生产与传播的多样化。在新媒体时代，新闻的内容来源、形式及传播渠道呈现出多样化的特点。

① 内容来源多样化。新媒体时代，新闻生产不再局限于传统媒体机构，用户也可以通过社交媒体、视频分享平台等上传和分享新闻。

② 形式多样化。新媒体新闻的形式越来越多样化，包括视频新闻（见图 4-21）、文字新闻、直播新闻、数据新闻、虚拟现实新闻等。多种多样的呈现方式让用户对新闻有了更直观的了解，增强了新闻阅读的趣味性。

图 4-21　视频新闻

③ 传播渠道多样化。新媒体新闻可以通过多种渠道进行传播，包括社交媒体、新闻网站、App、移动电视等。

（4）新闻生产与分发智能化。随着 AI 技术的成熟，其已经能在新媒体新闻的生产、分发领域发挥重要作用。

① 新闻生产智能化。目前，AI 技术已经全面融入新媒体新闻生产的各个环节。AI可以实现语音转写、内容审核、视频剪辑等功能，从而提高新闻生产的效率。例如，在会议报道中，AI 能够实时记录会议内容，生成智能纪要；AI 的一键生成视频功能使得图文新闻能够迅速转化为视频新闻。

② 新闻分发智能化。基于用户的浏览历史和兴趣，新媒体平台可以智能地为用户推荐其感兴趣的新闻内容。

> **素养课堂**
>
> 近年来，《人民日报》等主流媒体积极向新媒体靠拢，通过微博、抖音等平台发布权威新闻，帮助用户了解真实情况，减少被虚假信息误导的可能；同时还传递了正能量，有助于树立良好的网络风气。

3. 新媒体新闻的结构

与传统新闻一样，新媒体新闻依旧由标题、导语、主体、背景和结尾 5 个部分组成，表 4-1 所示为新媒体新闻各组成部分及其说明。

表 4-1　新媒体新闻各组成部分及其说明

组成部分	说明
标题	起到吸引用户注意、传达新闻要点和提供信息概览的作用
导语	新闻正文开头的第 1 段或第 1 句话，作用是定下新闻的整体基调，引发用户思考
主体	属于新闻的主干，承接导语，用典型而充分的新闻事实、必要的背景材料，对导语进行补充和发挥，包括新闻 6 要素——人物（Who）、时间（When）、地点（Where）、事件（What）、起因（Why）、结果（How）等内容
背景	新闻发生、发展的历史条件和环境条件，对新闻起到说明、补充与衬托的作用
结尾	新闻正文的最后一句或最后一段，可以阐明所述事实的意义，加深用户的理解与感受

图 4-22 所示的新媒体新闻中，第 1 段为导语（概述事件），主体部分为第 2 段（人物：信息员曹某；时间：7 月 3 日 8 时 30 分；地点：上海市某社区；事件：发现铁架子存在风险并上报；起因：十级风即将到来；结果：成功避险），背景为第 3 段（介绍小区情况），结尾为第 4 段（阐述事件意义）。

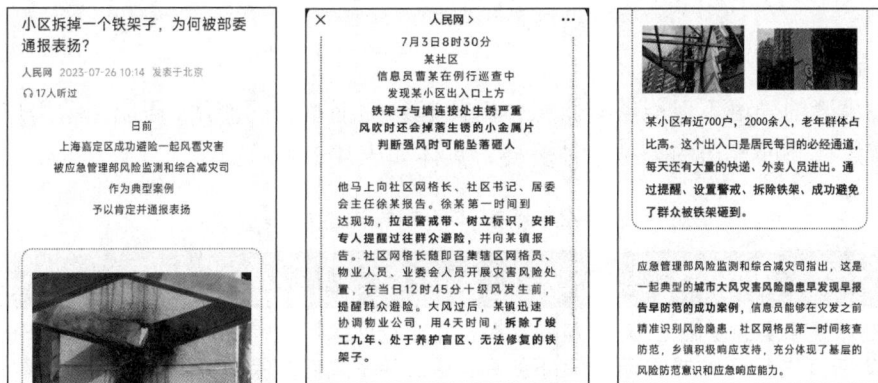

图 4-22　某篇新媒体新闻

4.3.2　新媒体新闻写作要领

新媒体新闻的写作一方面要继承传统新闻的严谨、客观，另一方面要顺应新媒体环境的变化特点，与时俱进。新媒体新闻的写作可以从标题、导语、主体、背景和结尾 5 个方面入手。

1. 标题

标题对新媒体新闻的点击率有很大的影响，优质的标题能起到引导和提示的作用。拟定新媒体新闻标题时需要注意以下要点。

（1）高度概括，一目了然。新媒体新闻的标题要具有高度概括性，即用简洁准确的词语将新媒体新闻内容的核心要点传达给用户，力求明确、直白，让用户在短时间内了解新媒体新闻的主要内容。新媒体新闻的标题不能过长，22~28 个字为宜，否则可能会出现显示不全的情况。

（2）加入关键词。在标题中加入关键词，包括新媒体新闻内容中出现的要点词汇及与新媒体新闻内容相关的网络热门关键词等，可以让新媒体新闻获得更多推荐量。

（3）语言要有表现力。新媒体新闻标题的语言不能太死板，可以适当加入网络流行语，或使用双关、比喻、拟人、设问、反问等修辞手法增强语言的表现力。图 4-23 所示的新媒体新闻标题将河水比作鸳鸯锅，十分生动。

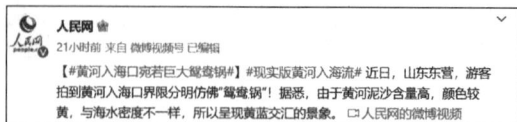

图 4-23　生动的新媒体新闻标题

提个醒

新媒体新闻具有严肃性，因此不宜在标题中使用低俗、不符合语言规范的网络流行语。此外，也不能刻意使用含糊不清、夸大其词的表述来吸引用户点击，如"所有××人注意，你的账户或将多一笔钱"，这样会降低用户对新闻内容的信任度。

2．导语

一段精彩的导语不但能够对新媒体新闻起到提纲挈领的作用，还能调动用户的阅读兴趣。新媒体新闻导语的类型多种多样，具体如表 4-2 所示。

表 4-2　新媒体新闻导语的类型

类型	主要内容	举例
评述式导语	在叙述事实的基础上，对新媒体新闻进行评论或揭示新媒体新闻的意义	新能源汽车市场迎来了大幅度增长，新能源汽车的销量创下新高，这反映了人们环保意识的增强。越来越多的人选择绿色出行，为地球的生态环境贡献一份力量
叙述式导语	用摘录或综合的方法，简明扼要地写出消息中最新鲜、最主要的事实	7 月 22 日—23 日，××市第四届运动会武术套路和跳绳比赛在××体育馆举行。××代表队凭借出色的表现，在武术套路比赛中共斩获 5 枚金牌、1 枚银牌、1 枚铜牌
描述式导语	抓住所报道事物的某一特征、场景、侧面或细节，用简洁朴素的文字勾勒出鲜明的画面、生动的形象	阳光明媚，微风轻拂，万亩花海盛开，××公园迎来了一年一度的花海盛宴。百花齐放，绚烂多彩，××公园吸引了无数游客前来观赏，成为这个春天一道亮丽的风景线
引语式导语	引用某人或某文中的一两句能够揭示主题或表达主要事实的原话做导语	"记者只有热爱祖国、热爱人民，有追求，用心采访、用心写作，才能在采访中感动自己，用新闻报道感动社会。"全国优秀新闻工作者、新华社高级记者××充满真情的演讲赢得现场阵阵掌声

类型	主要内容	举例
设问式导语	以自问自答的方式来描述，一般先鲜明地提出问题，再做简要的回答或陈述	北二环××的桥面为何会翘起来？车辆还能从该路段经过吗？昨日上午，市住建委组织召开专家论证会，对此进行分析，经过讨论，同意暂时在交通管制的前提下，开放中间两个车道
对比式导语	将性质相反或情况迥异的材料加以对比	多年前没有一千米公路，在狭窄险道上全靠牦牛、毛驴驮运或人力搬运的××县，今天已拥有一万五千八百米的公路

在导语的写作过程中，还要注意以下 3 个方面的要求。

（1）导语写作要言之有物，紧扣主题。

（2）导语中要讲述有价值的信息，不要让其淹没在其他的一般性事实中。

（3）标题和导语都有要吸引用户阅读的作用，但导语的内容不能与标题重复。

3．主体

主体是新媒体新闻的主干部分，承接导语，对导语做具体全面的阐述。主体的写作一般是具体展开事实或进一步突出中心，从而写出导语所概括的内容，表现新媒体新闻的主题思想。写作新媒体新闻主体时要注意以下要点。

（1）采用倒金字塔式结构。倒金字塔式结构是将新媒体新闻内容按重要性递减的顺序组织排列，即将最重要的信息放在开头，接着逐渐展开次要信息，最后给出一些补充性的细节。这种写作方式能够快速吸引用户注意，让他们阅读前段就能了解新媒体新闻的核心内容，符合新媒体时代用户快节奏的阅读习惯。

（2）保证段落层次分明。主体部分的内容可能较多，因此要注意段落及段落之间的层次性和逻辑结构。不管段落是并列关系还是递进关系，主体都要使它们的关系明确，起承转合自然。如果内容是片段取材，在组合时也要展现出中心思想和内在的逻辑结构。

（3）内容充实典型。新媒体新闻既要求简洁精练，也需内容丰富，可以让用户对人物和事件等有比较完整的了解。在诸如通讯、专访、深度报道等的新闻中，更是要选取具有代表性的材料，以反映事物的本质。

（4）使用多种内容形式。在新媒体时代，用户对信息的获取方式和呈现形式有了更高的要求，他们喜欢多样化、多媒体的内容呈现方式。因此，新闻工作者要将文字与图片、声音、动画、视频等多种形式充分结合起来，以满足用户的视听需求，提升内容的吸引力和可信度。

4．背景

背景可以是新媒体新闻事实发生的历史条件或现实环境，可以是与新媒体新闻人物或事件发生、发展有关的背景材料，如社会环境、政治原因、因果联系、地理特征、科学知识等，也可以是提供消息、介绍情况的人的背景情况。

同导语、主体一样，背景材料的选择同样需要紧扣主题，为新媒体新闻的中心服务。

此外，背景材料的位置比较灵活，运用手法也比较多样，如对比衬托、场景刻画、引经据典等。但注意背景的描写不宜过多，否则会冲淡主体，打乱主体与背景之间的从属关系。

5．结尾

结尾是新媒体新闻的最后一部分，其写作方式比较灵活，可以是最后一个段落或最后一句。根据新媒体新闻报道内容和角度的不同，结尾的写法也会有所差异。

（1）总结式结尾。即在结尾处总结新媒体新闻报道事件，如"总之，本次展览会取得圆满成功，为推动文化交流和经济发展做出了重要贡献。通过这次展览，人们深刻地认识到文化多样性的重要性和保护文化遗产的必要性。"

（2）展望式结尾。即在叙述完事情后，对事情未来的发展做展望或对事情的结果做预测，如"这家慈善机构的捐赠收入在过去几年中一直稳步增长，受到了广大市民的大力支持。随着社会各界对慈善事业的关注度不断提高，我们预期未来会有更多的捐赠和支持。相信在大家的共同努力下，我们会创造一个更美好的社会。"

（3）背景式结尾。即在结尾补充一些背景材料，以增加新闻的信息量，或让背景事实与主体事实形成对比，使内容更加完整。例如，一篇介绍姚大妈 4 个儿子都是国家公职人员的新闻，其结尾补充说："当记者向姚大妈要一张全家福时，她略带遗憾地表示：'这 4 个孩子在部队工作很忙，很少回家，十多年了也没照成一张全家福。'"

（4）自然式结尾。即在主体之后自然收尾，其可能于文末另起一段，也可能在主体事实交代完之后结束。例如，一篇关于矿区变景区的新媒体新闻，自然地以居民的话结尾——"眼见家乡的变化，向某决定搬回来住。'叶落归根，谁不想老家呢？之前是受不了恶劣的环境，现在这么干净，还是回来住！'"

4.3.3　新媒体数据新闻写作要领

新媒体数据新闻是指通过收集、整理和分析大量数据，以图表、数据可视化等形式呈现的新闻报道。新媒体数据新闻具有以海量数据为核心驱动力、以数据分析处理技术为基础、以数据可视化呈现为报道方式的特征。在写作新媒体数据新闻时，需要注意以下事项。

1．数据来源可靠

新媒体数据新闻所使用的数据来源应当是可信的、权威的，要避免使用来历不明或未经验证的数据。此外，还应标注数据来源，并提供链接或引用出处，方便用户查证。

2．简明扼要

新媒体数据新闻的特点是要用简明扼要的语言和图表展示数据，避免过多的修饰和冗长的文字叙述，使用户能够迅速获取信息。

3．使用合适的图表/图示

选择合适的图表形式，如折线图、柱状图、饼图等，并确保图表的布局清晰易懂。

除了传统的图表，还可以使用形式新颖的图示，增加新媒体数据新闻的视觉吸引力。图 4-24 所示的新媒体数据新闻采用的图示形似公路，与数据反映的内容契合。

4．解读数据

在新媒体数据新闻的写作中，解读数据是非常重要的环节。当报道复杂的数据时，仅提供数字可能会让用户感到晦涩难懂，无法真正理解数据的含义和影响。因此，有必要提供简明扼要的解读和分析。具体可以包括以下内容。

（1）数据背景。数据背景可以介绍数据的采集方式，以及数据涉及的时间范围和地区等背景信息，使数据展示更加严谨。既可以在图表下方加批注，也可以使用文字进行说明（见图 4-25）。

（2）数据对比。如果展示了对比数据，可以解读造成数据差异的原因。图 4-26 所示的数据新闻就对比了酸奶和牛奶的销售额，并在下方解读了酸奶的销售额超过牛奶的原因。

| 图 4-24 新颖的图示 | 图 4-25 数据说明 | 图 4-26 数据解读 |

（3）数据影响。分析数据背后的影响，即数据对个人和社会的意义和影响，包括经济、社会、环境等方面。

（4）数据预测。如果数据具有预测性质，可以进行预测和趋势分析，向用户展示未来可能发生的变化和趋势。

5．注意数据隐私

在报道涉及个人信息的数据时，要确保数据的获取是合法的，且必须经过数据主体的同意。同时应尽量避免直接披露个人敏感信息，如身份证号码、手机号码、银行账号等，可以采用脱敏处理的方式，用**等代替部分数字。

> **素养课堂**
>
> 《中华人民共和国个人信息保护法》第十条规定，任何组织、个人不得非法收集、使用、加工、传输他人个人信息，不得非法买卖、提供或者公开他人个人信息。第二十五条规定，个人信息处理者不得公开其处理的个人信息，取得个人单独同意的除外。新闻工作者在写作与个人信息有关的新闻报道前应当熟悉相关法律法规，增强法律意识，自觉规避法律风险。

4.4 AI 写作

随着 AI 技术的不断发展和应用，AI 写作在新媒体领域崭露头角，带来高效、自动化的文本生成方式，为内容创作带来全新的可能性。

4.4.1 认识 AI 写作

AI 写作是指利用人工智能技术来辅助或代替人类进行文本创作的过程。AI 写作能够以惊人的速度和准确度生成文章、创意和内容，极大地提高了创作效率和内容质量。

1. AI 写作的技术原理

AI 写作能实现自动化、高效率的文本创作，主要基于以下技术。

（1）自然语言处理。自然语言处理是一种使计算机能够理解、处理和生成自然语言文本的技术，它涉及词法分析、句法分析、语义理解和语言生成等方面。自然语言处理使得计算机可以深入理解和分析文本，从而能够更好地创作文本。

（2）机器学习。通过机器学习，计算机可以从大量的文本数据中学习规律和模式，从而能够预测、生成和改进文本。

（3）文本生成模型。AI 写作中常用的文本生成模型包括循环神经网络（Recurrent Neural Network，RNN）、长短期记忆网络（Long Short-Term Memory，LSTM）和变换器（Transformer）模型等。这些模型能够通过学习大量的文本数据，生成语法正确且连贯的新文本。

（4）预训练模型。预训练模型是一种使用大规模数据进行预先训练的模型，其可进行微调以适应特定任务。

（5）数据清洗和预处理。在进行 AI 写作前，需要清洗和预处理文本数据，以确保数据的质量和一致性。数据清洗包括去除噪声、纠正拼写错误和统一格式等操作。

2. AI 写作的特点

AI 写作具有 5 个显著特点。

（1）高效性。AI 写作能够在短时间内完成大量的内容创作任务，远远超过人类的写作速度，大大提高了内容生产效率。

（2）可定制性。AI 写作可以根据用户的需求和要求进行定制，生成符合特定要求的内容，如严肃的新闻报道、幽默的广告文案等。用户可以通过调整参数或指定关键词来定制内容的风格和主题。

（3）跨语言支持。AI 写作技术能够支持多种语言的创作，使内容可以轻松地在不同国家和地区传播和使用。

（4）大规模应用。由于其高效性和准确性，AI 写作在新闻、广告、营销、内容创作等领域得到广泛应用，它能够满足不同行业和领域的内容需求。

（5）持续学习。AI 写作能够持续学习，从实际应用中不断获得反馈，并根据用户的评价和需求进行自我调整。因此，AI 写作能够不断提升写作能力，使得生成的内容更加优质，更符合用户的需求和期望。

3．AI 写作的适用范围

AI 写作虽然效率很高，但在内容原创性、语言的情感表达等方面仍有不足，因此 AI 写作不是万能的，其存在特定的适用范围，主要如下。

（1）简单的写作任务。对于一些简单的写作任务，如生成新闻报道的摘要、写作产品描述等，AI 写作可以快速且准确地完成，节省时间和人力成本。

（2）紧急的写作任务。在需要迅速生成内容的紧急情况下，AI 写作可以快速响应，提供及时的稿件，满足发布需求。

（3）重复性较强的写作任务。对于一些需要大量重复性写作的任务，如电商平台上的产品描述，AI 写作可以自动生成多个版本，提高工作效率。

（4）无须个性化表达和情感交流的写作任务。在一些内容不需要个性化表达和情感交流的场景，如科学论文摘要、技术文档等，AI 写作可以提供客观、准确的描述。

值得注意的是，对于需要个性化、创意性和情感表达的写作任务，人类的创造力和情感理解能力是不可或缺的。因此，在应用 AI 写作时，仍需结合人工编辑和校对，以确保内容的质量和准确性。

📊 素养课堂

未来，很多机械、重复性的工作将由 AI 来完成，人类会将更多的精力投入创造性的工作中。因此，创新能力的重要性将进一步凸显。同学们要大力拓宽自己的思维和视野，积极培养自己的创新能力。

4.4.2　AI 写作的应用场景和发展趋势

在新媒体领域，从新闻报道到广告文案，再到数据报告，AI 写作都能快速高效地生成大量的文本内容。随着 AI 技术的不断进步和优化，AI 写作的应用将更加广泛，因此有必要关注其应用场景和发展趋势。

1．AI 写作的应用场景

AI 写作在新媒体领域有许多应用场景，常见的有 5 种。

（1）新闻报道。AI 写作可以生成实时新闻报道，快速地将事件、数据和信息转化为新闻稿件，满足新闻媒体对及时性和准确性的要求。

（2）广告文案。AI 写作可以辅助广告创意，生成有吸引力的广告文案，如品牌口号、电商产品描述、短视频脚本等。

（3）数据报告和分析。AI 写作可以根据数据生成相应的报告和分析，有助于用户快速了解数据背后的含义。

（4）搜索引擎优化。AI 写作可以生成符合搜索引擎要求的内容，提高网站在搜索结果中的排名。例如，AI 写作可以根据预设的关键词或相关主题，自动生成内容，并合理地融入这些关键词，从而使内容更符合搜索引擎的要求。

（5）问答互动。目前的对话型 AI 或聊天机器人可以理解用户提出的问题并生成相应的回答，不仅能回答单个问题，还能在整个对话过程中结合上文进行理解，甚至可以根据用户的喜好提供个性化回复，使得回答更连贯、合理，贴合用户的兴趣和偏好。

2．AI 写作的发展趋势

未来，AI 写作的智能化程度、写作水平将越来越高，甚至支持除文字外的内容创作及更具有创造性的内容创作。具体来说，AI 写作的发展趋势体现在以下方面。

（1）更智能的内容生成。随着深度学习和自然语言处理技术的不断进步，AI 写作将变得更加智能和逼真，会更好地理解上下文、语境和语义，生成更加自然流畅、富有创意的文本内容。

（2）更加个性化的内容。AI 写作将越来越注重用户的个性化需求。它会根据用户的喜好、历史交互和行为数据，生成更具针对性的内容推荐，提供更贴合用户兴趣的文本。

（3）输出多种形式的内容。目前 AI 写作主要以文本的形式输出内容，图片、视频、音频等的生成还处于基础层面，未来的 AI 写作有望输出高质量的图片、视频、音频。

（4）实现创造性写作。目前的 AI 写作已经能写作小说、诗歌等艺术类作品，但水平不高、语言与情感表达比较机械，未来 AI 写作的创作能力会提高，可能写出富有创造性的内容。

（5）人机协作。AI 写作不会完全取代人工写作，而是与人工写作形成有效的协作模式，为用户提供灵感、校对文本、优化语言，提高内容创作的效率和质量。

4.4.3　AI 写作的常用工具

AI 写作工具是指利用 AI 技术来辅助写作的软件，它能够实现自动化写作。目前，市面上的 AI 写作工具包括以下几种。

1．ChatGPT

ChatGPT 是由 OpenAI 开发的一个强大的对话式 AI 模型，可以进行自然语言交流、回答问题、生成对话等。它的用途较多，包括生成文章、给予写作建议、解答问题、提供创意和灵感等。

2．New Bing

New Bing 是微软公司结合必应搜索引擎和 OpenAI 的大型语言模型推出的聊天机器人。它融合了必应搜索引擎的搜索功能和类似 ChatGPT 的对话功能，可以搜索互联网上的各种内容并与用户交流；与用户的互动不限于文本，还涵盖图片、视频、音频等多种形式。

3．Notion AI

Notion AI 是 Notion 在线协作平台中的一项 AI 功能。作为 Notion 的助手工具，它嵌入 Notion 文档编辑/管理页面中，旨在协助用户管理、整理和排序文档。此外，它还可以根据用户提供的关键词和主题，自动生成文档内容，以及自动进行字体、段落格式的设置。另外，Notion AI 还能将用户输入的数据自动转化为表格、图表等形式，提升数据分析的效率。

4．文心一言

文心一言是百度全新一代知识增强大语言模型、对话式 AI 产品，能够与用户对话互动，回答问题，协助创作，高效便捷地帮助用户获取信息、知识和灵感。

5．通义千问

通义千问是阿里云推出的一个超大规模的语言模型，功能包括多轮对话、文案写作、逻辑推理、多模态理解、多语言支持。通义千问能够跟用户进行多轮的交互，也融入了多模态的知识理解，并且具有文案写作能力，能够续写小说、编写邮件等。2023 年 4 月 18 日，钉钉正式接入阿里巴巴"通义千问"大模型，用户输入斜杠"/"即可唤起多项 AI 能力，包括使用 AI 生成推广文案、使用绘图方式创建应用、在视频会议中生成摘要、根据需求写作文案、设计海报等。

6．小鱼 AI

小鱼 AI 是一款在线智能 AI 写作平台（见图 4-27），拥有超过 2000 个精品 AI 写作模板，覆盖不同场景，支持的内容类型包括短视频脚本、直播脚本、电商产品描述、海报文案、品牌介绍、影视解说等，可以满足不同场景、人群的 AI 写作需求。小鱼 AI 提供 AI 写作、AI 改写、AI 续写、关键词写作等功能，支持多种文本格式的导入和导出。

图 4-27　小鱼 AI

4.4.4　使用 AI 写作的方法

AI 写作虽然能自动生成内容，但不同的用户使用 AI 生成的内容质量可能差别很大，这与用户采用的方法有关。掌握使用 AI 写作的方法有助于生成优质的内容。具体来说，使用 AI 写作文案可以按照以下步骤进行。

1．做好写作准备

AI写作虽然是自动的，但用户作为引导和协作的角色，也需要有明确的写作思路，为后续提出写作要求的环节奠定基础。如果用户缺少灵感或思路，可以让AI帮助自己做好相关准备，如要求AI围绕主题提供一些选题（见图4-28）；或者要求AI就一篇文案列出大纲，帮助自己厘清思路（见图4-29）。

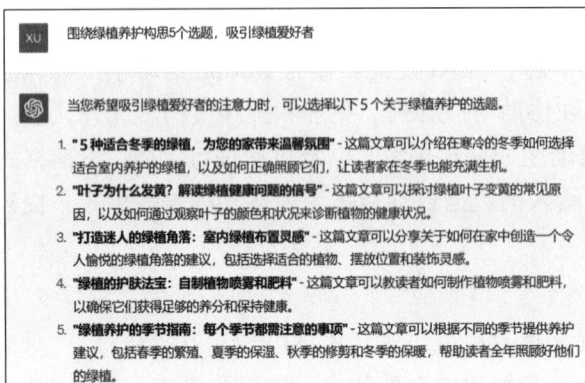

图4-28 提供选题

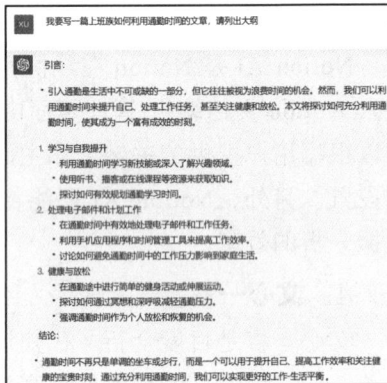

图4-29 列出大纲

2．提出写作要求

做好写作准备后，就可以组织语言向AI提出写作要求。提出的写作要求越清晰、准确、完整，越能够帮助AI生成更高质量的内容。

（1）设定角色。为AI设定一个特定的角色，让AI代入相关情境，更好地理解所提交的写作要求。这个角色可以是文案人员、特定领域的专家、创意助手等，情境则要具体根据文案主题来决定。例如，要写一篇健身知识的科普文，可以为AI设定"健康专家"的角色，要求其提供关于健身的专业建议、饮食计划和锻炼建议。

（2）提供明确的指导。明确告知AI所需要的内容。例如，要写一篇新媒体文案，可以指定具体的主题、产品或品牌，并附上相关背景信息。

（3）提供详细的要求。说明内容的目标人群、所需传达的信息、期望的情感效果等，这样可以帮助AI更好地理解写作需求。

（4）提供背景信息。如果有特定的市场环境、竞争对手或行业趋势等背景信息，可以提供给AI，帮助它更准确地写作与现实情境相关的内容。

（5）使用示例或模板。如果有类似的示例或模板，可以在提问中提供，以便AI参考并基于其结构和风格进行写作。

（6）指定文案风格和语气。如果有特定的内容风格偏好（如幽默、正式、亲切等）或希望传达特定的情感（如激励、愉悦、紧迫等），可以提前告知AI。

3．逐步优化

通常AI生成的初稿还有需要改进、优化的地方，此时可以直接要求AI重新生成文案，方式是进行追问、澄清或提供更多信息，让AI更加理解写作需求，以获得更好的结果。

4. 审阅和修改

虽然 AI 写作能力强大，但生成的文案依然可能存在一些语法、逻辑或风格上的问题，因此还要仔细审阅文案，修正错误，确保文案的质量和准确性。此外，还需要对文案进行润色，包括调整句子流畅度、用词准确性，以及确保文案符合品牌风格。

提个醒

上面所提到的方法针对的是 ChatGPT、New Bing、文心一言等对话式 AI。而对于小鱼 AI 这类 AI 写作平台，只需选择需要的写作功能（如关键词写作、电商文案写作等），进入相关页面按照提示输入需要的信息即可。图 4-30 所示为小鱼 AI 中生成产品推荐口播稿的页面，用户需要输入相关产品的信息。

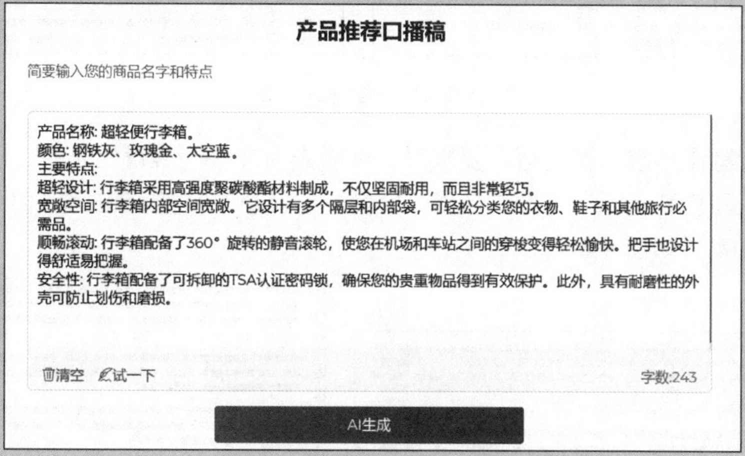

图 4-30　生成产品推荐口播稿的页面

实践训练

训练 1　使用文心一言写作新媒体文案

【实践背景】

在互联网时代，每天各大品牌都需要发布大量的文案，其中很多文案都可以交给 AI 来完成。小宋是宏辉品牌的文案人员，领导安排她在半天内写作一篇推广宏辉充电宝的新媒体文案，要求风格轻松活泼、生活化，字数不超过 500 字。由于任务紧急，小宋打算使用文心一言来快速完成文案的写作。

宏辉充电宝容量高达 20000 毫安时，支持快速充电技术，可同时为多台设备充电，内置多重保护系统（包括过充、过放、过流和短路保护等），可带上飞机和火车。其目标用户是经常外出的人和数码产品重度使用者。

教学视频

使用文心一言写作
新媒体文案

【实践目标】

掌握 AI 写作的方法，能够使用文心一言写作宏辉充电宝的新媒体文案。

【实践步骤】

使用文心一言写作新媒体文案的具体操作步骤如下。

（1）做好写作准备。写作推广产品的新媒体文案可以先确定写作切入点，如要求文心一言提供多个备选切入点，如图 4-31 所示。根据文心一言的回答，第 1 条最贴近目标用户的痛点，因此选择其作为写作切入点。

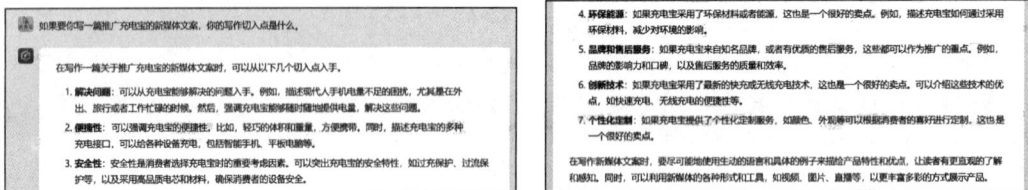

图 4-31　确定切入点

（2）提出写作要求。提出写作要求时，可以先为文心一言设定角色，明确告知文心一言该文案的写作切入点、主题、风格、字数，以及所推广的充电宝的信息，文心一言会据此写作文案，如图 4-32 所示。

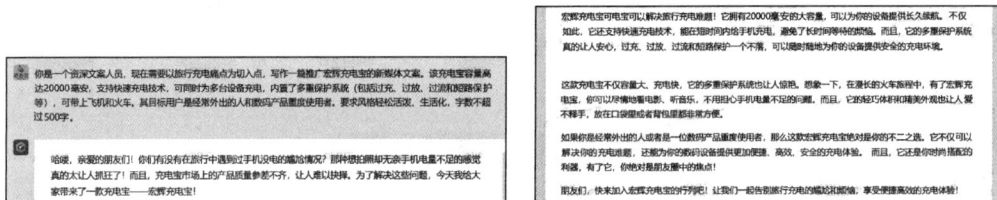

图 4-32　写作文案

（3）优化文案。优化文案时首先要对文心一言生成的文案做出点评，指出其存在的问题，如语言表达生硬、机械、不够日常化等。为了提升效率，可以直接提供一篇范例要求文心一言模仿其语言风格。文心一言会根据范例重新写作文案，如图 4-33 所示。

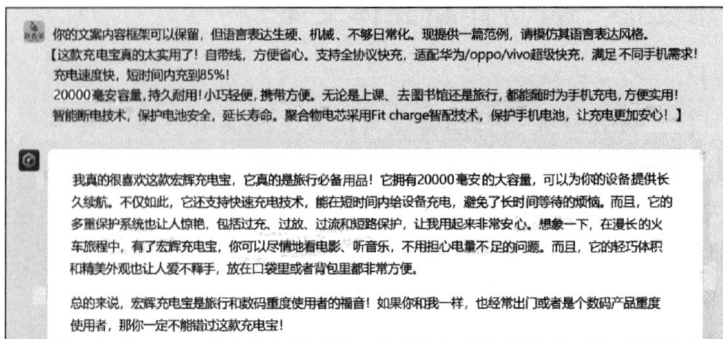

图 4-33　优化文案

（4）拟定标题。文心一言重新写作的文案基本合格，在生成标题时可以要求文心一言多拟定几个提问型标题，要求击中用户的充电痛点，如图 4-34 所示。经过对比后，最终选择"外出旅行时手机老没电，有没有解决办法？"作为标题。

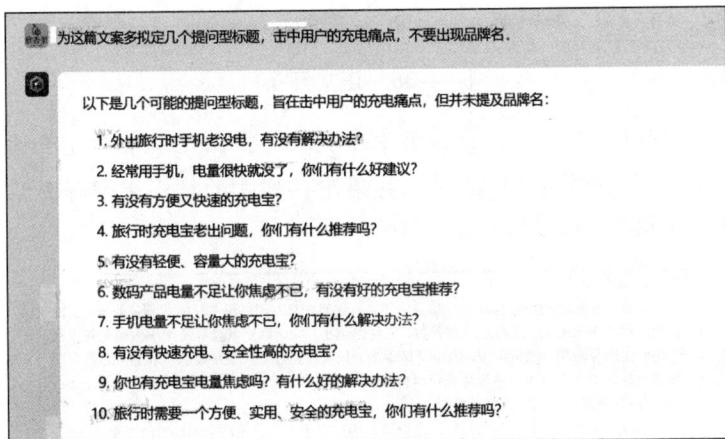

图 4-34　拟定标题

训练 2　写作新媒体文案推广空气循环扇

【实践背景】

新媒体文案是各大品牌推广新品时必不可少的得力助手。飞兰家电品牌推出了空气循环扇，其打算写作一篇新媒体文案进行推广。

飞兰空气循环扇的信息为：采用大倾角螺旋扇叶配合定向导流罩，送风集中，风距可达 8 米；风力强劲，能使室内空气形成对流循环；可配合空调、暖气等使用，达到快速制冷、制热、平衡温度的效果；优质电机可有效减少运行噪声（控制在 35dB 左右），功率为 35W；原价 199 元，促销价 129 元，活动一周后结束。

【实践目标】

掌握新媒体文案的写作方法，能够写作新媒体文案推广空气循环扇。

【实践步骤】

写作新媒体文案可以分为拟定标题，写作开头、正文和结尾等部分，具体操作步骤如下。

（1）拟定标题。可以根据主题多写几个标题，然后选择最合适的。

① 命令型标题：花 129 元买下它，让夏天不再难熬。

② 提问型标题：被大力吹捧的空气循环扇到底值不值得买？

③ 证明型标题：家人们谁懂啊，自从买了空气循环扇，开空调再也不怕感冒了。

对比这 3 个标题，标题②提到空气循环扇到底值不值得买，这是很多用户关心的问题，其可以吸引用户点击，因此选择标题②作为最终标题。

（2）写作正文开头。正文开头可以构建夏天开空调冷热不均导致感冒的情景，然后提出问题——如何应对"空调病"；接着给出办法——使用空气循环扇，为后文做铺垫。写好的正文开头如图 4-35 所示。

> 炎炎夏日，你会选择哪种消暑方式？很多人都会大喊自己离不开空调吧。但很多人家里空间大，空调冷气分布不均，就会导致冷热不均，容易让人感冒。不开空调吧，热得汗流浃背，开了又怕感冒，那怎么办呢？别急，试试我们新推出的飞兰空气循环扇吧。
>
> 所谓的空气循环扇，其实就是升级版电风扇。它的风向可以实现 360°旋转，最终实现空气的循环，所以称为空气循环扇。别看它个子小小的，却有很多优点呢。

图 4-35　正文开头

（3）写作正文内容。空气循环扇具有多个卖点，可以从中提炼 4 个主要卖点，包括送风集中、平衡温度、噪声小、功率低，并采用并列式的结构来展开介绍，介绍时要生动、生活化。写好的正文内容如图 4-36 所示。

> 1. 送风集中，远达 8 米
> 如果大家仔细观察过传统电风扇会发现，其送风距离有限，最多只能吹到三四米远。而且电风扇吹出来的风，距离越远越分散，风量也越小。而这款空气循环扇采用大倾角螺旋扇叶搭配定向导流罩，送风集中，风距可达 8 米。只要调整好空气循环扇的送风方向，你会发现这个方向的风量很大，不像风扇那样会减弱。
> 2. 平衡温度，与空调完美搭配
> 平时开空调，室温是不均匀的。离空调近的地方冷一些，而离空调远的地方则热一些。而这款空气循环扇可以与空调完美搭配，帮助实现室内温度的平衡，让你不需要将空调温度调得过低，既低碳环保，体感还会更舒适。
> 3. 噪声小，享受宁静
> 空气循环扇噪声的大小，会给我们的使用体验带来非常明显的区别。这款空气循环扇采用优质电机设计，运行噪声控制在 35dB 左右，不仅能为你带来清凉，还能保持室内的宁静，不会干扰到你的工作或休息。
> 4. 功率低，节能环保
> 这款空气循环扇不仅拥有出色性能，还非常节能环保，功率仅为 35W，夏天从早开到晚也用不了多少钱。

图 4-36　正文内容

（4）写作正文结尾。文案结尾可以简单点，如直接强调促销价很优惠，且只有一周的优惠期，促使用户赶紧下单。注意下单的方式要说清楚，语气要干脆、不能啰唆。写好的正文结尾如图 4-37 所示。

> 听了这些，你肯定会问：这么好的东西肯定很贵吧？别担心，品牌正在做活动，原价 199 元，现在仅需 129 元，活动仅持续一周。别再犹豫了，立刻点击下方链接下单，享受清新凉爽的夏天吧！

图 4-37　正文结尾

课后思考

（1）查看小米手机的官方微博账号，找出其中不同类型的选题。

（2）内容策划有哪些主要任务？

（3）简述新媒体文案有哪些类型。

（4）打开今日头条，查看热门文章，分辨其标题属于哪种类型。

（5）新媒体新闻由哪些部分组成？

（6）在"网易数读"微信公众号上阅读新媒体数据新闻，说说新媒体数据新闻的写作要注意哪些问题。

（7）简述 AI 写作的原理，尝试使用 AI 写作。

第 5 章
新媒体广告

【知识目标】
- 了解新媒体广告的基础知识。
- 熟悉新媒体广告投放的流程、预算管理和效果评估。

【能力目标】
- 能够制订新媒体广告预算。

【素养目标】
- 熟悉广告相关的法律法规，增强法律意识。
- 培养创新思维，提升创意设计的能力。

2023 年 6 月 6 日，央视市场研究联合中国传媒大学广告学院与国家广告研究院共同发布了《2023 中国广告主营销趋势调查》报告。该报告指出，短视频和社区成为广告主加大投入的两类平台，其中抖音、小红书被众多广告主看重，成为广告主的重要营销阵地。某日化品牌负责人说："小红书在我们这个行业里面实在是太重要了，消费者很信赖小红书推荐的东西。"

此外，广告主认为广电新媒体（即广电机构运营的 App、官网、新媒体平台账号等）在内容公信力、资源联动能力、内容合规性、内容 IP（Intellectual property，知识产权）方面具备明显的优势，因此纷纷选择与广电新媒体合作。

就互联网广告而言，广告主继续加大网络达人广告和电商广告的投放力度，希望能在投放广告后看到切实的效果。某汽车品牌负责人说："我们主投两类达人，一类是汽车垂直类，另一类是生活方式类，融入生活场景，让讲车不枯燥。"

广告是新媒体的主要收入来源之一。新媒体广告行业发展迅速，各大广告主当前十分看好新媒体广告。

新媒体广告的特征、类型和计费方式　新媒体广告投放

5.1　认识新媒体广告

广告即"广而告之"，这说明广告的核心任务是传播信息。广义的广告是指某主体有意识地通过传播媒介向目标用户传递特定信息的活动。而本书使用的广告概念更具体，是指商业性主体通过传播媒介向目标用户传播产品、劳务、市场、观念等方面信息的活动。新媒体广告是指在数字技术和网络技术的基础上，通过现代先进的电子信息技术手段，利用新媒体平台进行宣传的广告。

5.1.1　新媒体广告的特征

依托数字技术和网络技术，新媒体获得了快速发展，这也让以新媒体为载体的新媒体广告独树一帜。新媒体广告主要具有 4 个特征。

1. 传播与更新速度快、成本低

一方面，新媒体广告依托数字技术和互联网可以进行高速传播并实时更新，打破了传统媒体广告受印刷、运输、发行等因素的限制，广告信息在瞬间便可以同步展示给用户，传播速度极快。同样，信息的更新也可以第一时间传递给用户，更新及时。另一方面，新媒体广告传播主要依赖用户在新媒体上自发进行的二次传播，广告主无须支付昂贵的媒体费用，成本相对低廉。

2．针对性强、转化率高

借助大数据分析，广告主可以通过用户近期在网络上的行为来精准定位需求，从而实现新媒体广告的精准投放，最大限度地找准用户需求，实现消费转化。

3．传播方式、传播媒介多样

新媒体是多种媒体的综合体，同时具有文字媒介、声音媒介和视觉媒介的功能。所以，新媒体广告通过运用不同的传播载体，可以实现文字、音频、图像、视频的单一传播或者组合传播。

4．超文本传播

超文本是指数据中包含与其他数据的链接，用户点击文本链接或图片链接可跳转到其他页面。新媒体广告的超文本传播顺应了人类思维的跳跃性、发散性的特点，能满足用户的需要。

> **素养课堂**
>
> 《广告法》于 2021 年 4 月 29 日进行了第二次修正。新修订的《广告法》的一大变化在于提出"利用互联网从事广告活动，适用本法的各项规定"，涉及互联网医疗保健广告、未成年人网络游戏广告、电子信息广告、网页弹出式广告等互联网信息服务相关的各项规定。新媒体领域相关的从业人员一定要熟悉《广告法》的相关规定，避免违法。

5.1.2 新媒体广告的常见类型

用户在接收新媒体内容时大多会遇到广告，如打开 App 时屏幕上会出现广告，收听音频节目时中间会穿插广告，在视频网站观看视频前会播放广告。新媒体广告的类型十分多样，常见的主要有 6 种。

1．网页广告

网页广告是较早出现的新媒体广告，其特点是在网页上以静态、动态或超链接等方式展示广告内容。

（1）横幅广告。横幅广告（Banner）又称旗帜广告，是横跨于网页上的矩形公告牌，如图 5-1 所示。横幅广告常出现在网页的头部位置或中间位置，内容一般是品牌的产品或广告语。

图 5-1　横幅广告

（2）按钮广告。按钮广告由横幅广告演变而来，尺寸比横幅广告小很多。按钮广告一般是一个标志性图案（通常是一个链接公司主页或站点的公司标志），可以灵活放置在网页的任何位置。

（3）文本链接广告。文本链接广告以文字的形式链接到具体的网站、网页，如图 5-2 所示。文本链接广告不像横幅广告那样显眼，更具隐蔽性，对用户的干扰较少。文本链接广告中的文字信息要能够清楚地传达产品或服务的特点，以吸引用户点击。

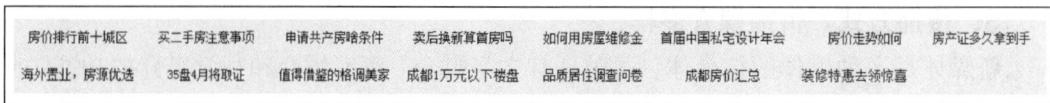

| 房价排行前十城区 | 买二手房注意事项 | 申请共产房啥条件 | 卖后换新算首房吗 | 如何用房屋维修金 | 首届中国私宅设计年会 | 房价走势如何 | 房产证多久拿到手 |
| 海外置业，房源优选 | 35盘4月将取证 | 值得借鉴的格调美家 | 成都1万元以下楼盘 | 品质居住调查问卷 | 成都房价汇总 | 装修特惠去领惊喜 | |

图 5-2　文本链接广告

（4）弹出式广告。弹出式广告是用户进入网页时，强制弹出的广告页面或广告窗口，以吸引用户点击查看相关网页。弹出式广告会在用户访问网页时突然弹出或浮现，通常会覆盖原始内容，因此其在视觉上非常显眼，容易引起用户的注意。

素养课堂

《广告法》第四十四条规定："利用互联网发布、发送广告，不得影响用户正常使用网络。在互联网页面以弹出等形式发布的广告，应当显著标明关闭标志，确保一键关闭。"在设计弹出式广告时要秉持职业操守，不能为了广告点击率等影响用户的使用体验。

（5）浮动广告。浮动广告是指在页面内沿一定轨迹浮动（沿着某一固定曲线/直线浮动或随着用户拖动浏览器滚动条而浮动）的广告形式。浮动广告会一直出现在屏幕上（除非用户主动关闭）。

2. 搜索引擎广告

搜索引擎广告通过搜索引擎（如百度、360 搜索等）的搜索结果页面来传播广告信息。这种广告通常显示在搜索结果页面的顶部、底部或侧边，以及搜索结果中的特定位置。

搜索引擎广告的常见形式是企业根据自己提供的产品或服务的内容、特点等，确定相关的关键词，撰写广告内容并自主定价投放。用户在搜索引擎中搜索关键词时，相应的搜索结果页面会出现与该关键词相关的广告（右下角显示"广告"字样），如图 5-3 所示。

图 5-3　搜索引擎广告

3. App 广告

随着移动互联网的普及，很多用户已经习惯使用手机 App 浏览、接收信息。各大 App（如微博 App、微信 App）也为企业提供了各种广告位，如开屏广告、信息流广告、

LBS（Location-Based Service，基于位置服务）广告等。

（1）开屏广告。开屏广告是在 App 启动页上展示静态、动态图片或视频的广告（见图 5-4），视觉冲击力较强，展示时长一般为 5～15 秒。开屏广告是用户在启动 App 时首先看到的内容，此时用户的专注力较高，因此广告能给用户留下深刻印象。

（2）信息流广告。信息流广告是穿插于用户的好友动态或资讯媒体和视听媒体内容流中的广告（见图 5-5），与用户看到的内容自然融合，以一种更加有机和流畅的方式呈现。信息流广告可根据用户喜好实现精准投放，用户体验较好。

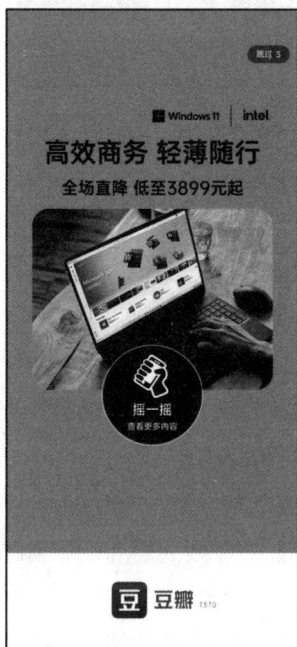

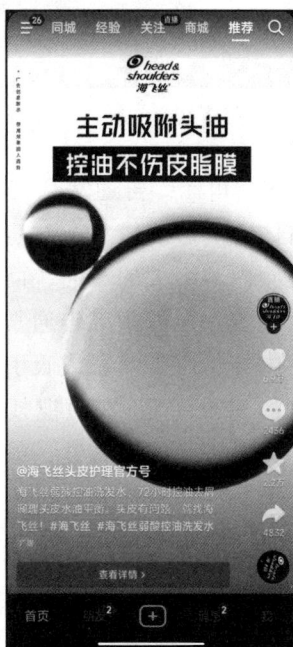

图 5-4　开屏广告　　　　　图 5-5　信息流广告

（3）LBS 广告。LBS 广告是基于用户地理位置信息的广告形式。它利用移动设备的GPS（Global Position System，全球定位系统）、Wi-Fi（无线网络）、蓝牙等技术，以及应用程序和平台的位置服务，向用户提供与其当前位置相关的广告内容。LBS 广告可以精确获取用户的地理位置信息，可以根据用户附近的商家、服务或地点提供相关的广告内容，使广告更有针对性。LBS 广告特别适用于采用本地化营销策略的企业，其可以使用 LBS 广告来吸引附近的潜在用户，如在用户附近的餐厅向用户发送特别优惠信息。

4．视频广告

视频广告是一种以视频形式呈现的广告，具有很强的冲击力和交互性。视频广告的类型有很多，包括贴片广告、角标广告、短视频广告等。

（1）贴片广告。贴片广告通常出现于在线视频内容播放前或暂停时的视频中（见图5-6），时长一般为 15～120 秒。当前很多贴片广告会与视频内容关联，如通过视频角色与广告中的人物互动或产生连续情节。但贴片广告会影响用户的观看体验，视频平台通常会为付费会员提供跳过贴片广告的服务。

图 5-6　贴片广告

（2）角标广告。角标广告通常会在在线视频播放过程中出现在视频边角处，占据区域较小，对观看体验的影响较小。对广告主而言，角标广告可以与视频内容紧密结合，有利于推广与视频内容相关的产品，而且其广告制作成本不高。

（3）短视频广告。短视频广告通常以独立视频的形式出现，时长为 15 秒或更短，目的是在短时间内传达广告信息或吸引用户兴趣。短视频广告更加适合手机竖屏播放，适应用户碎片化的观看习惯，在短视频平台上尤为常见。部分短视频广告与有趣或实用的内容相融合，具有较强的观看性，能吸引用户持续观看。

5. 音频广告

音频广告通过声音来传播广告信息，主要出现在音频内容平台（如喜马拉雅、荔枝FM）、播客平台（如小宇宙），常以音频片段的形式嵌入主体内容的开始、中间或结束位置。与视频广告不同，音频广告不需要视觉元素，因此更适用于驾车、运动、健身等不用观看屏幕的场景。

6. 直播广告

直播广告是以直播间作为媒介，在直播过程中投放的广告。这种广告形式通常在没有经过录音或制作的情况下，由主播直接播讲，并即时播放出去。直播广告的形式简单、时效性强，主播可以根据用户反馈和直播内容实时调整和修改广告内容，因此直播广告有较强的互动性和灵活性。

▍5.1.3　新媒体广告的计费方式

新媒体广告的计费方式多种多样，不同的广告平台和广告类型可能采用不同的计费模式，包括按千人展现计费（Cost Per Thousand Impression，CPM）[①]、按用户点击次数计费（Cost Per Click，CPC）、按行动计费（Cost Per Action，CPA）、按实际销售计费（Cost

---

① CPM 也可译作千人广告成本，在本节中 CPM、CPC、CPA、CPS、CPD、CPI、CPV 都按照日常生活中的惯用说法进行翻译。

Per Sale，CPS）、按天计费（Cost Per Day，CPD）、每次安装计费（Cost Per Install，CPI）、每次观看/收听计费（Cost Per View，CPV）等。

1. CPM

CPM 是指按照广告每 1000 次展现计费，即如果 CPM 出价是 6 元，则意味着一则广告被展现 1000 次收取 6 元。CPM 是当前主流的计费方式，广泛适用于网页广告、App 广告等广告，常用于品牌宣传推广的广告活动。

2. CPC

CPC 是指广告按照用户点击次数计费，常用于希望获得更多点击量和流量的广告活动。CPC 适用于网页广告、App 广告、搜索引擎广告等广告。

3. CPA

CPA 是指按每个访问者对广告所采取的行动计费。这里的用户行动包括达成一次交易、成功注册和点击一次广告等。这种计费方式通常需要更精准的定位和目标设置。

4. CPS

CPS 是指按照实际销售来计算广告费用，适用于购物类等注重转化率的企业。

5. CPD

CPD 是指按照广告在指定时间内展示的天数来计费。无论广告被点击多少次，费用都是固定的。这种计费方式适用于那些希望在特定时间段内进行品牌宣传或活动推广的广告主。

6. CPI

CPI 是指按用户安装广告 App 计费，适用于 App 的推广。

7. CPV

CPV 通常用于视频广告和音频广告。在 CPV 模式中，只有当视频/音频广告被用户观看/收听时（通常需要达到一定的时长或百分比）才计费。

提个醒

对于直播广告，近年来流行品牌与主播合作的模式。在该模式下，广告费用采用坑位费的形式计算。坑位费是指广告主支付一定费用以占用或预订直播节目中的广告位置（坑位），从而确保他们的广告在直播中展示。坑位费的定价通常与广告的时段、直播间的受欢迎程度以及其他因素有关。

5.2 新媒体广告投放

新媒体广告投放对广告主而言是一项重要工作，其不仅直接影响企业的知名度、利润等，还需要付出大量的成本，因此需要非常慎重。新媒体广告投放是系统性的工作，广告人员需要按流程进行操作，其中预算管理和效果评估工作是重点。

5.2.1 新媒体广告投放的一般流程

新媒体广告投放一般涉及确定广告目标、分析目标用户、制订广告策略、制作广告，以及正式投放等环节。

1. 确定广告目标

广告目标是广告主所期望该广告能达到的效果的总和，主要解决"要什么"的问题。通常来说，广告目标有开拓型、维持型、竞争型和公关型4种。

（1）开拓型广告目标，目的在于拓展新市场，由于没有前期的积累和铺垫，所以广告的着重点在于打响知名度，给用户留下良好印象。因此，此类广告对广告创意的要求较高。

（2）维持型广告目标，目的在于巩固现有市场份额，增加用户黏性，培养用户对品牌的忠诚度，并在此基础上进一步挖掘潜在用户需求。此类广告着重于让用户养成消费习惯，并保持用户对产品的好感度。

（3）竞争型广告目标，目的在于击败同类产品，抢占市场份额，快速提升销量。此类广告需要尽可能突出产品竞争优势，使用户认识到购买该产品能够得到的好处。

（4）公关型广告目标，目的在于挽救产品和品牌形象，维持用户对产品和品牌的信心。此类广告多出现在产品或品牌爆出负面信息并影响用户情绪时，因此广告中应当表明态度，切忌推诿、不认账。

在确立广告目标时，不仅应该综合考虑企业发展方向、市场态势、产品生命周期等因素，还要充分考虑广告实施的现实可能性和资源投入情况。一个优秀的广告目标应该是明确、具体、可行、可量化的。

2. 分析目标用户

投放广告前要分析目标人群，根据目标人群的社交动态、过往消费记录、关注列表、基本信息、浏览器记录等信息判断其对产品的需求、消费习惯等。例如，某咖啡品牌的目标人群集中在一、二线城市，年龄为25~44岁，拥有本科及以上学历，喜欢有品质、口感好的咖啡，购买咖啡的频次很高，喜欢通过外卖方式购买咖啡。

3. 制订广告策略

根据目标用户的情况，就可以制订有针对性的广告投放策略。

（1）确定预算。商业广告总是需要资金投入，但具体投入多少资金、怎样分配资金、如何防止资金浪费等，都需要详细考虑。做好广告预算，有助于提升广告的推广效率。

（2）选择广告投放平台。广告投放平台的选择直接影响广告的效果和投资回报。所以，广告人员要研究各个广告投放平台的特点、用户规模、广告形式、投放方式、费用、优势、劣势等，找出与自身目标用户和广告目标匹配的平台。

（3）构思广告。有吸引力的广告需要通过新奇的手法为用户制造与众不同的体验，从而吸引用户注意，这要求广告人员对市场、产品、用户等现实情况有清晰的把握，并富有创造力、想象力。

（4）确定广告类型。新媒体广告有很多类型，广告人员要根据广告投放平台的特点、目标用户的喜好以及预算等选择合适的类型。

4．制作广告

确定广告类型后，就需要制作广告，包括图像、视频、文字等形式。广告要以目标用户为导向，有足够的吸引力，如视觉吸引力、实际利益带来的吸引力、悬念/共鸣制造的吸引力等。必要时，还可以使用明确的呼唤词引导用户采取特定的行动，比如点击链接、下载 App、购买产品等。此外，广告应避免过于复杂或混乱的设计，确保用户能够迅速理解广告内容。

5．正式投放

正式投放广告需要经过一系列关键步骤，以确保广告能够有效地达到预期目标并取得良好的效果。

（1）设置投放策略。在正式投放广告之前，应制订详细的投放策略，包括选择广告位（如信息流广告位）、设置精准的人群定向参数（包括年龄、性别、地理位置、兴趣等）、选择计费方式（如 CPM、CPC、CPI 等）、设置投放时间段和推广限额（如每天不超过 500 元）等。

（2）追踪和监控。使用广告平台提供的数据分析工具，监测广告的展示量、点击量、转化率等关键指标，并分析出现的问题。

（3）调整优化。根据数据分析的结果，持续优化广告投放，以获得更好的效果。

① 广告创意优化。根据广告点击率和转化率，优化广告的展示方式和内容，吸引更多用户的注意力。

② 人群定向优化。根据数据分析，调整人群定向参数，确保广告精准展示给目标用户。

③ 预算优化。根据广告效果，调整预算分配，将更多预算投放到效果更好的渠道。

5.2.2 新媒体广告投放的预算管理

用户希望买到物美价廉的产品，同理，广告主自然也希望投放的广告价格低、效果好。广告预算管理有助于实现这一目标，其最终目的是通过控制广告经费的总额、使用范围和方法，以尽可能科学、合理地利用广告经费。

1．广告预算的含义

广告预算是广告活动的开支计划，指的是在某特定时间内，对广告活动所需经费总额及其使用范围、分配方法的策划。

在开始广告活动之前，广告主需要确定特定的时间段内广告的投入资金。这可以基于多种因素确定，包括可支配的资金、预期销售增长、竞争状况等。一旦总体预算确定，广告主需要决定如何将这笔资金分配给不同的广告活动和渠道。广告预算一般由市场调研费、广告设计费、广告制作费、广告投放费、广告行政费和人员工资等项目构成。其中，广告投放费可能涉及不同的媒体平台，如小红书、抖音等。分配方式要根据广告目标和用户的特点来决定。

此外，广告预算通常是根据特定的时间范围确定的，可以是每个季度、每个月，甚至每个活动周期。不同的时间范围可能会导致不同的预算分配，以适应不同的市场条件和业务目标。

尽管广告预算是预先计划的，但在实际执行过程中，可能需要根据市场反应和数据分析进行调整。这意味着预算计划应该具有一定的灵活性。预算确定后，广告主需要持续监测广告活动的效果，确保投入的资金能够获得期望的回报。如果发现某些渠道或活动的效果不佳，可以重新分配预算以优化广告策略。

2. 广告预算的编制方法

广告预算的编制方法较多，广告人员一定要根据实际情况进行选择，这里简单介绍3种适用度较高的广告预算编制方法。

（1）按营销情况编制广告预算。

这是根据营销需要编制广告预算的方法，主要包括销售比例法、利润比例法和单位费用法3种。

① 销售比例法。该方法按照一定时期内销售额（如历史平均销售额、上年度的销售额、本年度的预测销售额）的一定比例确定广告预算。假设某公司今年的预测销售额为1100万元，广告投入与销售额的比例为8%，那么今年的广告预算 = 1100×8% = 88（万元）。

② 利润比例法。该方法是根据一定期限内利润总额（上一个广告周期利润，或本广告周期预测利润）的大小确定广告经费的方法。其具体操作与销售比例法相同。假设某公司今年的预测利润为200万元，广告投入与利润的比例为3%，那么今年的广告预算 = 200×3% = 6（万元）。

③ 单位费用法。该方法简单易行，具体操作为把每件产品作为一个独立的广告单位，给每个广告单位都设立相同金额的广告费用，再乘以计划销售产品数量，从而得出广告投入的总额。例如，每件产品的广告费用为2元，计划销售产品数量为20万件，那么今年广告预算=2元×20万 =40万元。使用这种方法可以了解产品广告的平均费用，尤其适合市场定位为薄利多销的产品。

（2）按广告目标编制广告预算。

以广告目标的实现为目的编制广告预算，其优点是将生产、财务、运输等与广告、销售密切相关的因素纳入广告预算的考虑范围，能更好地配合广告主的营销目的。这种方法的实施首先需要明确广告目标，以及为实现广告目标所需要执行的工作（包括广告策划、广告制作、广告发布、广告互动和广告反馈等），然后估算每一环节工作所需要的费用以及其他成本，这些费用和成本的总和就是广告投入。

（3）按竞争对手编制广告预算。

竞争在市场中普遍存在，将广告置于实际的市场竞争中进行考量也是编制广告预算的常用方法。具体来讲，该方法就是根据市场上同类产品的广告费用来确定自身的广告投入。该方法又可分为市场占有率法和动态竞争比照法两种。

① 市场占有率法，即根据竞争对手的市场占有率以及广告投入来确定自身的广告投入的方法。具体方法为先将竞品的广告费用除以其市场占有率，得到竞品单位市场占有率的广告投入，再乘以自己产品的预期市场占有率。假设竞品的广告费用为 300 万元，市场占有率为 30%，自己产品的预期市场占有率为 20%，那么广告预算=300 / 30% × 20% = 200（万元）。

② 动态竞争比照法，即根据主要竞争对手的广告投入的变化情况来确定自身的广告投入变化，保持自身广告投入的增减比例与主要竞争对手相差不大的方法。假设竞争对手今年的广告投入增长了 10%，那么自身的广告投入也相应增长 10%，自身去年的广告投入为 200 万元，那么今年的广告预算=200×（1+10%）=220（万元）。值得注意的是，企业一般期望自身广告费用和竞争对手处于同等水平，这样既能避免宣传不足而处在下风，也能避免投入太多，影响利润。

5.2.3 新媒体广告投放的效果评估

新媒体广告投放不是简单地将广告呈现在用户面前，而是要能够精准触达目标群体，激发互动，甚至引导消费行为。广告人员通过广告效果的评估可以精准地了解广告是否成功地实现了预定目标。常用的广告效果评估指标主要有 7 个。

（1）点击率（Click-Through-Rate，CTR），指广告被点击的次数与广告展示次数的比例。CTR 高通常意味着广告吸引了目标用户的关注。如果 CTR 过低，广告人员需要着重分析广告的封面图、文案等内容是否吸引力不足，投放位置是否不醒目等。

（2）转化率，指广告点击后，实际转化为目标行为（如购买、注册、下载等）的比例。转化率越高，广告实际效果越好。

（3）曝光量，指广告被展示的次数。曝光量可以帮助广告人员了解广告的覆盖范围和曝光效果。如果曝光量低，原因可能是广告位置欠佳或所投放平台的流量基数小。

（4）点击成本，指广告每次点击的费用。较低的点击成本表示能以更低的成本吸引用户点击广告。控制该指标有助于合理控制广告成本。

（5）转化成本，指实现一次转化所需支付的费用，可以评估广告获得实际业务价值的成本。

（6）投资回报率（Return on Investment，ROI）。在广告领域，ROI 是衡量广告活动效果和回报的重要指标，可以帮助广告主判断广告投资的盈利能力和效率。ROI=（收益-成本）/成本×100%。其中，收益指广告活动所带来的实际收益，可以是销售额、利润、转化数量等，具体取决于广告的目标；成本指广告活动的总成本。ROI 越高，广告投资获得的回报越高（ROI 为正数，表示广告活动为盈利，为负数则表示亏损）。

（7）收藏量/评论量/转发量，指广告被收藏/评论/转发的数量。高收藏量/评论量/转发数可能意味着广告在用户中产生了积极的反应和互动，但并不一定直接对应实际的商业价值。

实践训练——在腾讯广告投放广告

【实践背景】

完成广告策划后，广告人员需要在选定的广告平台投放广告。当前很多广告平台提供有操作后台，广告人员可以自行注册账号进行操作。刘利是图书网站——新阅网的广告人员，打算在腾讯广告投放广告，为图书网站引流。广告投放时间为2023年8月21日至8月30日，总预算为2万元。

【实践目标】

熟悉广告投放的实际操作流程，能够在腾讯广告新建广告计划。

【实践步骤】

腾讯广告是腾讯公司旗下的一款广告投放平台，拥有丰富、多样的广告资源和强大的广告技术，能够为广告主提供一站式的广告营销服务，实现广告内容精准触达目标人群的目的。因此，在腾讯广告中投放广告是个不错的选择，其具体操作步骤如下。

（1）进入腾讯广告官网首页，注册账号并登录。进入腾讯广告投放管理平台，单击右上角的"新建广告"按钮，在打开页面的"新建推广计划"选项卡下方的 "推广目标"栏中选择"品牌活动推广"选项，设置计划总预算为20000元，单击"下一步"按钮，如图5-7所示。

（2）在"目标详情"板块下方的"商品"栏中选择"不使用"选项。

（3）在"广告版位"板块下方的列表中选中需要的广告版位对应的复选框，这里保持系统默认设置，如图5-8所示。

图 5-7　设置推广目标

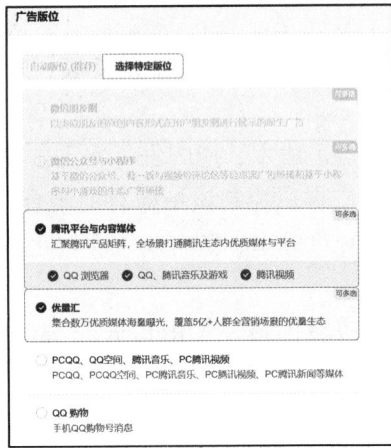

图 5-8　选择广告版位

（4）在"排期与出价"板块中的"投放日期"栏中选择"指定开始及结束日期"选项，设置投放日期为"2023-08-21 至 2023-08-30"，在"出价方式"栏中选择"CPC"选项，在"出价"数值框中输入"0.26"，如图5-9所示。

（5）在页面底部的"广告名称"栏中输入"8.21-8.30广告"，单击"下一步"按钮。

（6）在"广告创意"板块下方的列表中选择"横版大图 16：9"选项，单击"创意图片"旁的灰色框，在打开的"打开"对话框中选择需要的图片（配套资源：\素材\第 5 章\腾讯广告创意图片.jpeg），单击"打开"按钮。

（7）在"文案"文本框中输入"买书就来新阅网！海量图书 3 折起！"，单击"品牌形象"栏的输入框，在打开的列表中单击"上传品牌形象"超链接，在打开的对话框中单击灰色框，在打开的"打开"对话框中选择品牌形象图片（配套资源：\素材\第 5 章\品牌形象.png），单击"打开"按钮。在"品牌名称"栏中输入"新阅网"，单击"确定"按钮，如图 5-10 所示。

图 5-9　设置排期和出价

图 5-10　上传品牌形象

（8）在"落地页"栏中选择"自定义"选项，在下方的输入框中粘贴新阅网移动端主页的链接。

（9）单击"创意组件"板块下的"按钮文案"下拉按钮，在打开的列表中选择"立即购买"选项，完成后单击"提交"按钮，如图 5-11 所示。在打开的"确认提交"对话框中单击"提交广告"按钮提交广告计划，如图 5-12 所示。系统将审核提交的广告计划，审核通过后即可开始推广。

图 5-11　设置按钮文案

图 5-12　提交广告

课后思考

（1）广告目标有哪些种类？

（2）打开微博 App，找出其中的广告，思考广告属于哪种类型。

（3）新媒体广告的计费方式有哪些？

（4）如果广告的点击率低，应该从哪些方面进行优化？

（5）新媒体广告与报纸上的广告有什么区别？

第 6 章

常见新媒体应用

【知识目标】
- 了解微信、微博、网络直播、短视频、小红书及今日头条的相关知识。

【能力目标】
- 能够找出微信、微博、网络直播、短视频、小红书及今日头条的典型案例。

【素养目标】
- 认识微信公众号、微信在政务服务方面的积极作用。
- 认识网络直播、短视频在新闻播报、宣传主流价值观方面的积极作用。

引导案例 ◀

　　招商银行信用卡中心于2011年9月2日正式开通微信公众号"招商银行信用卡"，旨在为持卡人提供一站式的自助服务。用户通过微信公众号的菜单栏可实现查询额度、提额测评、快速还款、预借现金、分期还款、查询积分等操作。此外，用户绑定的信用卡发生交易或需要还款时，该微信公众号还会实时推送消息进行提醒。

　　微信是新媒体的主流应用平台之一，微信公众号又是微信的主要应用之一。除了通过微信公众号为用户提供服务，很多企业还利用微信公众号宣传品牌、发布新品信息、与用户互动等，这可以很好地体现新媒体在信息传播和商业营销等方面的价值。

　　除了微信，目前主流的新媒体应用还有微博、网络直播、短视频、小红书和今日头条。这些新媒体应用不仅为用户带来了便利，满足了用户的各种需求，也为企业的广告宣传提供了平台。

本章要点 ◀

　　常见新媒体应用的基础知识　　常见新媒体应用的典型案例

6.1 微信

　　微信作为一款以提供即时通信服务为主要功能的新媒体应用，支持跨通信运营商、跨操作系统进行信息传播。同时，微信还包含多种应用程序，涵盖用户日常生活和工作的诸多方面，如点外卖、看电影、购物和出行等。微信作为新媒体的典型应用，不仅能满足用户在信息传播方面的需求，也能从商业营销方面满足个人和企业的利益需求。

6.1.1 微信的应用价值

　　微信具有大众信息传播媒体的表现形式，是一种私人化的通信工具。微信早期的主要功能偏向于用户间的信息传播，但随着不断的开发升级，微信已经具备了"全媒体"的功能，不仅能传播信息，还能推广产品和品牌。从某种意义来说，微信提供了一种新的交流分享方式，体现了其在信息传播和商业营销两个方面的价值。

1. 微信的信息传播价值

　　微信的信息传播价值主要表现在传播主体、传播内容、传播途径3个方面。

　　（1）传播主体。微信为个人、企业等不同传播主体提供了平台，使其能够进行信息传播和互动。个人可以通过朋友圈分享生活动态，企业可以借助微信公众号、小程序等平台发布信息和服务。这种多元的传播主体使得各类信息得以广泛传播，满足了不同主体的传播需求。

　　（2）传播内容。微信提供了多样化的传播内容，包括文字、图片、视频、链接等形式。这使得传播者可以根据内容特点选择合适的表达方式，增强了信息传达的多样性和吸引力。从日常分享到新闻资讯、教育资源、娱乐内容，微信承载了丰富的传播内容。

（3）传播途径。微信提供了多种传播途径，如朋友圈、聊天窗口、微信公众号、小程序等。这些途径适用于不同的传播场景和目的。用户可以通过朋友圈分享内容，在聊天窗口中交流，订阅微信公众号获取专业信息，使用小程序进行更深入的互动体验。传播途径的多样性丰富了信息传播的形式。

2. 微信的商业营销价值

除了信息传播方面的价值外，微信的应用价值还包括强大的商业营销功能与潜力。微信营销是非常有效的商业价值实现手段，其优势主要表现在 5 个方面。

（1）庞大的用户资源。根据腾讯公布的财务报告，截至 2023 年 6 月 30 日，微信及 WeChat 的合并月活跃账户数为 13.27 亿。庞大的用户群体可以为企业提供大量的商机。

（2）精准的用户定位。微信通过用户的社交关系、兴趣爱好、地理位置等信息，能够实现精准的用户定位。这意味着企业可以将广告、促销活动等针对性地投放给目标用户，增强营销效果。

（3）多样的营销工具。微信提供有丰富的营销工具，如微信公众号、小程序、朋友圈广告等。企业可以根据自身需求选择合适的工具来进行宣传和营销。企业可以利用微信公众号发布推文，使用小程序提供更丰富的互动体验，利用朋友圈广告获得更大的曝光等。

（4）互动性强。微信注重用户之间的社交互动，用户可以在朋友圈互动、聊天窗口分享内容，这种社交化的环境使得营销信息更容易被分享和传播。同时，企业可以与用户进行更直接的互动，建立更亲近的关系。

（5）完善的电商功能。企业可以在微信上开发小程序电商平台。小程序具有轻便、快速的特点，用户可以在不离开微信的情况下浏览产品、购买和支付等。企业可以通过小程序展示产品目录、推送促销信息、提供购物车和订单管理等功能，实现完整的购物流程。

6.1.2　个人微信

个人微信是指单个用户在微信中进行信息传播的应用，主要包括个人微信号、微信好友、微信群和朋友圈 4 种应用方式。

1. 个人微信号

个人微信号是用户在微信中的身份认证和个人资料的展示，重要的组成部分包括昵称、头像、微信号和个性签名。

（1）昵称。设置较好的昵称可以快速建立第一印象，节约沟通成本。例如，用户可以以"实名+个人特征"的结构设置昵称，如"王××-个人理财顾问"。

（2）头像。微信头像代表着用户的形象，以商业信息传播为主的个人微信号一般以用户个人照片、商品特色标志或者公司标志等作为头像。

（3）微信号。微信号通常是一组字母、数字和符号的组合。设置微信号应该以方便识别、记忆和输入为原则。一般来说，微信号可以设置为有关联的拼音、数字组合，如用户的名字、公司、职业相关的拼音+简单数字组合。

（4）个性签名。微信个性签名主要用于展示用户的个性特点、情感态度等，风格上并没有严格的要求，可以专业严谨，也可以轻松幽默。

2. 微信好友

微信好友是用户在微信中传播信息的主要对象，微信好友之间的信息传播包括文字、图片、通话、位置共享和红包/转账等。其中，通话包括语音通话和视频通话两类。红包/转账功能让用户可以直接将银行卡中的资金转移到微信好友的账户中。

3. 微信群

微信群是微信中的多人聊天交流平台，群成员可以在群中发送语音、视频、图片和文字，微信好友之间的信息传播方式都能在微信群中应用。微信群中的用户之间不一定都是微信好友。用户在生活中也广泛应用到微信群。例如，老师和家长之间信息传播的"家长群"，相同爱好用户之间信息传播的"钓友群""车友群"等。

4. 朋友圈

朋友圈是微信的一个社交功能，用户可以通过朋友圈发表文字、图片或视频等，也可以将微信公众号或其他平台（如微博、小红书等）上的内容分享到朋友圈中。用户的微信好友可以对用户发布的内容"评论"或"点赞"，也可以将其转发给其他微信好友，或者作为朋友圈内容进行发布，由此实现信息的传播。

6.1.3　微信公众号

微信公众号是个人或企业在微信中申请的应用账号，是新媒体营销宣传的常用平台。个人和企业都可以在微信公众号上通过文字、图片、语音和视频等形式的信息内容，与特定用户群体进行全方位的沟通和互动。从连接关系来看，个人微信侧重于一对一的关系，而微信公众号则侧重于一对多的关系。个人微信和微信公众号的区别如表 6-1 所示。

表 6-1　个人微信和微信公众号的区别

项目	个人微信	微信公众号
功能	加好友，发消息，发布朋友圈状态，与个人相关的生活服务	自动回复，赞赏，管理用户，掌握用户信息并与之互动
社交圈	个人的人际社交关系	比个人关系圈更广的社交圈
使用定位	好友或用户个人的近况、娱乐信息分享	商业用途，如品牌推广、企业宣传、商品销售等
推广方式	通过介绍，即口碑来达成推广	需要利用多种资源进行推广（包括线上、线下）
使用方式	移动端为主	PC 端为主

1．微信公众号的类型

微信公众号可以分为服务号、订阅号两种类型，二者的使用方式、功能、特点均不相同。

（1）服务号。服务号具有管理用户和提供业务服务的功能，服务效率比较高，主要偏向于服务交互，如提供银行、政策咨询等服务查询功能的服务号。

（2）订阅号。订阅号的主要功能是发布和传播信息，用于展示个人或企业的个性、特色和理念，树立个人形象或品牌文化。订阅号主要偏向于为用户传达资讯（类似报纸杂志），具有较大的宣传和传播空间。

2．微信公众号的应用方向

微信公众号是企业进行营销信息传播的主要方式之一。企业通过微信公众号，可以非常便利地开展品牌推广和产品宣传，其应用方向主要包括以下几点。

（1）信息传播。微信公众号具有信息传播功能，用户通过企业的微信公众号可以快速获知企业基本信息、新品介绍、联系方式和售后网点分布等信息。

（2）品牌宣传。微信公众号支持发布文字、图片、音频和视频等内容，可以快速有效地把品牌理念、品牌最新动态等信息告知用户。此外，微信公众号具有互动性强、传递快速和投放精准等特点，用户不仅可以接收信息，还能与企业互动。

（3）用户服务。微信公众号能结合企业原有的用户关系管理，实现多人人工接入，极大地方便了企业与用户的交流。

（4）开展调研。调研数据将影响企业制订经营策略进而影响营销效果。微信公众号可以直接接触目标用户群体，不仅使调研数据更真实，而且还可以节省大笔调研成本。

（5）政务服务。党政机关、企事业单位和人民团体，包括县级以上教育、公安、民政、社保、环保、交通、卫生等与民生密切相关的部门可以运用微信公众号开展政务服务（如包括简易手续办理、个人信息查询等），提升政务工作的效率。

（6）电商。微信公众号具有销售引导的功能，可以将产品或服务信息快速传递给用户，并引导其购买下单。电商又分为广告、直接销售两种模式。

① 广告模式。广告模式是微信公众号比较常用且有效的电商盈利模式，包括硬广和软广。硬广一般在信息内容末尾直接加入广告内容，商业味道浓厚。软广一般将广告巧妙地植入信息内容当中，以潜移默化地影响用户。

② 直接销售模式。直接销售模式是指通过微信公众号销售产品的电商模式，企业可以直接通过快捷菜单将用户吸引到小程序或网页版电商平台，促进产品销售。

6.1.4 微信小程序

微信小程序是一种可以在微信内被便捷地获取和传播，而不需要下载安装的应用。微信小程序在应用上具有以下优势。

（1）强大的社交属性实现用户增长。微信是一个具有庞大用户群体的社交平台，依托微信的微信小程序的强大社交属性有助于企业实现低成本的用户增长。很多微信小程序是通过朋友圈或者微信群分享、用户之间直接转发等方式获取用户的，例如，拼多多、携程旅行等小程序就是通过在微信群中分享而获得大量用户的。

（2）不用安装且操作简单。微信小程序可以在很大程度上替代 App，大大节省了用户的手机内存和运行空间。相较于 App，微信小程序设计轻便、功能强大，而且操作简单，不仅提高了用户使用的效率，也提升了用户体验。微信小程序的开发成本和开发难度都相对较低，因此开发微信小程序成为很多中小企业的优先选择。

（3）实现线上与线下的商业融合。微信小程序以二维码为接口，通过线下扫码、微信搜索、微信公众号关联、好友推荐、历史记录和附近门店等接入渠道，重新构建了商品消费的场景。用户可以通过微信小程序购买商品，然后通过快递收到商品；在线下实体店中，则可以通过扫描二维码查询对应店铺或品牌的商品和服务，并通过微信小程序下单支付。线上线下相互助力，可以提升企业或品牌的商品销量。

6.1.5　微信应用的典型案例

微信是国民级的应用，各大品牌都积极利用微信来开展宣传、维护用户、促进销售。下面介绍两个微信应用的典型案例。

1. 巧乐兹精心运营小程序

巧乐兹是伊利旗下的知名子品牌，其在小程序运营方面十分用心。巧乐兹小程序（见图 6-1）的用户体量、留存和月活跃数据在伊利集团内排名靠前。

图 6-1　巧乐兹小程序

巧乐兹以带码冰淇淋棒签作为小程序的流量入口，用户扫码后会自动跳转到小程序界面，并获得小额现金奖励，因此吸引了大量用户参与。

巧乐兹建立了会员积分体系，用户可以通过完成任务、签到、下单等方式赚取会员积分，这可以引导用户参与并提高用户的黏性。此外，会员积分可以用于兑换礼物，这增加了用户参与的动力。

此外，用户扫码后还能快捷完成对产品口味、包装、性价比等的点评与打分，品牌可以获得有关产品和口味的用户反馈。

2．小米微信公众号为雷军年度演讲宣传造势

2023 年的雷军年度演讲于 8 月 14 日举行。8 月 9 日，小米旗下的微信公众号"小米公司"便发布推文进行预告。推文中不仅介绍了演讲的主题、时长、准备情况等，还植入了预告视频，并植入了小程序卡片引导用户预约观看演讲的在线直播，成功为演讲造势。演讲结束后，该微信公众号立马发布了演讲全文，并提炼了演讲重点作为文前提要（见图 6-2），便于用户阅读。该推文最终获得了超过 10 万次的阅读量，取得了不错的宣传效果。

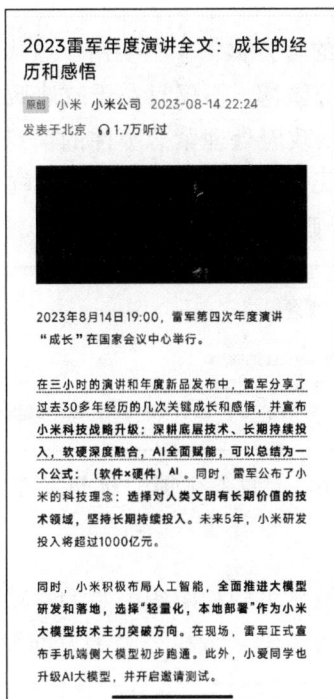

图 6-2　文前提要

6.2　微博

微博是一个实时传播信息的平台，能体现用户作为信息传播者和接收者的地位。凭借着广泛的传播力和影响力，微博不仅成为用户生活中重要的信息传播和社交工具，还

被广泛应用于各种营销活动和政府服务工作。

6.2.1 微博的常见类型

根据应用目的和功能的不同，微博可划分为以下5种类型。

1. 个人微博

个人微博是微博所有类型中占比最大的类型。个人微博不仅是个人日常信息传播的场所，也是个人或团队实现应用价值的主要阵地。个人通过发布有价值的信息来吸引用户，从而扩大个人的影响力，最终实现微博的传播价值和营销价值。另外，部分企业高管的个人微博还会配合企业微博形成影响链条，扩大企业的影响力。

2. 企业微博

企业微博是企业建立的发布官方信息的微博，主要针对产品或品牌的粉丝进行宣传推广。企业通过微博来提升企业的知名度，吸引用户的关注，并将其转化为粉丝，为最终的产品销售服务奠定基础。

3. 政务微博

政务微博是政府部门推出的官方微博，主要用于收集意见、倾听民意、发布信息和服务大众等。政府部门开通政务微博，不仅有益于政府政策的公开和透明化，而且对于一些社会重大问题，增加了一条政府处理紧急事件的信息公开通道。用户也可以通过与政务微博互动来表达自己的意见和建议。图6-3所示为杭州市人民政府新闻办公室的官方微博"杭州发布"，其就属于政务微博。

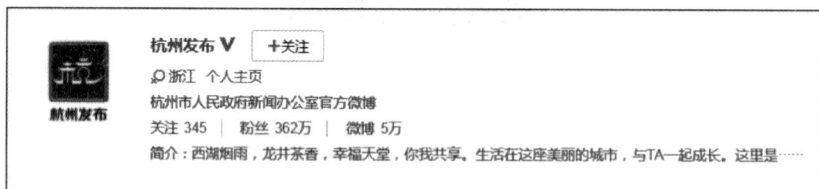

图6-3 政务微博"杭州发布"

4. 组织机构微博

除了企业和政府部门外，很多机构和组织（如大学和医院）也会开设官方微博，用于传播信息、促进沟通，在教育教学、危机公关等方面发挥着重要作用。

> **素养课堂**
>
> 近年来，各地政府部门纷纷开设微信公众号、政务微博，提供各种公共服务，这与党的二十大报告中提到的"健全基本公共服务体系，提高公共服务水平"是相吻合的。

5. 其他微博

还有一些具有特殊用途和时效性的微博，如为重要活动、重要事件、电影或知名电视节目等开设的微博。这类微博通常在节目播出、活动举行或事件发生前后进行运营，其功能具有一定的阶段性。图6-4所示为CCTV中国诗词大会的微博。这类微博通常会在节目正式开播前放出预告，开播期间和播放之后与用户进行互动，以增加节目的热度。

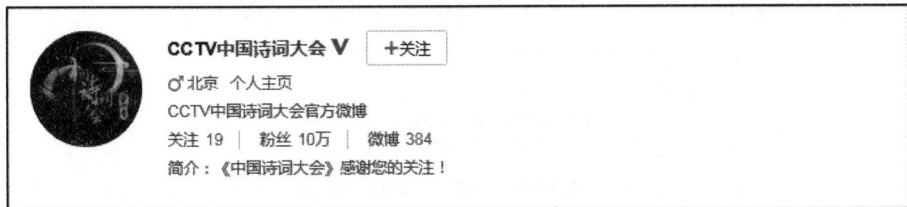

CCTV中国诗词大会 **V** ＋关注
♂ 北京 个人主页
CCTV中国诗词大会官方微博
关注 19 ｜ 粉丝 10万 ｜ 微博 384
简介：《中国诗词大会》感谢您的关注！

图 6-4　CCTV中国诗词大会的微博

6.2.2　微博的应用价值

作为一个重要的新媒体平台，微博的应用主要体现在传播价值和营销价值两方面。

1．传播价值

价值通常是从人们对待满足其需要的外界事物的关系中产生的，表示事物对人们有用或令人愉快等属性。微博恰好满足了用户对信息传播的需要，因此具有一定的传播价值，主要体现为以下两点。

（1）微博是信息传播的载体，在信息传播方面对其他媒体进行了有益的补充。例如，用户能够在传统媒体发布报道前发布微博信息，对突发事件进行"现场直播"，帮助广大用户及时获得最新的事件信息。

（2）微博信息的互动传播为用户提供了较大的主动权，用户不仅能自行选择接收的信息，还能及时反馈自己的意见和主张。

2．营销价值

微博传播的信息内容十分丰富，包括产品信息、企业实时发生的新闻、专业人士的测评等。微博具有的营销价值主要包括以下5个方面。

（1）品牌传播。微博作为很多用户获取信息的主要平台之一，为品牌传播奠定了坚实的用户基础。微博可以通过传播品牌最新动态和各种促销活动等信息，引起用户的关注，从而达到品牌曝光和宣传的目的。

（2）广告宣传。微博中同样可以进行广告宣传，如将广告与微博热点结合起来，借助热点吸引用户关注，提升广告的宣传效果。图6-5所示为喜茶借助端午节热点发布的微博。

（3）商品调研。企业可以基于微博对目标用户的偏好、生活形态、品牌态度、购买渠道、购买因素等进行调研，从而获得更加准确的用户数据，制订更好的产品策略和营销策略。

（4）产品销售。微博支持在信息传播中添加外部链接，这样就能在微博内容中附带商品的销售地址，方便用户购买。微博已经成为中小企业获得流量、销售产品的重要渠道。

（5）危机公关。当微博成为企业发布信息的官方平台后，其快速、开放、透明的沟通方式也为企业预防和处理危机提供了新思路。一旦出现危机事件，企业可以通过微博了解用户对危机事件的态度，针对其中的误解和问题进行主动、透明和公开的回应，迅速采取适当的处理措施，防止事态扩大，将危机造成的损失降到最低。

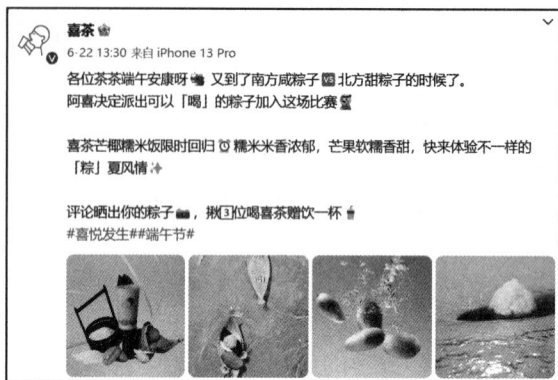

图 6-5　广告宣传

6.2.3　微博粉丝的获取和维护

微博粉丝是对某一微博账号保持持续关注的微博用户群体。微博粉丝通常会及时关注微博账号发布的信息，同时又会将这些信息传播到更大的范围。只有拥有足够数量的粉丝，所发布的微博信息才能被更多用户看到，才能引导更多用户互动，扩大影响，实现微博应用的价值。

1. 获取粉丝

获取粉丝是一个长期的过程，特别是一些有质量的粉丝，需要进行持续长久的运营。下面介绍 6 种常用的获取粉丝的方法。

（1）利用身边关系网"增粉"。个人微博可以通过与亲朋好友相互关注来获取粉丝，企业微博则可以利用内部员工以及合作伙伴的互相宣传和关注来获取粉丝。

（2）通过关注同类群体"增粉"。在微博上，有很多处于同一个领域或是有共同、相似爱好的群体，这些群体具有共同话题，交流方便，很容易"互粉"（也就是互相关注）。在创建微博前期，可以试着加入不同微博群，与群中用户互动，并吸引其关注，再慢慢扩大微博的影响力，形成粉丝的自然增长。

（3）通过外部平台引流"增粉"。将其他新媒体平台中已有的粉丝吸引到微博中，也是一种非常直接且快速"增粉"的方法，并且积累的粉丝质量普遍比较高。

（4）通过发起微博活动"增粉"。发起"关注+转发"抽奖活动来吸引非粉丝用户关注账号也是一种有效方法，如图 6-6 所示。

（5）通过与其他微博合作"增粉"。单个微博的影响力是有限的，与其他微博合作，联合双方或多方的影响力，可以扩大信息的传播范围，如图 6-7 所示。

图 6-6 "关注+转发"抽奖活动

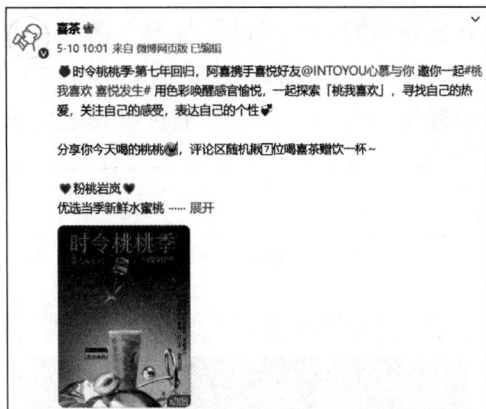
图 6-7 与其他微博合作

（6）通过微博内容"增粉"。通过微博内容"增粉"是指发布高质量、有价值的信息内容来吸引用户。通常信息内容对用户有一定价值并且足够有吸引力，就会被大量转发，从而获得大量的关注。

2. 粉丝互动

粉丝互动是提升微博粉丝活跃度的重要手段。粉丝越活跃的微博账号，其影响力越大，展示给其他微博用户查看的机会越多。

总的来说，在微博上与粉丝保持互动的方式主要有评论（在粉丝微博下方评论）、回复（回复粉丝的评论，见图 6-8）、转发（将粉丝的微博转发至自己的微博，见图 6-9）、私信、提醒（通过@微博昵称的方式，提醒粉丝关注某信息）等方式。

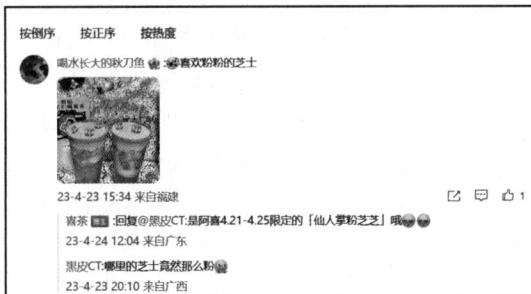
图 6-8 回复评论

图 6-9 转发微博

在发布微博时也可以引导粉丝参与互动，如利用笑话或段子、提问、抛出话题等。图 6-10 所示为典型的引导粉丝评论微博的方式。此外，还可以就与品牌或日常生活相关的问题发起投票，让粉丝通过投票表达意见，如图 6-11 所示。

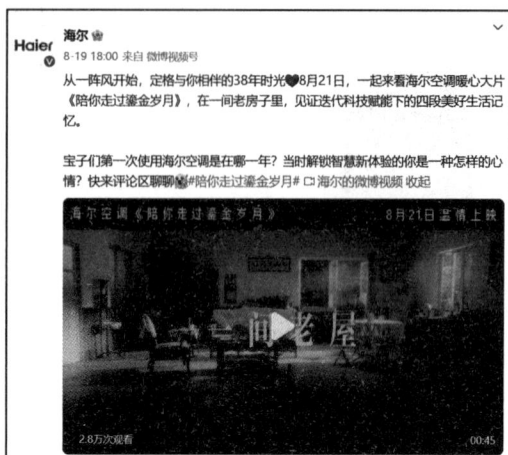

图 6-10　引导粉丝互动

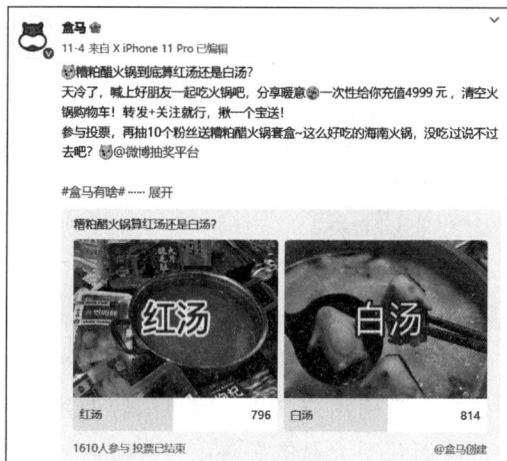

图 6-11　发起投票

6.2.4　微博应用的典型案例

很多品牌在微博上会借助热点吸引用户关注，通过发放奖励等方式激发用户的参与积极性，海信与饿了么就是其中的典型代表。

1．海信发起世界杯话题互动

作为世界杯的赞助商，海信在 2022 年卡塔尔世界杯开启当天，在微博上发起"海信吐球大会"，号召球迷分享看球的心得，并于 11 月 21 日至 12 月 18 日每晚评选金、银、铜三项"吐球奖"。世界杯结束后，海信将选出"MVP 吐球王"赠送一台海信电视，如图 6-12 所示。此外，海信还定时推出"黑话"词典系列，号召用户通过转发答题的方式参与互动（见图 6-13）。这些与世界杯有关的互动有效地提升了海信微博粉丝的活跃度，让海信世界杯赞助商的身份深入人心。

图 6-12　海信吐球大会

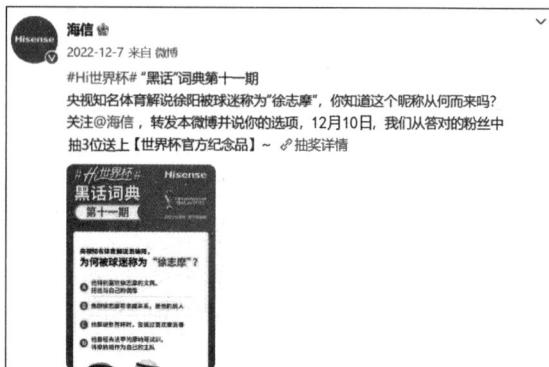

图 6-13　转发答题

2. 靠节气时令涨粉的饿了么时令官

饿了么时令官是饿了么品牌创建的微博子账号，于 2022 年 5 月 1 日上线。作为新账号，饿了么时令官经常与饿了么联动，承接猜题免单活动。例如，2023 年迎处暑的免单活动，饿了么时令官借助发起"转发量每过 5 万就解锁一个免单线索"活动等方式引导用户全程参与互动（见图 6-14），最终四轮解锁下来，饿了么时令官收获了 20 多万的转发量，粉丝数量大涨。

此外，饿了么时令官还会在各种节气发起特色活动。例如，惊蛰前夕，饿了么时令官推出"惊奇美食大赛"，号召用户在评论区分享惊奇美食，如图 6-15 所示。小满，饿了么时令官在线下开办了一场"可无苦，体验甜——小满音愈会"活动，让粉丝在线下相聚，增强了粉丝的黏性。

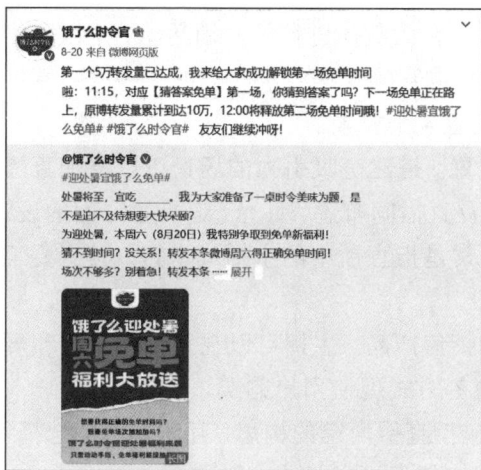

图 6-14　解锁免单线索

图 6-15　推出"惊奇美食大赛"

6.3　网络直播

随着新媒体技术的不断完善，新媒体的表现形式和内容应用得到了丰富及发展，因此衍生出了网络直播这种流行的新媒体信息传播和内容应用的方式。网络直播在丰富人们日常生活的同时，也催生了新的商业模式，不仅改变了传统媒体的信息交互理念和方式，还正在重塑人们的社交生活和网络行为。

6.3.1　认识网络直播

第 52 次《中国互联网络发展状况统计报告》显示，截至 2023 年 6 月，我国网络直播用户规模达 7.65 亿人，较 2022 年 12 月增长 1474 万人，占网民整体的 71.0%。网络直播内容从生活方面延伸到社会的各个行业领域，由此可以看出，网络直播已经成为一种非常重要的新媒体应用。

┌───
🗒️ **素养课堂**

党的二十大开幕会期间，网络新闻媒体通过微博、微信、新闻视频网站、客户端等全程直播开幕会，为用户及时收看提供多种选择。开幕会当日，仅微博的直播观看量就达 1.26 亿人次。
└───

1. 网络直播的概念

网络直播通常有两种方式：一种是将传统媒体平台的现场直播上传到网络中供用户观看，相当于网络电视；另一种是在现场架设独立的信号采集设备（音频+视频）导入导播端（导播设备或平台），再通过网络上传至服务器，发布至网站供用户观看。新媒体中的网络直播通常是指后者。

从广义上讲，网络直播可以看作是以直播平台为载体进行的营销活动，是以网络视频直播的形式实现提升品牌形象、增加产品销量或直接获得经济收益的一种网络营销方式。网络直播主要包含场景、人物、产品和创意 4 个要素。

（1）场景。场景是指直播的背景和环境设置。搭建有吸引力的场景可以增加直播的视觉吸引力，提升用户的观看体验。这可能涉及直播间布置、灯光、道具等方面的设计。

（2）人物。人物是指直播中的人或物，通常是指直播中的主播或嘉宾，其主要工作是展示内容，与用户进行互动。

（3）产品。很多网络直播的目的是推广和销售产品。主播可以在直播中介绍和展示产品的特点、用途、优势等，并通过强调优惠等方式促使用户购买。

（4）创意。创意是网络直播的灵魂。创意包括直播内容的构思、互动方式的选择等。独特的创意可以吸引用户的注意力，使他们对直播保持兴趣。

2. 网络直播的特点

网络直播的发展十分迅猛，观看网络直播如今已成为很多用户日常生活的一部分，这与网络直播自身的特点是分不开的。网络直播的特点主要有 3 点。

（1）直达用户。网络直播可以实时呈现事件的发生、发展与结果，第一时间反映现场的状态。网络直播的内容通常无法同时进行剪辑和加工，播出的内容与用户所看到的内容是完全一致的，这种真实、直观的展示方式容易打动用户，激发用户的购物欲望。

（2）极强的互动性。网络直播过程中，用户可以通过发送文字、图片或语音等方式与主播或其他用户互动，缩短了用户与主播及其他用户的距离，有效提高了直播的互动性。

（3）信息传播不受时间和空间的限制，观看过程灵活。网络直播的整个过程通常会被直播平台以录屏的方式保存下来，用于满足后期用户需要数次观看的需求，增强了观看的灵活性，强化了用户的观看体验。

▌ 6.3.2　网络直播的应用模式

网络直播的应用模式主要有直播+电商、直播+发布会、直播+广告植入、直播+活动。网络直播的应用模式在很大程度上决定了网络直播的信息传播效果。

（1）直播+电商。直播+电商是常见的网络直播应用模式，被广泛应用于电商领域，如图 6-16 所示。由于电商平台的用户众多，流量集中，观看直播的用户大多目标明确，因此，这种模式能够快速实现信息传播和流量变现，提高产品销量。

（2）直播+发布会。企业或机构可以通过直播平台举办产品发布会、新闻发布会等，如图 6-17 所示。通过直播，用户可以实时了解新产品、新消息，与主办方互动，同时提高产品或品牌的曝光度。

图 6-16　直播+电商

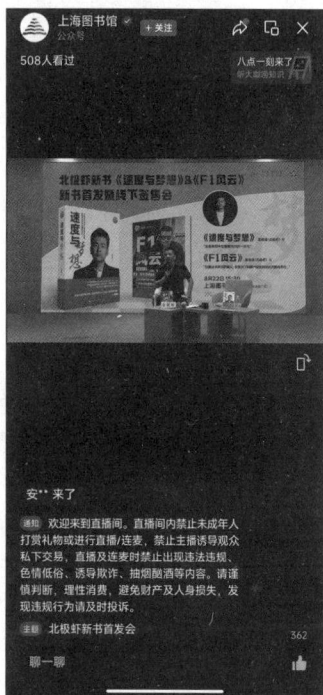

图 6-17　直播+发布会

（3）直播+广告植入。直播中的广告植入能够摆脱插入广告的生硬感，可以获得用户好感，从而在直播场景下，自然而然地进行产品或品牌的推荐。例如，很多主播通过直播向粉丝分享化妆技巧，同时植入美妆及护肤产品的宣传广告并导入购买链接，获得购买转化。

（4）直播+活动。直播+活动是将线下活动通过直播方式传递给线上用户的模式。例如，演出、见面会、赛事、庆典等可以通过直播让更多用户参与和观看，从而扩大活动的影响力。

6.3.3　网络直播的实施与执行

为了增加用户数量和经济收益，网络直播需要围绕营销目的、目标用户策划专门的实施方案，并根据方案来执行。网络直播的实施与执行可以分为直播开场、直播中和直播结尾 3 个部分。

1．直播开场

好的直播开场可以为直播的后续内容做好铺垫，吸引用户的注意，促使其继续观看直播。常用的网络直播的开场设计主要有5种。

（1）直接介绍。在开场时直接告诉用户本次直播的相关信息，包括主播自我介绍、主办方介绍、话题介绍和流程介绍等。

提个醒

　　直接介绍这种开场方式比较枯燥，容易引起部分用户的不耐烦，因此建议添加一些有吸引力的活动环节，如抽奖、发红包等。

（2）提出问题。提问通常可以引发用户思考，加强主播与用户的互动，使用户有参与感。例如，主播开场时问用户："家人们，大家早上是不是都很赶，连早餐都没空吃？"

（3）福利预告。在开场环节预告福利可以吸引用户在直播间停留，福利的形式有很多，包括送礼品、发红包、送优惠券、抽奖等。例如，主播在开场时告诉用户："上次直播的效果非常好，为了感谢大家的支持，我们专门给大家准备了××福利，会在今天的直播中不定时地发放给大家，大家一定要留在直播间哦！"

（4）道具开场。主播可以在开场展示某些道具，如收藏的物品等，以营造轻松的直播氛围。

（5）借助热点。热点往往备受关注，主播在直播开场时可以借助网络热点来激起用户的参与欲望。

2．直播中

直播中的实施工作主要包括两方面，一是全方位、详细地展示直播内容，二是开展一些互动活动，如弹幕互动、参与剧情、发直播红包和发起任务等。

（1）展示直播内容。直播的内容非常丰富，主要有以下类型。

① 带货直播：介绍和演示产品，促使用户购买。

② 健身直播：展示锻炼方法、健身课程和健身用品。

③ 美食直播：展示烹饪技巧、美食制作过程、品尝美食的过程，或者在餐厅点评美食。

④ 旅游直播：展示旅游景点的风景、实况，或主播的旅行见闻。

⑤ 音乐直播：演唱、演奏、音乐讲解。

⑥ 教育直播：教授各种知识和技能，包括语言、编程、Excel、会计和其他职业技能。

⑦ 手工艺直播：展示手工艺品的制作过程。

⑧ 官方新闻事件直播：展示重要的新闻事件，如国家元首的访问、重要会议的召开等，通常由官方媒体进行。

⑨ 娱乐直播：表演各种娱乐节目、开展直播秀等。

（2）开展互动。直播过程中的互动非常重要，只有积极与用户互动，才能让用户产生参与感，进而长时间观看直播。

① 弹幕互动。弹幕是以字幕形式出现的评论，它以飘在屏幕中的形式密集出现，所有观看直播的用户都可以看到这些内容。直播时用户的评论会以弹幕的形式出现，主播在直播过程中要关注弹幕并挑选一些与用户互动，特别是用户的提问和建议，如"能介绍一下连衣裙的原材料吗？""什么时候抽奖呀？""店铺名能再发一次吗？"等。

② 参与剧情。参与剧情适合户外网络直播，邀请用户参与，加强用户的参与感，同时还能借助用户的创意增加直播的趣味性。若采纳了用户意见，可以给参与的用户一些奖励，提高用户的积极性。例如，某主播直播旅游过程，在安排路线时会征求直播间用户的意见。

③ 发红包。主播可以通过发红包或赠送礼物等方式来吸引用户，增加直播的人气并加强互动。主播发红包时要提前告知用户发放的时间，如"10分钟后有一大波红包来袭""20:00准时发红包"等。这是为了让用户知道获取红包的时间，在做好准备的同时，暗示用户邀请更多用户加入直播等待红包，提高直播的人气。图6-18所示为在直播中发红包。

④ 发起任务。在直播中发起任务是指让用户按照指定方式，在指定时间内完成一系列任务的行为。如邀请用户进入微信群，在微信群中聊聊生活趣事；邀请用户在某条微博下评论；号召用户一起做出与主播相同的动作，并分享到社交网站，等等。发起任务可以快速凝聚用户，形成团体力量，使用户产生成就感和满足感。

3. 直播结尾

直播结尾同样是能促进产品销售、与用户建立联系的重要阶段。具体应做好以下几方面。

图6-18　在直播中发送红包

（1）总结亮点。回顾直播中的亮点和重要信息，如"在这次直播中，我们向大家详细介绍了夏季穿搭的技巧，希望大家都能美美地度过夏天"。

（2）提醒行动。再次提醒用户做出某项行动，包括购买商品、关注直播账号、加入粉丝群或参与活动等，如"喜欢主播的朋友可以点点关注，这样主播开播你们就能第一时间收到提醒啦""最后几分钟了，想下单的朋友赶紧下单哦"。

（3）鼓励互动。鼓励用户评论、提问或分享想法和体验，如"大家还有什么想要的产品，可以在粉丝群里留言，我们会非常认真地为大家选品，下次直播再推荐给大家"。

（4）预告下一场直播。在直播结束时可以告诉用户下一场直播的主题、产品与福利，激发用户的兴趣和期待，如"我们的下一场直播是在××月××日，也就是星期

×的晚上八点，届时我们会为大家带来我们的园艺专场，价格都特别优惠，喜欢养花的家人们一定不能错过哦"。

6.3.4　网络直播应用的典型案例

在网络直播平台上，各种类型的直播层出不穷，虽然部分直播存在一定程度的同质化，但也有一些令人眼前一亮的案例。

1．王小卤官方旗舰店搞怪直播

王小卤官方旗舰店在2023年6月12日至6月14日期间，以"颁奖典礼"的形式在抖音开启了系列直播。直播融合了许多当下的网络热梗，尽显搞怪风格。例如，直播中分别为不同口味的虎皮凤爪颁发奖项，如"好吃麻了奖"，让用户大呼有趣。直播邀请的颁奖嘉宾也十分有趣，如装扮成葫芦兄弟和爷爷的颁奖嘉宾一出场就展示了一段精彩的表演，让直播进入了小高潮。

除了无厘头表演，直播过程中还设计了"鸡爪自我甩卖""葫芦兄弟绿幕人砸金蛋"等花样玩法，并穿插了高密度、高频次的带货内容，让用户在不知不觉中被说服下单。

最终，这系列直播累计曝光次数超2000万，最高同时在线人数超1万，王小卤官方旗舰店也连续3天登上休闲零食类目自播榜前列。

2．"快手村BA"赛事直播

快手体育、贵州省安顺市西秀区文体广电旅游局、京东健康等联合举办了一次"快手村BA"赛事。赛事期间，快手账号——快手体育全程直播，不少用户通过直播实时观赛、互动。赛事直播观看人次超3亿，同时在线人数高达238万，赛事相关短视频的总观看人次超过3亿，诸如"村BA又开打了""村BA最接地气的加油方式"等话题登上快手热榜。凭借赛事直播，不仅快手提升了用户活跃度和用户黏性，合作伙伴京东健康也大大提高了品牌曝光度。

6.4　短视频

除了网络直播，短视频这种信息传播和应用形态也是新媒体传播和应用的主流。第52次《中国互联网络发展状况统计报告》显示，截至2023年6月，我国短视频用户规模达10.26亿，占网民整体的95.2%。短视频已经成为新媒体的主流应用方式之一，下面就介绍短视频的相关知识。

6.4.1　短视频的优势

新媒体的快速发展带动短视频与多个行业进行融合。例如，在电商行业，各大电商平台推出专属短视频板块；在旅游行业，短视频平台通过与景区或城市合作，以主题视频的形式对旅游资源进行包装和推广，带动地方旅游收入增长。短视频能快速兴起，与其具有的优势密不可分。短视频在新媒体应用中的优势主要表现在 5 个方面。

（1）碎片化时间利用。短视频具有短小精悍、可随时开始/停止观看的特点，正好契合人们当前碎片化的生活方式，使得人们可以在碎片化的时间，如乘坐公交、地铁、电梯或排队时，观看有趣的短视频。

（2）强大的互动性。短视频平台通常具有强大的互动功能，用户可以进行评论、分享、点赞等操作。这使得短视频平台不再只是一个提供单向的观看体验的平台，而是一个可以互动的平台。此外，一些用户还会主动模仿短视频的内容并制作成新的视频，或在原有视频的基础上进行二次创作。

（3）直观性和可视化。短视频是一种直观、可视的表达方式，能够让人们快速理解并产生共鸣。这对一些需要展示具体操作、产品介绍或者故事情节的内容来说，是一个非常有效的传播手段。

（4）便于传播和分享。短视频的时长较短，易于在社交媒体上进行分享。这使得短视频在短时间内能够迅速传播，覆盖更多的用户群体。

（5）创意性和趣味性。短视频领域竞争激烈，促使运营者大力提升内容的吸引力，这使得短视频往往充满创意和趣味，可以吸引用户的注意力。一些富有创意和趣味的短视频甚至能够让用户主动转发、分享，从而产生病毒式传播的效果。

6.4.2 短视频的内容定位

制作和发布短视频前通常需要对内容进行定位，否则可能会导致短视频内容杂乱无章，无法达到预期的效果。短视频的内容定位主要包括 3 个方面。

1. 行业定位

行业定位是指根据要推广的品牌或商品，以及内容所属的行业来确定短视频发布的内容。也就是说，品牌或商品属于哪个行业，就要发布跟这个行业相关的内容。例如，某化妆品生产企业要发布短视频进行营销，就应该将短视频内容定位到美容护肤领域，制作和发布的短视频内容应该与美妆或穿搭等相关。

在进行行业定位时，企业可以分析同行业的竞争对手，分析其开展短视频营销的方法，找出竞争对手中的佼佼者，找到其成功的关键因素并加以借鉴。

企业还需要分析自身产品或信息内容与同行之间的差异，找出自身的优势，后期在发布作品时加以突显。例如，拍摄制作美食短视频时，就可以强调传统技艺、制作简单、味道独特等特点。

2. 人群定位

人群定位是指根据产品或信息的主要消费人群或接收人群的喜好来确定短视频的内容。例如，短视频为了宣传某母婴品牌，其接收人群主要是妈妈，由于该群体更加关心孩子健康、教育等方面的问题，因此可以在短视频中加入一些与婴幼儿相关的信息内容，包括孩子的日常生活片段、育儿知识和婴幼儿食谱等。

3．商品定位

制作短视频的主要目的无论是营销某种商品、推广品牌，还是吸引用户、增加粉丝，都需要进行商品定位。商品定位是指通过分析商品来选择合适的表现方式。例如，服饰鞋包类商品可以采用穿搭教程等形式；数码类商品可以采用开箱测评等形式；而知识付费、课件教程等虚拟商品由于没有实体，则可以采用展示、讲解等形式；以信息内容为主的短视频则可以通过创意性的表现来展示价值。

6.4.3　短视频的制作和发布

如今，短视频已经成为吸引用户眼球、传递信息以及推广品牌的重要方式之一。无论是娱乐、教育还是营销，短视频都展现出了强大的传播能力。然而，短视频平台上每天都会产生海量的短视频，要想制作一支引人注目的短视频，并将其成功发布给目标用户，需要掌握相关知识。

1．短视频的制作

与专业视频相比，短视频的制作难度较低，但为了保证短视频的质量和价值，也需要遵循一定的制作流程，下面分别介绍。

（1）内容构思。短视频的关键是内容，内容质量直接决定了短视频的传播力度和影响力。由于短视频的时长较短，所以构思短视频内容时，要确保可以在短时间内完成故事主题、情节或创意的叙述，并保证短视频的完整性。同时，还要将产品和品牌信息完美地嵌入短视频中，且不影响用户对短视频的观看和理解。

（2）剧本设计。不管是哪一种类型的短视频，都应提前设计一个完整的剧本。有情节、有逻辑、有观看价值的短视频能够给用户留下深刻的印象。对人物、事物、对白、动作、情节、背景、音乐等元素进行设计，可以准确地向用户传达短视频的视觉效果和情感效果，引起用户的好感和共鸣，从而完成信息的传播和营销推广。

（3）角色选择。如果短视频需要通过角色来传达信息，那么角色的选择一定要符合短视频的内容定位，能够体现产品或品牌的特质，让短视频的内容与推广内容自然贴合。

（4）视频拍摄。短视频拍摄可以使用摄像机等专业的拍摄工具，也可以使用手机等移动智能设备，具体拍摄器材的选择需要根据短视频的性质而定。另外，在拍摄短视频时，要注意场景的选择，要以适应短视频内容为前提。

（5）剪辑制作。剪辑是指将拍摄的短视频整理成一个完整的故事，剪除多余影像，并进行声音和特效等后期制作。另外，在剪辑过程中，还需要考虑将产品和品牌的推广信息添加到短视频中，制作出符合用户需求的短视频。

2．短视频的发布

要实现短视频的传播价值，不仅需要短视频内容优质，还需要选择正确的发布平台和投放方式。发布短视频时通常选择流量多的视频平台，如抖音、快手、微信视频号等。如果想扩大短视频的宣传范围和影响范围，可以多平台投放。发布时还可以通过设置有吸引力的标题和封面，并添加话题标签等来提升短视频的传播效果。

提个醒

好的短视频封面能够有效吸引用户的注意，增加短视频的播放量。封面应该体现关键信息，让用户即使不点击播放短视频，依然能清晰地了解短视频的主要内容。另外，在发布短视频时，还应当注意发布时间，选择用户活跃的时间段进行发布，如工作日早上通勤时间（早上 8 点至 9 点）、下班后（晚上 8 点至 11 点），以及周末等。

6.4.4 短视频的营销策略和技巧

短视频在传播信息的同时实现经济效益，这是很多企业的根本诉求，而要实现这一目标，需要掌握短视频营销的相关策略和技巧。

1. 短视频的营销策略

企业通过短视频的有效传播，加强与用户的信息传播和沟通来实现营销目标，因此需要采取一定的营销策略来吸引用户，引导用户传播短视频。短视频的常用营销策略通常包括 3 点。

（1）连锁传播策略。传播渠道是短视频营销中非常重要的因素。采用单一的传播渠道往往无法取得良好的营销效果，此时就需要采用多渠道、多链接的形式，扩大短视频的影响范围。短视频的连锁传播策略主要包括两种方式。

① 纵向连锁传播。纵向连锁传播贯穿短视频的构思、制作、宣传、发布、传播等环节，精确抓住每个环节的传播节点，配合相应的渠道进行推广。例如，某品牌要制作一个推广短视频，制作初期可以透露内容热点、视频主角等信息进行宣传预热；制作阶段也可以剪辑一些片段发布，利用各种新媒体渠道进行宣传；视频上线后，进一步加大宣传的力度和广度，强化短视频营销的作用。

② 横向连锁传播。横向连锁传播贯穿整个纵向传播的过程，在每个环节进行横向延伸，选择更多、更热门、更合适的新媒体平台，并将新媒体社交平台和专业视频传播平台纳入横向连锁传播体系，扩大每个纵向环节的传播范围，让营销效果进一步延伸，从而实现立体化营销。

（2）创意策略。短视频中的创意可以有效吸引用户的关注并增加用户的兴趣，获得裂变式的传播效果。短视频的创意主要体现在内容和形式两个方面。

① 内容。短视频内容的创意可以体现为独特的故事情节（如出人意料的反转）、奇思妙想的场景设计（见图 6-19）、有态度的观点表达、奇特的道具（见图 6-20）、演

图 6-19 场景创意

图 6-20 道具创意

员的特色表演（如一人分饰不同年龄、性别、性格的角色）等。

② 形式。短视频的形式非常多元化，精彩的创意内容与恰当、新颖的短视频形式相搭配，才能获得更好的传播效果。例如，定位高品位、高质量的短视频内容可以搭配电影效果的表现形式，带给用户电影级别的视觉享受；定位幽默、点评的短视频内容则可以使用脱口秀的表现形式等，给用户以轻松欢乐的体验。

（3）互动体验策略。互动体验策略是指在短视频营销过程中，及时与用户保持互动和沟通，关注用户的体验，并根据用户需求提供更多的体验方式。短视频平台基本具有互动功能，包括用户评论、转发、分享和点赞等，可以让用户表达自己的意见。在设计短视频时要有意识地加入互动元素，如在开头向用户提问引发用户思考，在结尾号召用户留言参与话题讨论、让用户投票决定后续剧情走向等；还可以向用户征集翻拍视频，邀请用户模仿短视频角色中的动作、装扮、语气等进行拍摄，增加用户参与度。

2. 短视频的营销技巧

具体开展短视频营销的过程中，运营者还需要使用一系列技巧来吸引更多流量，提升短视频的营销效果。

（1）与他人合作推广。与他人合作推广是指寻找有影响力的短视频达人开展合作推广。例如，运营者让短视频达人在短视频标题中@自己的账号，点赞自己的短视频，与自己的短视频合拍，或在短视频中借助文字、口播等宣传自己的账号，从而吸引达人粉丝的关注。

提个醒

合拍是抖音等短视频平台的特色功能，在找到自己感兴趣的短视频后，可以自己拍摄短视频与其互动，如合唱、同跳一支舞等。在合拍短视频中，界面被分为两部分，一部分显示自行拍摄的视频，一部分是被合拍的视频，如图6-21所示。

图 6-21　合拍

（2）使用推广工具。短视频平台一般提供付费推广工具，如抖音的"DOU+"（见图 6-22）、快手的"小火苗"等。推广时可以设置推广计划，如提升播放量等，并支付一定的推广费用开启推广。

（3）发起挑战赛。运营者可以在短视频平台上发起某一挑战赛活动，借助平台和短视频达人的影响力，吸引更多用户自发创作相关短视频，进而引发大范围的传播。挑战赛活动具有较强的互动性、趣味性和参与性，并且挑战获胜者还会获得丰厚的奖品，因此能够激发用户的参与热情，容易使短视频获得较高的点赞量和播放量。例如，九阳官方旗舰店发起的"九阳太空厨房美食挑战"挑战赛（见图 6-23），凭借示例视频和规则描述引导用户在视频中通过口播或使用九阳电器的方式，来提高九阳品牌的曝光率。

（4）短视频中植入软广。这种方式通常不会直接针对产品或品牌进行介绍或展示，而是将产品或品牌植入短视频的某个场景，作为道具或剧情的一部分（主要是通过人物台词引出产品或品牌）。例如，短视频达人在记录自己做饭过程的短视频中，将某品牌搅蒜器作为道具进行植入，如图 6-24 所示。

图 6-22 "DOU+"

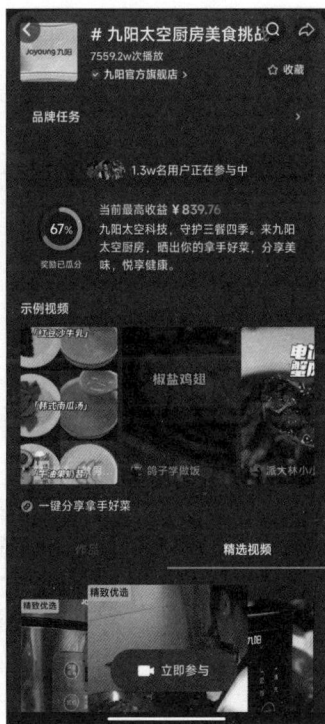

图 6-23 挑战赛

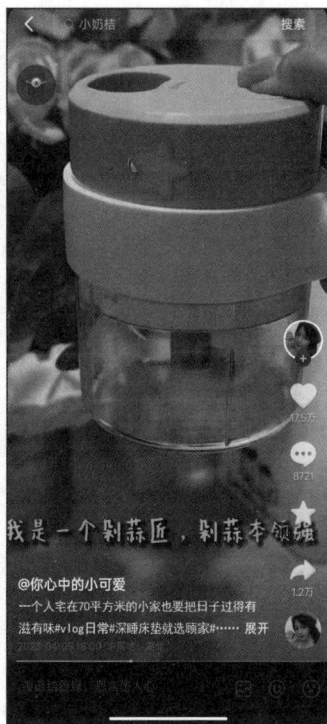

图 6-24 道具植入

6.4.5 短视频应用的典型案例

为了吸引用户眼球，各种富有新意、高品质的短视频大量出现，或助力新品销售，或吸引大量粉丝关注。下面介绍两个短视频应用的典型案例。

1. 创意短视频助力白象新品销售

白象携手抖音电商超级品牌日推出了新品——白象香菜面。为了推广新品，白象在线上联合多位短视频达人，从不同角度打造创意短视频，如"把香菜面拍成吃不起的样子"主题短片（见图 6-25）、"深夜香菜面真香吃播"等，展现新品的特色——含 5 根大香菜，加深用户对新品的印象。短视频发布后，话题"谁家泡面送一大把香菜啊"登上抖音热搜榜单，进一步引发用户关于香菜是否好吃的讨论。据统计，新品开售当天就卖出 20 万套，大量用户在线"蹲"白象香菜面。

2. 短视频达人山白靠"田园+工艺"短视频走红

在抖音上，一条名为"织麻为布，夏布"（见图 6-26）的短视频获得了几百万的点赞。该视频拍摄了麻布的制作过程，详细展示了收麻、刮麻、脱胶、分麻、挽麻团、织布等制作工序，让用户认识和了解麻布及其制作技艺，加深对传统文化的认识和理解。这类视频的拍摄难度大，需要耗费大量时间、精力。此外，短视频的背景音乐采用了大自然中的各种声音，配上充满诗意与意境的画面，可以给用户视觉和听觉上的享受。

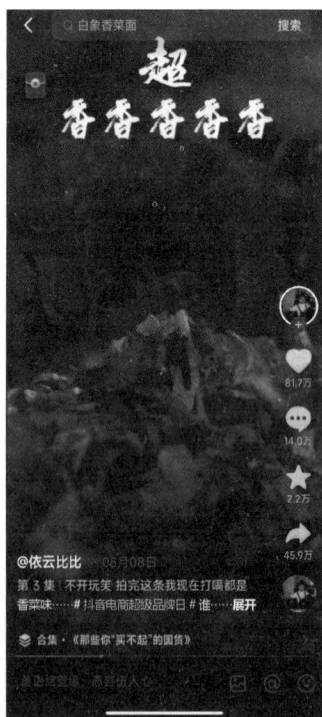

图 6-25　有关白象香菜面的短视频	图 6-26　"织麻为布，夏布"短视频

6.5　小红书

凭借大量高质量的内容和多样的主题，小红书逐渐成为广大用户的生活方式聚集地，部分用户会利用它来辅助购物决策、学习更多知识和技巧。

6.5.1　认识小红书

小红书创办于 2013 年，起初是一个海外购物交流社区，随后其内容不断丰富、规模不断扩大，逐渐成长为覆盖时尚、健康、旅行、美食等多个领域的内容平台。

1．小红书的特点

小红书之所以能从众多新媒体应用中脱颖而出，是因为小红书具有较多独特的特点。

（1）以内容创作为主导。小红书以内容为核心，用户可以创作和分享关于购物、生活、美妆、旅行等主题的短视频、图文等。小红书鼓励用户创作内容，对优质的原创内容会给予大量流量，因此也促进了平台的内容生产。

（2）注重分享。小红书十分注重用户体验，对直白的硬广有所限制。虽然引入了电商元素，但与其他的电商平台相比，小红书上的"种草"内容更多从商品本身出发，以普通用户的视角分享真实的商品使用体验，让用户对商品产生兴趣，而不是一味地要求用户下单。

（3）社区文化浓厚。小红书打造了一种共同兴趣和共鸣的社区文化，用户可以在特定主题（可以细化到各种小众的兴趣爱好，如骑行、养护绿植、手工等）下互动。因此，小红书形成了一个个网络社区，这样的氛围吸引着更多的用户前来分享。

（4）能带来长尾流量。小红书中的用户在寻找特定产品或主题时，通常会通过搜索或浏览来寻找相关内容。优质内容一旦被发布，会在小红书的搜索和推荐系统中积累权重，从而长期展示给用户，带来源源不断的流量。

2．小红书的用户

小红书的用户主要以"90 后"和"00 后"为主，其中以女性用户居多。用户大多数来自一、二线城市，拥有高学历、高收入。此外，小红书的用户还具有以下特点。

（1）品牌敏感。小红书的用户对时尚、美妆、健康等领域的品牌非常敏感，喜欢尝试新的产品和品牌，注重产品的质量和口碑。

（2）个性化。小红书的用户注重个性和独特性，他们喜欢分享自己的生活方式和购物心得，也喜欢通过内容创作来表达个性和观点。

（3）追求精致生活。小红书的用户热衷于追求精致的生活方式，包括时尚穿搭、美妆护肤、健康饮食和旅行体验等方面。

（4）探索欲强。小红书的用户对新知识和新趋势充满好奇，他们喜欢在平台上寻找有趣的内容和新的购物体验。

（5）乐于分享。小红书的用户喜欢与其他用户分享自己的日常生活、情感心得、产品使用体验等。

6.5.2　小红书的内容创作

小红书是一个重视视觉呈现的平台，精美的图片更能吸引用户，因此制作有吸引力的封面非常重要。此外，小红书的内容与"种草"密不可分，学会通过文案"种草"也很有必要。

1．制作有吸引力的封面

小红书主页采用卡片式的设计，即每条笔记都呈现为一张卡片。其中，封面所占的比例非常大，通常用户会先被封面吸引。

（1）选择合适的尺寸。小红书目前支持 3 种封面尺寸，包括 3∶4 的竖版、1∶1 的正方形与 4∶3 的横版。其中，1∶1 的正方形封面与 4∶3 的横版封面占据的版面小，容易被用户忽略，而 3∶4 的竖版封面不仅占据的版面大，能展现更多信息，而且更加符合手机用户的阅读场景与习惯，因此建议使用 3∶4 的竖版封面。

（2）突出重点。封面要能直接体现内容重点，最好让用户不需要看标题就能看明白，从而产生阅读兴趣。在封面上体现重点的主要方式是添加文字展示，如图 6-27 所示。

（3）对图片进行加工。除了添加文字外，还可以对图片进行加工，让图片更有吸引力。小红书封面常用的加工方式有双图对比、多图拼图，二者都是为了展现更多信息。双图对比适合需要强调过程和结果的内容，如化妆品的试用、修图教程的前后对比、装修前后的对比（见图 6-28）等；多图拼图适合用来展示某一系列的事物，如不同色号的口红、一周七天的美食等，或某项任务的操作步骤等。

图 6-27　封面添加文字

图 6-28　双图对比

2．通过文案"种草"

"种草"，是指向他人推荐某些事物以激发他们对这些事物的兴趣和喜爱。小红书的内容具有强大的"种草"属性，能够引导用户主动地喜欢某个事物，甚至带动网络时尚潮流，对营销推广效果十分显著。具体来说，通过文案进行有效"种草"可以参考以下写作思路。

（1）确定切入点。"种草"类文案的切入点包括产品外观或包装、产品使用体验、产品功能/功效、产品选购技巧等。其中，产品外观或包装可以采用开箱的形式，产品使用体验、功能/功效、选购技巧可以选择测评、试用反馈等形式。具体选择哪种切入点，要根据产品的特点、用户的需求等来确定。

（2）建立信任。"种草"类文案的关键是让用户信任，进而采纳购物建议。让用户产生信任感的方式有以下 3 种。

① 列举事实。在文案中客观地介绍产品的设计原理、性能，展示产品的相关数据、证书、报告等，可以获取用户信任。

② 利用名人背书。名人通常具有一定的号召力，如果有些产品是某些名人使用过的，就可以从名人使用过产品的角度切入来写作文案。

> **素养课堂**
>
> 若要利用名人为产品背书，所选名人的形象应当正面、健康，尽量选择对社会作出较大贡献的名人。

③ 打消用户顾虑。在文案中主动提出用户可能存在的顾虑，如关于质量、色差、操作便利性及售后等的顾虑，并提供详尽解答，可以打消用户顾虑。

（3）引导下单。在用户对商品建立信任感后，可以在文案中引导用户下单，如提供专属优惠券，以激发用户的购买欲望。

6.5.3 小红书的运营策略

小红书是一个重视内容和用户体验的平台，生硬的营销宣传在小红书上很难获得传播。要想得到小红书用户的认可，需要掌握以下策略。

1．提升账号权重

账号权重越高，平台分配的流量越多，内容的排名越靠前。小红书账号权重主要取决于内容原创度、内容垂直度、账号质量以及账号活跃度 4 个因素。

（1）内容原创度。在小红书上发布独特、有创意的内容可以提升账号的权重。平台会对内容原创度进行审核与检验，自动对比待发布内容与平台内已有内容的相似度，因此内容要尽量坚持原创，在遣词造句、配图等方面突出特色。

（2）内容垂直度。账号发布的内容应始终专注于某一特定领域，如健身、护肤、穿搭等，避免内容分散，以凸显专业性，这样才能提升账号权重。

（3）账号质量。小红书重视账号的质量，账号的质量包括账号的信誉、是否遵守平台规则、内容的数据（收藏量、点赞量、评论量）等。账号的质量表现在账号的整体表现和影响力上，会直接影响账号的权重。

（4）账号活跃度。小红书更青睐活跃的账号，这意味着账号要保持一定的发布频率，与用户互动，参与平台的活动。此外，账号还应多浏览其他用户的内容并点赞、留言，避免被平台认定为营销号。

提个醒

对于小红书新账号，不要直接发布带有营销信息的内容，这样容易被平台视为营销号而被降低权重。可以通过关注其他账号、浏览互动等操作来表明自身是正常账号，再精心准备并发布内容，这样才会获得更多的流量。

2. 达人合作与素人合作相结合

很多品牌除了开设小红书账号进行宣传外，也会与小红书上的达人和素人合作进行推广。两种合作方式相互补充，可以达到更好的效果。

① 达人合作。达人往往在某一领域具有较大影响力和一定的专业性，粉丝量大。在推广初期，可以在小红书上寻找与品牌定位相符的达人合作，让达人从专业角度进行推荐，帮助品牌或产品快速提升曝光度。

② 素人合作。素人是指知名度不高、粉丝相对不多的用户。与达人备受关注不同，素人通常代表的是普通用户。在小红书上，普通用户对产品的意见表达也容易得到其他用户的信任。因此在品牌或产品积累一定的热度后，可以与一批内容优质、粉丝量中等的素人合作（素人合作成本低，合作对象可以多一些），让素人从普通用户的角度分享产品的优点和使用体验，增加品牌或产品的曝光频次，并形成更多样、真实的声音。

3. 打造账号矩阵

在新媒体领域，矩阵是指一种多渠道分发内容的运营模式，账号矩阵可以简单理解为多个账号之间产生的相互作用，如运营者同时运营多个可相互引流的账号。在小红书中，账号矩阵有两种，分别是有主次之分的账号矩阵和同级别账号构成的矩阵。

（1）有主次之分的账号矩阵。这种账号矩阵通常包括核心账号和关联账号。核心账号通常是拥有大量粉丝和影响力的账号，关联账号则是与核心账号有关联关系的账号。通常情况下，核心账号和关联账号发布的内容有一定关联，但核心账号的内容水准更高，关联账号只起补充或锦上添花的作用。例如，核心账号发布某达人主演的剧情类短视频，关联账号发布拍摄花絮和达人的日常。这种矩阵的构建可以扩大核心账号的影响力，同时关联账号也能受益于核心账号的曝光和资源。

（2）同级别账号构成的矩阵。这种账号矩阵是指在平台上存在多个同级别的账号，它们之间没有明显的主次之分，但因为涵盖相似或相同的内容领域，形成了一种互相促进的关系。打造此类矩阵时可以在同一内容领域中选择不同的细分领域，分别作为各账号的定位，如美食领域的快手菜制作和小吃探店两个细分领域。

6.5.4　小红书应用的典型案例

小红书拥有良好的"种草"氛围、庞大的用户基础和精准的推荐算法，因而成为当前各大品牌非常重视的推广平台。很多品牌在小红书上的运营很成功，这里主要介绍完美日记和卫龙两个案例。

1. 完美日记与小红书达人和素人的合作

完美日记在小红书上拥有庞大的粉丝数量，远超很多同类品牌，这与完美日记的小红书运营策略有关。除了通过官方账号发布内容吸引关注外，完美日记会与小红书的达人和素人合作。例如，完美日记曾推出一款十二色动物眼影，很快就有多位拥有百万粉丝的达人发布相关产品分享。接着完美日记官方账号推出相关话题，同时邀请多位粉丝量在 5 万～50 万的达人分享产品测评、妆容效果等内容。此后，完美日记又邀请了大量粉丝量在 300～5000 的素人发布产品反馈，以塑造产品的良好口碑。可以看出，完美日记并非只与知名达人合作，而是广泛地与粉丝量中等的达人以及粉丝量较少的素人合作，营造出很多人都在用完美日记产品的景象。

2. 卫龙的小红书运营策略

卫龙在小红书上有 3 个官方账号，分别是卫龙、卫龙辣条、卫龙魔芋爽，其中卫龙是主账号，其他两个是介绍自家特色产品的子账号。3 个账号人设鲜明（分别是"龙哥""辣弟""爽妹"），不像很多官方账号那样严肃，发布的内容比较轻松、幽默，更贴近年轻人的喜好，如发起无厘头的互动游戏（见图 6-29），加入小红书热梗等。卫龙作为主账号，粉丝众多，其会为子账号卫龙魔芋爽引流，帮助卫龙魔芋爽增加粉丝。

此外，卫龙还经常与各大品牌官方账号在评论区互动（见图 6-30），让账号变得充满人情味，因此赢得了很多用户的好感。

图 6-29　互动游戏

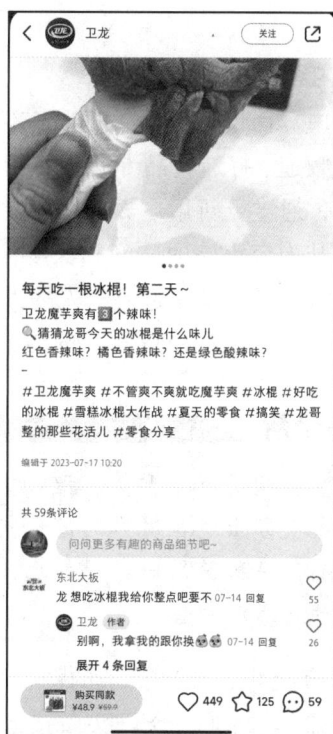

图 6-30　与其他品牌账号互动

6.6　今日头条

伴随着信息个性化推荐机制的出现和应用，新媒体信息的传播渠道明显拓宽，能够更好地解决信息过载与同质化的问题。其中，非常值得介绍的一种新媒体应用形式就是今日头条。

6.6.1　今日头条的内容机制

今日头条能在短时间内分析出用户对内容的兴趣点和需求点，建立用户信息数据库并进行分析，将用户想要了解的新闻资讯推送到用户面前。下面分别从内容生产、内容呈现和内容分发 3 个方面介绍今日头条的内容机制。

1．内容生产

在内容生产层面，合作良好的传统媒体和政府机构不断提供新闻资讯，不同属性的内容生产者在今日头条上不断创作，二者共同构成今日头条重要的内容信息来源。上百个垂直领域确保了今日头条内容的丰富性，优质内容鼓励策略和超 10 万的优质垂直类内容创作者确保了今日头条内容的"含金量"。此外，通过对接外部视频产品矩阵（抖音、西瓜视频等），今日头条内容得到了更大的扩展。在准确定位的基础上，今日头条确立了以用户为主导的生产体系，始终积极探索用户兴趣，满足用户的内容需求。

2．内容呈现

在用户界面设计上，今日头条不仅基于用户兴趣提供个性化的信息流呈现，还通过构建垂直频道、打造精品专题内容提供整合式呈现。今日头条通过提升消重技术来减少重复推荐，通过更新用户界面来优化阅读体验，使用户体验不断提升。此外，今日头条还不断提升内容审核的广度和深度，一方面持续优化风险内容识别技术和泛低质内容识别技术，另一方面建立起数千人的人工审核编辑团队，构建人工与算法相结合的内容审核制度，确保呈现在用户面前的内容的质量。

提个醒

消重，就是消除重复，指对重复、相似、相关的文章进行分类和比对，使其不会同时或重复出现在用户的信息流中。今日头条在面对相似内容时，会优先推荐原创、权威、有价值的内容。因此，为避免被消重，今日头条上的账号应尽量坚持原创，提升内容质量。

在内容板块，今日头条的图文内容包括文章、微头条、图片（见图 6-31）、问答（见图 6-32）。此外，今日头条接入了抖音和西瓜视频，因而拥有丰富的短视频和直播内容。

图 6-31 图片

图 6-32 问答

3. 内容分发

今日头条的内容分发机制十分有特色，具体体现在以下方面。

（1）个性化推荐。

基于数据分析的推荐引擎技术，今日头条能实现根据用户兴趣来进行个性化推荐，具体包括以下环节。

① 今日头条根据用户基本信息、行为数据等维度的信息提炼有关用户兴趣、特点、位置等方面的特征，为用户打上标签，如美食爱好者、"00 后"、一线城市等。

② 今日头条通过提炼关键词等方式提炼内容特征，为内容打上标签，如美食、旅游等。

③ 将用户的标签与内容的标签进行匹配，找出与用户标签匹配度高的内容，将内容推荐给用户。

（2）分批次推荐。

在今日头条上，一篇文章发表后，会经历内容审核、冷启动、正常推荐、复审 4 个推荐环节，如图 6-33 所示。

文章在首次推荐后，如果点击率较低，系统会认为该文章不适合推荐给更多用户，会减少二次推荐的推荐量；如果首次推荐后点击率高，系统则认为文章受用户喜欢，将进一步增加推荐量。以此类推，文章新一次的推荐量以上一次推荐的点击率为依据。此外，文章过了时效期后，推荐量将明显衰减，时效期节点通常为 24 小时、72 小时和一周。

例如，一篇文章首次推荐给了 1000 个用户，如果这批用户的点击率较高，系统判定用户很喜欢这篇文章，会将文章推荐给 10000 个用户。如果第二轮推荐后用户的点击率仍然维持在较高水平，那么系统会将文章推荐给 30000 个用户、50000 个用户、100000 个用户……推荐量和阅读量便如滚雪球般不断扩大。直到文章过了 24 小时的时效期，新一轮推荐的推荐量才会逐渐衰减。

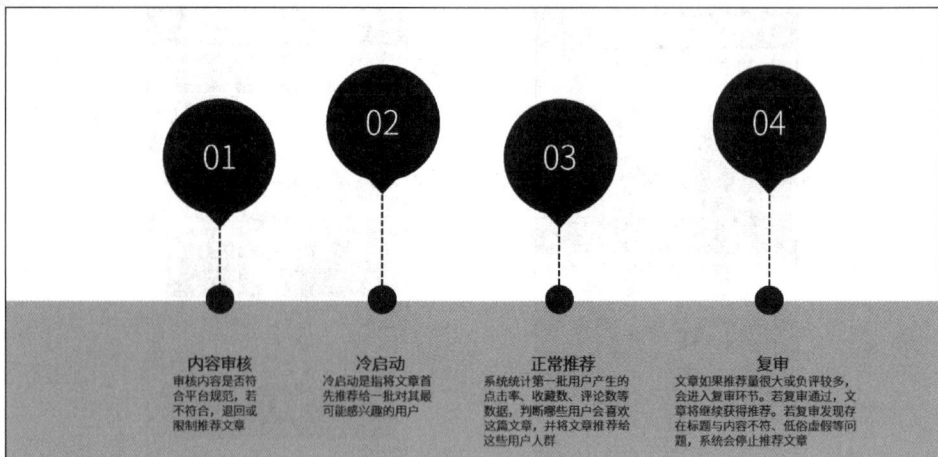

图 6-33　今日头条的推荐环节

（3）特殊的数据处理策略。

为了更好地进行个性化推荐，今日头条还采用了过滤噪声、惩罚热点、时间衰减、惩罚展现等数据处理策略，不断提升内容分发的精细程度和匹配程度。

① 过滤噪声。过滤停留时间短的点击行为，打击"标题党"（使用夸张、引人注目、低俗的标题来吸引用户点击的行为）。

② 惩罚热点。对用户在一些热门文章上的动作做降权处理。该策略的目的在于平衡用户的互动行为，鼓励用户更多地阅读其他类型的内容，减少热门文章对其他内容的过度影响。

③ 时间衰减。用户兴趣会发生转移，因此策略更偏向新的用户行为。因此，随着用户动作的增加，老动作的特征权重会随时间衰减，新动作获取的特征权重会更大。

④ 惩罚展现。如果一篇推荐给用户的文章没有被点击，相关特征（类别、关键词、来源）权重会被降低。

6.6.2　今日头条的变现方式

在今日头条，内容创作者拥有多种多样的变现方式，包括广告变现、内容带货、内容付费、用户赞赏、平台补贴和问答奖励等。内容创作者可以选择适合自己的变现方式创收。

1．广告变现

广告收入是大多数今日头条账号的主要变现方式。通常今日头条文章末尾会有一个广告位，用于放置广告。广告的内容可以由平台进行智能匹配，也可以由内容创作者自行上传。广告所植入的文章的阅读量越高，广告收入就越多。

2．内容带货

内容带货是指内容创作者在创作内容时，加入特定产品的介绍和购买链接，用户在阅读内容时，若对内容创作者推广的产品感兴趣，可直接点击产品链接进行购买。

今日头条中的内容带货主要有两种形态。一种是内容创作者没有店铺与产品，通过在内容中添加其他店铺的产品链接实现带货，从而获得佣金收益。另一种是内容创作者拥有自己的网店——头条小店，通过在内容中添加自己的产品实现带货。

提个醒

头条小店是今日头条推出的电商功能。内容创作者注册开通头条小店后，其个人账号主页会新增头条小店的入口（即"店铺"栏目）。用户在"店铺"栏目中点击产品链接，可直接打开产品购买页。

3．内容付费

在今日头条，内容创作者可以将部分内容设定为付费阅读来获得收入。这种变现方式包括付费专栏和原创连载两种形式。

（1）付费专栏。付费专栏是用户需要付费才能阅读的栏目。今日头条中的付费专栏具有门槛低、不设限、不抽成等特点，可以为优秀的内容创作者提供公平、开放的环境和增加收入的机会，以进一步提高其内容创作的积极性。

（2）原创连载。原创连载是今日头条为擅于写故事、小说等长篇内容的内容创作者提供的内容创作工具及变现途径。内容创作者发布连载作品后，免费章节可获得广告分成的收入，付费章节可获得用户订阅的收入。连载作品将被精准推荐给喜欢阅读长篇作品的用户，内容创作者可沉淀一批忠实粉丝。如果连载作品质量较高，内容创作者还有机会与平台签约，收入将显著提升。

4．用户赞赏

赞赏功能是今日头条帮助内容创作者创收的工具之一。简单来讲，赞赏功能的变现方式就是用户阅读内容后，如果认为内容对自己有价值，就可以对内容进行付费赞赏，作为对内容的肯定和对内容创作者的鼓励。

5．平台补贴

平台补贴是指今日头条为支持内容创作者生产各种优质且原创的信息内容，而提供的经济上的支持，保证内容创作者有稳定的经济收入。

6．问答奖励

内容创作者可以回答其他用户的问题，答案产生的红包就可以成为收入来源之一。该变现方式只能通过长时间输出高质量的原创答案来证明账号的专业性，并在符合平台标准的情况下自动打开收入功能。

6.6.3　今日头条应用的典型案例

作为内容平台，今日头条的一大特色就是为内容创作者提供丰富的变现机会。下面分别介绍通过内容带货和内容付费实现变现的案例。

1．农家女孩通过短视频为农产品带货

秋子是一名侗族姑娘，她的家乡风景优美、物产丰富。为了分享家乡的特色美食、

自然风光和民俗风情，秋子和哥哥在今日头条开设了账号——乡野丫头。秋子凭借优质的短视频内容吸引大量粉丝后，还在今日头条中开设了头条小店，出售腊肉、剁椒、腌酸肉等土特产，不仅获得了充足的收入，还带动了家乡农产品的销售。

2．舞马长枪依靠付费内容变现

舞马长枪是一名作家，其入驻今日头条后，凭借发布高质量的微头条、问答内容吸引了很多粉丝。随后，他还开通了付费阅读，有连载小说、单篇付费文章和系列付费课程。这些内容都与小说、文学赏析、文学创作相关，被今日头条利用算法精准推荐给爱好文学的用户，因而取得了不错的收益。

实践训练——为品牌制订平台运营策略

【实践背景】

当前，很多品牌积极在各大新媒体平台开设并运营账号。悦动心是一个新兴运动品牌，致力于为用户提供平价的运动用品。该品牌现打算在微信、微博、抖音、小红书中开展运营，期望增加品牌或产品的曝光度、树立良好的品牌形象、拉近品牌与用户的距离。

【实践目标】

熟悉各大新媒体平台及其特点，能够制订有针对性的运营策略。

【实践步骤】

不同的新媒体平台有不同的特点，运营者利用不同的新媒体平台可以达到不同的运营目标。运营者需要制订不同的运营策略，具体操作步骤如下。

（1）制订微信运营策略。悦动心打算开设微信公众号、小程序、个人微信。

① 微信公众号类型选择订阅号，以定期向粉丝推送品牌相关信息，包括新品信息、品牌最新动态、促销活动信息、招聘信息等。

② 小程序则通过微信公众号菜单选项与微信公众号打通，主要销售品牌产品，并提供会员签到、积分兑换等服务。

③ 安排员工注册个人微信，添加微信好友，在朋友圈发布各种品牌动态，并组建微信粉丝群，在群中与粉丝互动，为粉丝发布专属福利等。

（2）制订微博运营策略。微博的互动性强，悦动心可以将微博账号的主要作用定位为维护粉丝。当然，这涉及增加粉丝与维护粉丝两个方面。

① 增加粉丝。增加粉丝的方式包括通过外部平台增加粉丝（如通过微信引流）、发起"关注+转发"活动增加粉丝、发布有价值内容增加粉丝等（见图 6-34）。

图 6-34　发布有价值内容增加粉丝

② 维护粉丝。维护粉丝的方法主要是与粉丝互动，包括回复粉丝评论、点赞/转发粉丝微博、发起话题讨论（见图 6-35）、发起投票等。

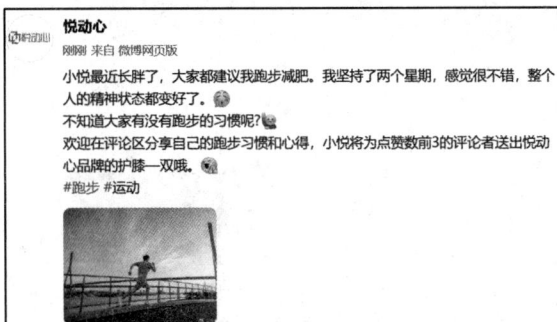

图 6-35　发起话题讨论

（3）制订抖音运营策略。抖音是一个短视频与直播并重的平台，悦动心可以精心制作短视频在抖音上发布，短视频的内容以运动科普知识、健身教学等实用知识为主，以吸引运动爱好者，并适当在短视频中植入品牌广告。此外，在抖音账号积累一定数量的粉丝后，悦动心可以开设直播，邀请专业健身教练在直播间进行现场教学，并为品牌产品带货。同时，悦动心还准备将短视频运营和直播运营结合起来，发布短视频为直播预热、将直播内容剪辑成精彩片段进行传播等。

（4）制订小红书运营策略。悦动心可以在小红书中发布"种草"类文案，以日常分享的口吻来介绍商品，同时设计精美的封面图来吸引用户的眼球。此外，悦动心还可以与小红书中的达人、素人合作，其中，选择形象健康、粉丝量较多的运动达人，合作形式是达人发布"种草"类文案，并植入品牌广告；素人合作以量取胜，选择一批信誉较好、账号内容质量较高的素人，以日常分享的方式宣传品牌产品，增加产品的曝光度。

课后思考

（1）简述个人微信和微信公众号的不同。
（2）分别选择一个服务号和订阅号，列出其功能和作用。
（3）你有哪些常用的小程序？说说小程序有哪些优势。
（4）举例说明微博粉丝的获取和维护方法。
（5）某绿植商家要拍摄短视频推广绿植，应如何确定内容定位？
（6）观看多场网络直播，说说网络直播有什么特点。
（7）浏览小红书，说说小红书平台及其内容有什么特点。
（8）品牌与小红书达人/素人合作的常见策略是怎样的？
（9）今日头条的变现方式有哪些？

第 7 章

新媒体运营

【知识目标】

- 了解新媒体运营的基础知识。
- 熟悉新媒体的内容运营、用户运营、产品运营、活动运营、融合运营。

【能力目标】

- 能够制订新媒体运营策略。

【素养目标】

- 提高职业道德素养,不靠骚扰用户的广告获利。
- 培养利用新媒体平台传递主流价值的意识。

Keep 作为当前主流的健身 App，从 2015 年上线以来已积累大量活跃用户，包括上班族、学生等人群。这要归功于 Keep 开展的用户运营。

新用户注册后，Keep 会引导用户填写个人资料，包括出生日期、体重、运动目标等，然后根据资料向用户推荐锻炼计划与课程，吸引用户尝试使用 Keep 进行锻炼。

就用户促活、留存而言，Keep 根据用户的个人信息、过往运动数据和偏好，智能化地推荐适合用户长期练习的课程；建立社区功能，用户可以在社区中分享运动成果、经验和心得，并与其他用户互动；引入胸章激励系统，用户在完成特定任务或达到一定成就时可以获得虚拟胸章；定期推出各种健身挑战活动，如 30 天减脂挑战、21 天瑜伽挑战等，鼓励用户参与并坚持锻炼。这些措施都能鼓励用户长期使用 Keep，从而提升用户的活跃度和留存率。

就变现而言，Keep 推出了会员制度，用户成为会员后可以享受专属权益，如定制的健身计划、高级课程、优惠券、饮食分析等。此外，Keep 还提供了一些高级的付费直播课程，用户可以单独购买。在商城模块中，Keep 则销售一些实体产品，如健身食品、健身装备、智能硬件等。

用户运营只是新媒体运营的一个板块，其他还包括内容运营、产品运营和活动运营。此外，新媒体融合运营正在成为一股新的趋势。

新媒体运营的常用思维　新媒体运营的具体内容　新媒体融合运营

7.1　了解新媒体运营

新媒体运营是指通过微信、微博等新媒体平台进行产品或品牌的宣传、推广和营销，向用户广泛或精准地推送消息，提高用户参与度和品牌知名度，从而达到相应营销目的的运营活动。随着新媒体行业的蓬勃发展，越来越多的企业开始在新媒体平台上开展运营，新媒体运营也越来越重要。

7.1.1　新媒体运营的具体工作

新媒体运营工作远不止创作和发布几篇微信、微博文案那么简单，还需要进行营销策划、提升流量、吸引用户、筹备活动等相关操作，这些也就构成了新媒体运营的主要工作内容，包括用户、产品、内容和活动 4 个方面的运营。

1. 用户运营

用户运营是新媒体运营的核心和关键。在日常活动中，研发产品、策划活动等，都需要围绕用户展开。对于运营者，用户日常管理、吸引新用户关注、减少老用户流失、激活沉寂用户等都是非常重要的工作。

2．产品运营

产品运营是新媒体运营的基础。在新媒体运营的过程中，账号、平台、活动等都可以看作是企业的产品，运营者需要准确识别产品并针对不同产品开展差异化的运营。另外，还应当能够清晰判断产品的生命周期，及时调整运营策略。

3．内容运营

内容运营是新媒体运营的纽带，连接企业的产品和用户。新媒体时代"内容为王"，新媒体的内容运营包括内容定位、创作、发布、扩散、优化等工作。

4．活动运营

活动运营是新媒体运营的手段。运营者需要关注新媒体活动的策划与执行，即在开展活动前进行详细的活动策划，明确活动的目的、形式等，执行活动时进行活动的控制与监督等，活动结束后进行活动的跟进与复盘等。

7.1.2　新媒体运营的常用思维

在新媒体信息的传播过程中，信息的生产者、接收者和传播者都与传统媒体有很大的差别，从而导致新媒体运营活动的分析框架相对于传统媒体运营活动的分析框架存在较大差异。在新媒体技术的支持下，运营者必须具备一些运营思维方式，才能适应不断变化的营销环境，从而打开新的营销通道和市场，为营销对象创造价值。新媒体运营常用的思维方式包括平台思维、用户思维、品牌思维和数据思维。

1．平台思维

平台思维是如今主流的一种新媒体运营思维方式。用户通过新媒体平台接收和传播信息，并参与信息内容的创作，这就要求进行新媒体运营的企业或品牌要善于利用新媒体平台与用户沟通和交流，再通过新媒体平台实现市场营销推广。运营者一旦具有平台思维，就可以帮助企业重塑与用户之间的沟通关系，升级组织管理和商业运作模式，改变生产、销售和营销的整个形态。

运用平台思维进行新媒体运营工作可以帮助企业轻松实现运营推广的目标。通过新媒体的信息内容传播，企业可以实现产品与用户的直接连接，促进品牌和产品在用户社交范围内的传播，实现品牌和产品的裂变式推广。例如，上海表、荣宝斋、南方黑芝麻等国货品牌与小红书一起发起了"老品牌焕新"活动，通过发布风格活泼、贴合小红书用户喜好的内容，成功地吸引了年轻用户的关注。

2．用户思维

用户思维是指在新媒体运营中，将用户放在核心位置，将用户需求、习惯、反馈和体验作为主要考量因素，以满足用户的期望和提升用户体验为目标的一种思维方式。用户思维强调从用户的角度出发，全面理解用户需求，为用户提供有价值的内容、功能和服务，以提升用户满意度和忠诚度。

3．品牌思维

品牌思维是指在运营新媒体时，将品牌作为核心，注重打造品牌形象、提升品牌认知度和用户忠诚度。品牌是企业的无形资产，也是产品的附加价值，很多企业在进行运营和营销推广时，选择的营销渠道、营销价格和促销模式等，都建立在品牌影响力的基础上。所以，在新媒体运营过程中，无论是进行信息内容创作还是信息内容传播，以及运营和营销推广，都需要具备足够的品牌思维。

4．数据思维

在新媒体运营中，数据思维强调通过利用数据和数据分析来指导决策和优化运营。数据思维在新媒体运营的各个方面都有具体的应用和体现。

（1）用户分析。通过数据分析，了解用户的喜好、行为、价值观等，以建立用户画像，制订精准的营销策略，提升用户口碑和满意度。

（2）内容优化。通过数据分析，了解内容的阅读量、点赞量、评论量等数据，确定更受用户欢迎的内容，从而优化内容创作，提高内容质量和传播效果。

（3）渠道选择。通过数据分析，了解不同渠道的用户质量、流量转化率等数据，选择更合适的渠道进行推广，并提高渠道质量和增强渠道效果。

（4）营销策略优化。通过数据分析，了解营销活动的效果，发现营销存在的问题，优化营销策略和运营效率，增强营销效果。

（5）用户体验改进。通过数据分析，识别并改进网站或应用的问题，提高页面加载速度、降低跳出率等，提高用户满意度。

7.1.3　新媒体运营的能力构成

要开展新媒体运营工作，运营者除了具备基本信息内容编辑能力，还需要掌握一些运营专业能力。

1．基本信息内容编辑能力

新媒体运营的基本信息内容编辑能力主要包括文字功底和写作能力、设计和策划能力、营销能力、数据分析能力和多媒体剪辑能力等。

2．运营专业能力

运营专业能力是运营者非常重要的工作技能，主要包括 4 点。

（1）用户需求洞察能力。用户需求洞察能力是指运营者能够在信息传播的细节中敏锐地洞察用户的需求、心理状态和兴趣点等，并能够创作出有针对性的新媒体运营信息内容，能够引发信息内容爆炸式传播。

（2）渠道整合能力。运营者想要实现运营效果最大化，就需要不断整合内外渠道。例如，整合内部的线下门店、户外广告、线上账号等，与外部的合作公司、行业网站、热门自媒体等。

（3）项目管理能力。新媒体运营过程中，每个项目通常会涉及多部门合作及资源整合，项目的推进需要计划、沟通、协作、执行和反馈等步骤，因此运营者需要具备一定的项目管理能力。

（4）人际沟通能力。运营者在新媒体信息内容传播中起到桥梁的作用，那么对内对外的人际沟通能力是必不可少的。

7.1.4 新媒体运营的工作流程

新媒体运营包含新媒体和运营两方面的工作。针对新媒体的工作内容主要是利用微博和微信等新媒体平台为产品、品牌和企业引流；运营的工作内容是和用户接触，和用户开展互动。一个完整的新媒体运营工作流程应该包括初期筹备、制订目标、内容创作、执行反馈4个环节。

1. 初期筹备

开展新媒体运营活动的前提是产品或服务能够解决用户问题，或者满足用户需求。这就需要运营者在前期做好筹备工作，保证后续运营工作中能精准地找到目标用户，并采取合适的手段与用户建立联系。初期筹备也是新媒体运营的基础工作，如果缺少这项基础工作，后续的运营工作将变得毫无意义。初期筹备工作主要包括4项。

（1）用户画像。用户画像是指通过调研、访谈等手段将目标用户的年龄、性别、兴趣、生活和浏览习惯等信息抽象成标签化的模型，构建目标用户画像，分析用户的需求。

（2）产品分析。产品分析是对已有产品的市场表现、用户反馈、竞争对手等各种因素进行系统分析和评估，以了解产品的优势和不足，并提出改进方案。结合用户画像的结果对产品进行系列优化，可以更好地满足不同用户的需求。

（3）竞品分析。竞品分析是指收集竞品信息，分析竞品的营销模式、存在的问题等，以便有针对性地制订自身产品的运营策略。

（4）运营策划。运营策划是指运营者在开展具体工作前进行营销的目的分析、方式确认和创意讨论。

2. 制订目标

制订目标是新媒体运营工作的第2个环节，主要工作是制订运营目标并制订相应的计划。

（1）制订目标。任何岗位的工作通常都需要制订目标，新媒体运营工作的最终目标是把潜在用户转化为付费用户，实现用户转化和经济收益。根据新媒体运营工作在信息内容传播中的表现，可以将目标量化成信息内容的阅读量、用户数量的增长量、用户的活跃度和购买产品的用户的转化率等具体数据的目标。

（2）制订计划。制订计划就是把运营目标中的某项指标，拆解为每月的工作安排、每周的工作安排，甚至是每天的工作安排。

3. 内容创作

创作信息内容通常被看作是新媒体运营的主要工作内容，信息内容创作环节也是新媒体运营工作流程中占据时间比例最大的环节。

（1）内容选题。内容选题的目的是让相关的信息内容能够更好地吸引用户。

（2）内容呈现。内容呈现就是创作不同形式信息内容的过程。信息内容的形式包括文字、图片和音视频等。

（3）内容投放。内容投放就是信息的发布和传播，根据目标用户画像，选择合适的新媒体渠道和平台进行推广。运营者需要了解所选平台的推广特性，掌握推广账号的后台管理机制。

4．执行反馈

执行反馈的过程其实就是收集和分析用户数据的过程。执行反馈的目的是进一步优化内容定位和渠道选择，以更好地实现新媒体运营的目标。

（1）优化内容定位。新媒体运营需要根据反馈的数据，分析出目标用户对哪些选题和选题的哪些信息内容最感兴趣（阅读量），以及目标用户的阅读习惯（查阅时间），然后根据分析结果为后续的运营提供更精准的信息内容定位和推送时间。

（2）优化渠道选择。新媒体平台类型多样，运营者很难将信息内容推广到所有新媒体平台，这就需要通过反馈的数据筛选出推广效果较好的平台，有重点地进行信息内容的传播。

7.2 新媒体内容运营

在以信息内容创作和传播为主要工作的新媒体运营中，信息内容是运营的对象之一，所以，内容运营就成为新媒体运营的主要模式之一。内容运营是指基于营销的信息内容进行策划、编辑、发布、优化等一系列与信息内容相关的工作。下面重点介绍内容运营的功能与核心环节。

7.2.1 内容运营的功能

内容运营对新媒体运营的整体效果起着至关重要的作用，主要表现为3个方面。

1．提升营销的效果

新媒体运营的终极目标是实现经济效益，使普通用户转化为付费用户，也就是实现转化。优质的内容运营能带来更多的用户流量和更高的转化率。

2．提升知名度

新媒体运营的另一个目标是提升产品或品牌的知名度，用户可以通过新媒体传播内容了解产品或品牌。信息内容如果质量优良、推荐精准，能够在多个新媒体平台中传播，就可以让更多的用户接触到产品或品牌。

3．提升用户参与感

运营者需要与用户进行持续性互动。创作和传播具有创新性和话题性的内容，可以引导用户参与互动，提升用户的参与感。

7.2.2 内容运营的核心环节

新媒体的内容运营通常包括6个核心环节，完成这6个环节，可以保证内容运营的完整，并实现内容运营的目标。

1．内容定位

内容定位是指确定内容的创作方向，找准内容定位可以让后续的内容运营工作事半功倍。具体来说，运营者可以根据目标用户确定内容定位，包括内容领域和内容风格两方面。

（1）内容领域。内容领域就是内容创作的范围。常见的内容领域有影视、情感、生活、养生、美食、宠物、旅游、科技、财经等，每个领域下又可以划分出很多细分领域，如运动健身领域下可以细分出瑜伽、骑行、球类等多个子领域。运营者可以对目标用户可能感兴趣的内容进行梳理，从大领域到细分领域，一步步确定合适的内容领域。

（2）内容风格。有独特风格的内容更容易加深用户的印象，提升用户对账号的喜爱度。不同的用户对内容风格会有不同的偏好，如年轻用户喜欢活泼有趣风格的内容，而中老年用户则更偏好稳重含蓄风格的内容。所以，运营者需要根据用户画像的结果找到目标用户可能喜欢的内容风格。

2．内容策划

内容定位是宏观上的把控，而内容策划针对的是更具体的内容输出。在此环节需要完成的任务包括明确内容创作目的、确定发布平台和内容形式、确定内容大纲、规划内容制作周期、安排内容制作分工，具体内容在第4章中已做介绍。

3．内容编辑

内容编辑主要是内容的具体创作和编辑，包括以下3个方面。

（1）形式创意。运营者需根据产品或品牌的特性、用户习惯、渠道特点和竞品内容等设计别具匠心的表现形式，向用户展示信息内容。

（2）素材整理。运营者需要进行素材的收集与整理，素材包括产品资料、活动资料、过往数据、案例、故事、热点等。

（3）内容创作。运营者需根据上述步骤的执行结果，进行文字、图片和音视频等内容的创作。

4．内容优化

为保证内容质量，运营者在完成内容编辑后，不要急于发布，还应该进行内容优化。内容优化包括以下两方面。

（1）内容检查修正。在完成内容编辑后，运营者应该仔细地检查内容，确保内容的准确性、一致性、清晰度和语言表达的质量。这包括查验文字的拼写、语法、标点符号等错误，确认事实陈述的准确性，确保信息的一致性，以及验证链接、图片、视频等媒体元素的正常运行。内容检查的目的是消除错误和问题，提升内容的专业度和可读性。

（2）内容反馈测试。运营者可以将内容分享给同事或信任的用户，收集他们的意见和反馈，如关于内容质量、信息准确性、表达方式和阅读体验等方面的宝贵建议。通过内容反馈测试，运营者可以发现潜在的问题、瑕疵和改进空间，以便于及时修正和优化内容，确保发布的内容在用户中产生积极的效果。

5．内容投放与传播

内容投放与传播是指在新媒体平台上将精心制作的内容展示给目标用户的过程。优质的内容本身就具有吸引力，运营者可以通过将内容置顶、付费推广、与他人合作推广等方式将内容传递给用户，以提高内容的曝光率、吸引用户的注意力。

此外，运营者还可以刺激用户分享信息内容，通过设计传播模式及便于传播的内容，引导用户将信息内容分享和转发到朋友圈、微信群，或更多的新媒体平台中，让信息内容获得更多用户的关注。

6．内容运营效果分析

完成内容投放与传播后，运营者可以通过分析新媒体平台中信息内容的阅读量、转发量和点赞量等，分析内容运营的总体效果，并总结实施过程中出现的问题及收获的经验。

7.3 新媒体用户运营

新媒体运营的很多工作都是围绕用户展开的，如内容创作、活动策划、社群运营等。很多运营工作的最终成效也是以用户数量的增长、用户的转化等与用户相关的指标来衡量的。因此，新媒体运营可以说是一种面向用户的运营活动，要想将产品和品牌的营销推广做得更好，需要格外关注用户运营。用户运营以用户为中心，通过搭建用户体系、针对目标用户开发需求产品、策划内容与活动，同时严格控制实施过程与结果，最终达到甚至超出用户预期，进而帮助企业实现新媒体运营目标。

7.3.1 用户运营的核心环节

对用户运营而言，需要做的工作无非是先获取足够数量的用户，然后通过持续的运营工作留住有价值的用户，提升其活跃度，并从这些用户身上获取收益。总的来说，用户运营的核心环节可以归纳为拉新、留存、促活和转化。

1．拉新

拉新，就是吸引新用户。对于不同的运营主体，用户拉新对应不同的指标，如新增注册用户数、粉丝增长数、个人微信新加好友数等。拉新是留存、促活和转化工作的基础。运营者要想实现变现、扩大影响力等目标，需要一定的用户量作为基础。拉新常用的策略和方法有以下几种。

（1）以老带新。通过一定的奖励引导老用户带来新用户，如图7-1所示。

（2）线下推广。在线下摆摊（见图7-2）、办活动、参加展会等。

（3）付费推广。在各类新媒体平台上投放广告，如开屏广告（见图7-3）、信息流广告等，以获得更多流量。

（4）开展优惠活动。提供新用户专属的福利，包括优惠券（见图7-4）、赠品或其他优惠等。

（5）内容营销。创作有吸引力的内容，如短视频、图文等，吸引目标用户关注。

（6）社群互动。加入相关的社群中，与群成员互动，吸引新用户加入。

图 7-1　以老带新

图 7-2　线下摆摊推广

图 7-3　开屏广告

图 7-4　优惠券

2．留存

留存是指通过后台分析用户数据，以策划活动、增加功能或发放福利等形式留住用户，其目的是提升用户留存率。用户留存率反映的是初期的不稳定的用户转化为活跃用户、稳定用户或忠诚用户的概率。以平台运营为例，用户留存率的计算公式如下。

用户留存率=新增用户中登录用户数/新增用户数×100%

其中，各部分的含义如下。

（1）登录用户数。注册平台后至当前时间，至少登录过一次的用户数。

（2）新增用户数。在某个时间段（一般为一整天）新注册平台的用户数。

例如，某平台在 3 月 1 日有 1000 名新用户注册，而在接下来的一个月内，有 200 名用户登录过该平台。那么该平台的月留存率=（200/1000）×100%=20%。

要提高用户留存率，首先需要根据实际情况定义流失用户（如注册后 3 周内没有登录的用户）；然后分析已经流失的用户数据和行为，找到用户流失的临界点指标，并建立相应的流失预警机制，提出解决预案；最后分析流失用户的核心价值诉求，有针对性地采取措施挽回一定数量的用户，如推送福利（如优惠券、免费会员权益等）领取消息、推送有吸引力的内容、强调社交价值（如强调多位好友都在使用某平台）等。

3. 促活

促活是指提升用户活跃度，增加活跃用户在总用户数中的占比。对于用户是否活跃，不同运营主体的判断依据不同，如 App 的判断依据可能是日活、月活，而微信公众号的判断依据可能是用户点进账号主页的频率，通常需根据实际情况和行业状况判断。

促活常用的方法有以下几种。

（1）建立成长激励体系。成长激励体系是指引导用户做出特定动作的一系列激励或约束规则。例如，完成规定任务可获得一定的积分，积分积累到一定程度就能升级，不同的等级对应不同的权益，这样就能激励用户登录。

（2）利用名人效应。利用各领域专家、名人的影响力等带动不活跃的用户，如向用户推送消息"××（某名人）在平台上发布了动态，赶紧点击查看"。

（3）线上线下活动。开展线上促销活动，或线下见面会等，并给予参与用户一些稀缺资源的奖励，提升用户的活跃度。

（4）内容优化。对于以内容吸引用户的产品，可以优化内容，并依据用户喜好推送内容，以增强用户黏性。

（5）功能优化。对于低频使用的产品，可以增加高频使用的功能，促使用户增加打开次数及在线时长，如招聘类 App 增加求职交流、职场课程等功能。

4. 转化

转化是指在拥有了一定数量的活跃用户之后，通过会员充值、内容付费、植入广告、带货、社群付费、用户打赏等方式进行商业变现，从而获取收入。转化效果会直接影响最终的盈利。下面分别介绍主要的变现方式。

（1）会员充值。运营者可以建立付费会员制，为付费会员提供特殊的权益和优惠。例如，某图片扫描 App 提供基本扫描功能，为付费会员提供提取表格、转 Word、扫描证件等高级功能，如图 7-5 所示。

（2）内容付费。对于部分内容，运营者可以设置付费阅读门槛，该模式既可以针对单篇内容，也可以针对系列课程（见图 7-6）。此种方式要求内容对用户要有很高的价值，如能解决问题、能获得有深度的知识等。

（3）植入广告。运营者可以通过在软文、短视频、App 广告位中植入广告，收取广告费。

📊 **素养课堂**

2021 年 4 月，中国广告协会和中国互联网协会对《移动互联网应用程序（App）启动屏广告行为规范》公开征求意见，对启动屏广告时长、数量，"跳过/关闭"标志的最小面积等进行了具体细致的规定。同年 7 月，工业和信息化部针对开屏广告自动跳转到第三方页面、诱导用户点击跳转等 App 广告违规行为进行了整治。由此可见，相关部门对 App 广告乱象十分重视，运营者不能通过广告乱跳转来获取盈利，这不仅违规，而且严重影响用户体验，对产品的长期运营十分不利。

图 7-5　会员权益

图 7-6　付费课程

（4）带货。很多平台提供电商功能，运营者可以开通商品橱窗、直播等，从而实现变现。

（5）社群付费。运营者可以创建社群，通过高质量的社群成员管理、社群内容分享、社群活动以及全面的宣传来吸引用户付费加入。

（6）用户打赏。很多平台提供用户打赏功能，用户认为运营者提供的内容、服务有价值，就有可能主动打赏。

7.3.2　搭建合理的用户体系

针对不同的用户，运营者应该将用户进行细分，并搭建用户体系，为不同的用户设计差异化的运营方式。搭建用户体系有助于将精力放在更有价值的用户上，实现精细化的用户运营。

在搭建用户体系时可以利用 RFM 模型。RFM 模型是一种常用于用户分析和用户运营的工具，它通过分析用户的消费行为和价值，将用户划分成不同的群体，从而实现精细化的用户管理和运营。RFM 模型主要由 3 个指标组成。

（1）R（Recency）。R 代表最近一次消费，指用户最近一次消费距离当前的时间。理论上来说，最近一次消费时间距离当前越近的用户与产品的关系越紧密；而最近一次消费时间距离当前越远的用户，越有流失的风险。假设现在是 2023 年 7 月 5 日，用户上次消费的时间是 2023 年 6 月 13 日，那么用户最近消费时间就是 23 天前，可记为"R=23"，"R 值"越大，用户价值越低，"R 值"越小，用户价值越高。

（2）F（Frequency）。F 代表消费频次，指用户在最近一段时间内消费的次数。消费频次越高的用户，活跃度越高。

（3）M（Monetary）。M 代表消费金额，指用户在最近一段时间内消费的金额，是用户贡献的直接体现。一般来说，消费金额越高的用户越值得用心维护。

根据 3 个指标的不同数据，可以将用户分为 8 类，如表 7-1 所示。

表 7-1　基于 RFM 模型的用户体系

序号	R 值	F 值	M 值	用户类型
1	高	高	高	重要价值用户
2	高	低	高	重要发展用户
3	低	高	高	重要保持用户
4	低	低	高	重要挽留用户
5	高	高	低	一般价值用户
6	高	低	低	一般发展用户
7	低	高	低	一般保持用户
8	低	低	低	一般挽留用户

划分出不同的用户级别后，运营者需要进行精细化用户运营，尤其是将重点投入重要用户上，通过设置专属客服、定期颁发荣誉奖章、提供专属优惠等方式提高用户的满意度。当重要用户可能流失时，运营者可以通过发放优惠券、推送短信等形式，尝试召回用户。

提个醒

对于不同的产品，RFM 模型的 3 个指标可以进行相应的变化。例如，对于 App，3 个指标可以调整为最近一次打开、打开频率和使用时间；对于微信公众号，3 个指标可以调整为最近一次阅读、阅读频率和阅读时间。

7.4　新媒体产品运营

在互联网领域，产品的范围很广，一切在互联网中产出，能满足用户需求且被用于经营的产品，都可以称为产品。产品是决定用户满意度的关键，产品运营工作的重要性不言而喻。

7.4.1　产品运营的基础知识

产品运营是指以互联网产品为核心，从内容建设、用户维护、活动策划 3 个层面来连接用户与产品，帮助企业达成用户增长、营收增长等运营目标的运营手段。产品运营的具体工作是策划与品牌相关的、优质、有高度传播性的内容和线上活动，向用户广泛或精准地推送消息，提高用户参与度和品牌知名度，从而充分利用粉丝经济达到相应目的。下面就从产品运营的要素、要点两方面介绍产品运营的基础知识。

1．产品运营的要素

产品运营包含产品、连接和价值3个基本要素。

（1）产品。产品是新媒体产品运营的核心，通常涉及产品开发、推广等环节的所有产品或者功能，以及新媒体中生产和传播的各种形式的信息内容等。

（2）连接。运营者需要做好与用户、开发者、其他运营者的连接，其日常工作也围绕这3方角色展开，如挖掘用户需求的连接对象是用户，产品测试的连接对象是开发者。

（3）价值。价值是指产品运营实现的产品价值（如提供的功能、内容等）和商业价值，也是新媒体产品运营的根本目的。

2．产品运营的要点

产品运营是一项系统性的复杂工作，运营者在产品运营中要注意3点。

（1）运营要控制成本。新媒体产品运营的运营成本是指将产品推广给用户这一过程中的所有消耗，包括产品推广成本、各种人工费用和活动开支等。运营者要控制产品运营的成本，不得为了运营效果一味投入。

（2）运营要关注长期发展。产品运营需要注重产品的长期可持续发展，需要制订长期的战略规划，考虑产品的未来发展方向、市场趋势、用户需求的变化等因素，以便长期保持竞争力。在产品运营前期，往往需要投入较多成本，却不能急着变现，应通过高质量的内容或功能来培养忠实用户，等时机成熟再进行转化变现。

（3）运营需要过程。产品运营不能一蹴而就，其是一个逐步提升的过程。产品运营前期需要通过各种运营手段进行不断预热，给予用户一定的期望值；产品运营中期则比较平稳，需逐步展示并满足用户的期望；产品运营后期则可以超越用户的期望，这样最后可以达到比较高的效率，刺激用户消费。产品运营不要寄希望于最后一击命中用户的真实需求，而是应该稳定地、有效地、一步一步地接触、引导、尝试、认知、渗透和熟悉用户。

▌7.4.2　产品运营的主要工作

产品运营工作的核心是连接用户和产品。一方面，运营者需要根据用户不断变化的需求来升级和完善产品；另一方面，运营者需要通过各种运营手段，让产品获取更多商业利益。具体来说，产品运营需要完成以下工作。

1．挖掘用户需求

为了确保产品能够真正满足用户的期望和需求，运营者需要深入挖掘用户需求，并以此为基础设计产品。以下是一些挖掘用户需求的方法。

（1）问卷调查。运营者可以通过开展问卷调查来采集相关的用户信息，根据调查目的设计好问卷问题，将问卷发放给用户，并做好问卷回收、统计工作。

（2）用户访谈。运营者可以直接与目标用户进行一对一的深入访谈，了解他们的痛点、需求和期望，获取直接、具体的反馈。

（3）数据分析。运营者可以分析用户行为数据，洞察用户在产品中的使用习惯、偏好和痛点。这些数据可以揭示需要在哪些方面改进产品以满足用户需求。

（4）竞品分析。运营者可以研究类似产品的竞争对手，了解他们在市场中的表现、特点和用户反馈，从中发现用户对其他产品的喜好和不满之处，为自己的产品提供借鉴。

（5）监测社交媒体和行业论坛。运营者可以监测社交媒体和行业论坛上用户的讨论和反馈，了解用户对某类产品的评价和建议。

2．产品规划与设计

基于市场调研和分析结果，运营者需要协助开发者完成产品规划与设计，具体包括以下内容。

（1）产品策略制订。根据市场定位和用户需求，明确产品的核心功能、特点和目标。

（2）用户体验设计。设计产品界面，确保产品易于使用、导航和交互，提升用户满意度。

（3）功能规划。制订产品功能列表，确定每个功能的优先级和开发计划。

（4）原型设计。创建产品原型，用于展示产品界面和功能，帮助团队理解和验证设计思路。

3．版本规划与发布

版本规划与发布是产品运营的实质性环节，需确保产品按计划推出并不断优化。这包括以下工作。

（1）版本迭代计划。制订产品版本迭代计划，明确每个版本的特点、功能和时间表。

（2）开发与测试。协调开发团队完成产品功能开发和测试，确保产品质量和稳定性。

（3）发布准备。准备产品文档、培训资料、推广材料等，为产品发布做好准备工作。

（4）上线发布。将产品推向市场，确保发布过程顺利进行，并监测产品性能和反馈。

4．内容策划与创作

运营者需要策划并创作与产品相关的内容，如教程、使用指南、推广材料等，帮助用户更好地理解和使用产品。

5．推广产品

运营者需要选择合适的方法来推广产品，让产品获得更多的新用户。推广时要注意吸引精准的用户，并控制推广成本。

7.4.3　不同产品的运营策略

新媒体产品运营中，通常可以将产品分为平台产品、独立产品和入驻产品。平台产品是指新媒体平台自身不销售的产品，而是通过构建产品交易平台系统连接用户和产品供应商来实现销售的产品，如淘宝等。独立产品是指由某企业独立开发且满足某项独立功能的产品，如电子书阅读 App、天气预告 App 等。入驻产品是指直接上传到平台进行推广及销售的产品，如淘宝中的衣服、食品、家电等，哔哩哔哩上的付费课程。

其中，独立产品与平台产品的运营策略比较类似（独立产品可参照平台产品的策略进行运营），而入驻产品的运营策略则有较大差异。下面就分别介绍平台产品和入驻产品的运营策略。

1．平台产品的运营策略

平台的价值体现在入驻产品和用户之间的连接上，而实现连接的基础则是平台的用户和入驻产品达到一定的数量。只有持续获取新用户和吸引新产品入驻，提升平台的流量，才能实现平台产品价值的提升。产品运营中针对平台产品常用的运营策略包括规则引导、活动统筹和渠道引流。

（1）规则引导。清晰准确的运营规则能够在平台运营过程中友好地引导入驻商家和用户的行为，保证平台的生态环境稳定。平台运营规则要保证公平、公正和透明，并保持一定的稳定性，不能随意改动。例如，淘宝就对商家入驻淘宝所需经历的开店、产品上架、店铺管理等流程进行了详细的规定（见图 7-7），让商家可以遵循规定操作。

图 7-7　淘宝规则

（2）活动统筹。活动统筹是指将整个平台的商家活动组织起来，进行统一联动。活动统筹的规模越大就越容易获得用户和媒体的关注，能在一定程度上提升平台的热度。例如，淘宝的"双十一"大促活动就是运用了活动统筹策略推出的产品运营活动，其不但组织了国内大规模的产品交易活动，而且让淘宝平台也获得了巨大的关注。

（3）渠道引流。渠道引流是指通过各种渠道吸引用户使用平台。常用的引流渠道包括微博、微信公众号和应用程序商店，以及合作的网站和付费广告位等。

2．入驻产品的运营策略

入驻产品的运营策略主要包括排名优化、参与平台活动和站外引流。

（1）排名优化。入驻产品需要将平台流量尽可能多地引导到产品页面中。各大新媒体平台通常都有搜索功能，搜索到的产品通常会按照一定的顺序进行排列。产品排名越靠前，曝光效果越好，所以，入驻产品的运营重点就是提升自身在平台中的排名，即排名优化。新媒体产品运营中入驻产品运用排名优化的策略通常会体现在标题、描述、销量、评价 4 个方面。

① 标题。运营者需在标题或副标题中加入搜索频率高的关键词。

② 描述。描述是对产品的简洁介绍，不仅要便于理解和阅读，并且要让用户知道产品能带来的好处，如图 7-8 所示。

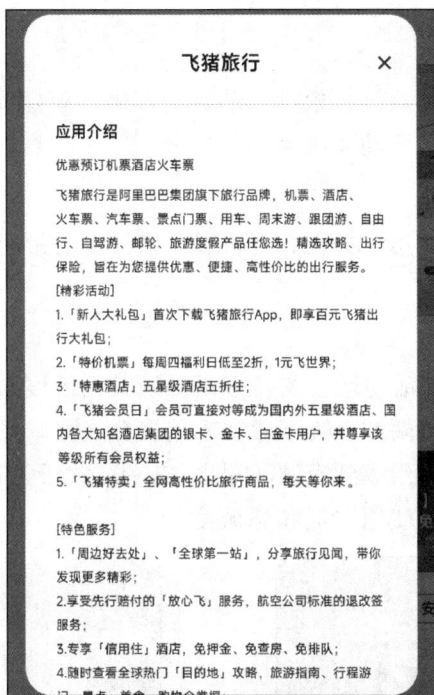

图 7-8 App 描述

③ 销量。运营者需通过促销、封面推广等营销手段，将产品的销量提升到搜索排名的前列。

④ 评价。运营者在保证产品质量的前提下，需尽可能多地引导用户发布优质评价，回复用户疑问，并及时处理差评。

（2）参与平台活动。各大平台往往会定期推出各种活动，如淘宝的促销活动、抖音的挑战赛活动等。这些活动可能会为入驻产品带来重要的曝光机会，所以运营者应该时常关注平台活动，在有合适的活动推出时积极报名参与。同时，要保证参与活动的产品足够有吸引力，如参加淘宝促销活动的产品性价比高、参与抖音挑战赛的短视频有创意。

（3）站外引流。运营者可以充分利用自身在其他新媒体平台积累的影响力，将这些平台的流量引导到入驻平台的产品页面，实现低成本引流。例如，在微博进行产品宣传，再引导用户到淘宝网店购买产品。

7.5 新媒体活动运营

活动运营是指企业为了达成某项或某几项运营目标，而系统地开展一项或一系列活动。新媒体的内容运营和用户运营通常需要较长时间的效果积累，而活动运营则是一种短期爆发效果的形式，具有快速提升运营效果的作用，如提升新媒体平台账号的粉丝量、产品销量等，在新媒体运营中十分重要。

▌7.5.1　活动的类型

新媒体活动的种类五花八门，根据活动目的不同，新媒体活动可以分为拉新活动、促活活动、转化活动、传播活动 4 种类型。

1．拉新活动

拉新活动主要是吸引新用户关注，活动形式包括以老带新、免费试用产品和新人注册有礼等。

2．促活活动

对于已经注册的用户，活动运营的目标是提升其活跃度，从而降低用户流失率。促活活动可以分为线上和线下两种：线下通常采用聚会、同城派对等形式，以增强用户之间的关系连接；线上则多采用签到有奖（见图 7-9）、做任务有奖（见图 7-10）和积分兑奖等形式，以培养用户的使用习惯和忠诚度。

图 7-9　签到有奖

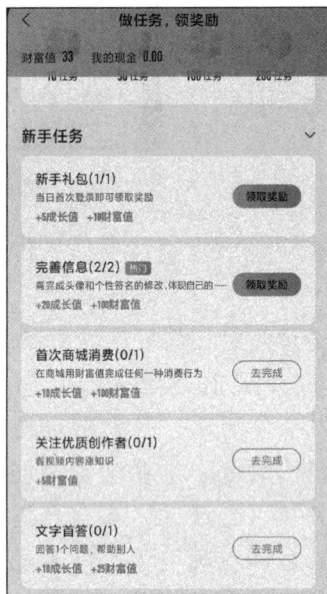

图 7-10　做任务有奖

3．转化活动

此类活动的目标是促进变现，常见的形式是利用福利来促使用户购买，如提供优惠价格、赠品/抽奖机会等。在开展此类活动时，要配合大力的宣传，营造火热的活动氛围。

4．传播活动

此类活动的目的是传递目标信息，增加产品的曝光率和影响力。此类活动可以通过利益引导用户，如承诺转发带有产品相关话题的微博可参与抽奖（见图 7-11），也可以利用用户希望在社交平台上建立良好形象的心理。例如，快手曾发布植入产品信息的 HTML5（Hyper Text Markup Language 5，超文本 5）（见图 7-12），引导用户生成个性化报告，并分享到朋友圈，以增加产品的曝光率。

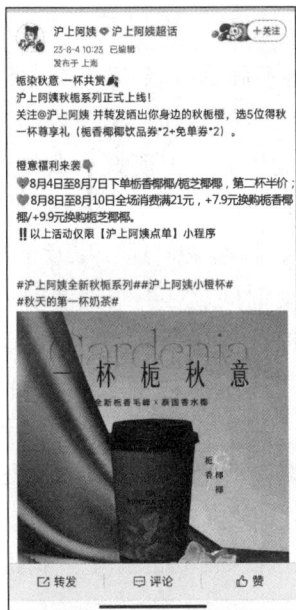

图 7-11　转发抽奖

图 7-12　植入产品信息的 HTML5

7.5.2　活动运营的完整流程

活动运营并不是简单发起一个活动，它是一项系统化的工作。活动运营的完整流程分为 4 个阶段，分别是策划、准备、实施与复盘。运营者需要做好这 4 个阶段中的每项工作，才能确保活动的效果。

1. 策划

策划是活动运营的第 1 个阶段，运营者需要确定好活动的整体框架，具体包括以下内容。

（1）活动目标。策划阶段要确定活动运营的目标，常见的活动运营目标包括拉新、促活、转化和传播等，如新增粉丝 2 万个、实现销售额 20 万元等。确定活动目标不仅可以引导运营的方向，还有利于获得其他协作部门的认同和支持。

（2）活动目标用户。确定活动目标后，就可以通过目标明确运营的目标用户，对用户进行画像，确认相关的用户特征（如目标用户来自下沉市场，其特征是注重性价比），为后续确定活动形式及宣传渠道奠定基础。

（3）活动主题。主题是活动的核心，能够传达活动的核心概念和目的。活动主题应该能够引起目标用户的兴趣，同时与产品的定位相符。

（4）活动形式。策划阶段的核心环节是确定活动形式，因为活动的形式在一定程度上决定了活动的实施时间、运营成本及活动效果。确定活动形式通常要考虑以下因素。

① 关联程度。活动形式应该与活动目标匹配。活动不仅要吸引用户的兴趣，更要实现活动目标，传达运营者想要传达的信息和价值观。

② 能否引起用户的兴趣。在确定活动形式时，需要深入了解目标用户喜欢什么样

的活动，什么样的活动能够引起他们的关注和参与。

③ 可执行性。不同类型的活动形式可能需要不同的准备工作和技术支持，在确定活动形式时，要确保活动是可实施的，即能够在预定的时间和资源内顺利进行。例如，某平台计划开展的活动需要发放大额度的无门槛优惠券，但所属企业的财务状况不佳，无力负担，那么该活动就不具有很好的可执行性。

（5）活动时间、平台/地点。活动时间包括开始和结束日期，以及活动的持续时间。策划时要根据活动的紧急程度及资源配置确定活动时间。对于线上活动，还需要明确活动开展的平台，如官方 App、微信公众号等；而线下活动则需要明确活动的具体地址，以及前往活动地点的交通方式。

（6）活动预算。活动运营要根据活动的目标、用户和时限，分析和计算活动运营的花费，并得出一个量化指标。通常线上活动的成本包括用户激励成本（发放赠品、红包等产生的成本）、员工激励成本（活动奖金、提成）、推广成本等。

（7）活动规则。设定活动的规则和参与条件，确保活动的公平性和透明性。规则可以包括参与资格、奖励机制、评选标准等。

（8）活动宣传渠道及节奏。确定活动的宣传渠道，即明确在哪些平台和渠道进行宣传，如微博、小红书等。同时要根据活动的性质和时限确定宣传节奏。短期活动可能需要更紧凑的宣传节奏，以确保在有限的时间内吸引足够多的参与者，具体可以通过频繁发布消息、更新内容、互动等方式来保持高频传播。而长期活动则可以采取更为平稳的宣传节奏，可以分阶段进行宣传推广，如每周推出一个互动环节，以保持用户的持续参与。

（9）活动风险预案。分析可能存在的风险和问题，并制订相应的风险应对策略。

2. 准备

准备阶段主要是根据活动策划结果开展活动准备工作，主要包括 5 个方面。

（1）活动预热。在活动开始前，运营者要积极进行活动预热，主要方式包括在线上发布活动海报、宣传文案以及宣传视频，以及在线下发放实体宣传物料。

① 活动海报。活动海报（见图 7-13）可以有效吸引用户眼球，提升活动效果。活动海报除了应列明活动的基本信息（如活动主题、时间、参与方式）外，还要将能吸引用户参与的信息放在活动海报的醒目位置，如上方、中间等，并通过加粗、加大字号等方式与其他元素形成区分。

② 宣传文案。通常运营者会在新媒体平台发布活动宣传文案（见图 7-14），准确传达活动信息，并强调参与活动的好处，如物质层面的奖励或精神层面的价值感（如为社会做贡献、帮助他人等带来的成就感），激发用户的兴趣。

③ 宣传视频。运营者还可以制作生动直观的视频来吸引用户。视频不能太长，节奏要快。若有必要可以在视频中添加解说，介绍活动内容，解释活动细节。此外，还应在视频中添加字幕和标题，突出重要信息，帮助用户更好地理解和记住活动内容。

④ 实体宣传物料。有些活动还会进行线下宣传，此时还应准备宣传手册、宣传单页等实体物料。

图 7-13　活动海报

图 7-14　活动宣传文案

提个醒

　　除了宣传物料，有时还需要准备礼品和奖品、签到物料（如签到台、签到表、签到卡）、布置物料（如活动背景幕布、标语、气球、鲜花）、互动物料（如游戏道具）、展示物料（如展示架、展示台、展示桌）等。

　　（2）制作活动进程表。活动进程表将整个活动拆分成若干环节，并标注好每个环节的时间节点、负责人等（见图 7-15），能让各环节负责人清楚相关工作，降低活动执行中出现差错的概率。

时间	事项	负责人	电话	备注
11月1日至11月3日	制作活动专题	***	13********	专题活动具体工作
	设计线下物料	***	14********	物料设计具体工作
11月4日至11月8日	发布活动征集	***	15********	注意事项
	安排投放渠道	***	16********	实时监控整个渠道流程
	接待用户咨询	***	17********	熟悉活动整个流程
	统计活动报名	***	18********	制作统计表并每日反馈
	制作线下物料	***	19********	物料制作具体工作
	准备活动礼品	***	14********	确认礼品并预定送达事项
11月9日至11月10日	通知人员	***	15********	通过名单逐一通知
		***	18********	
	布置场地	***	13********	按预定条件操作
		***	14********	
	主持走场	***	15********	按预案提前排练
11月11日	实施活动	***	16********	执行方案
	运营总监：***		电话：13********	

图 7-15　某活动进程表

　　（3）准备营销工具。在线上开展宣传时，可能需要使用一些营销工具提升活动热度，如抖音的"DOU+"。

（4）确定并调试线上活动平台。对于线上活动，运营者应根据活动的性质和需求，选择适合的平台，如专业的活动管理平台或直播平台。在活动正式开始之前，务必进行技术测试，确保活动平台和系统的稳定性，包括报名系统、在线交流工具、直播平台等的功能和性能。

（5）布置线下活动场地。对于线下活动，活动场地直接影响着活动的氛围、参与度和用户体验。运营者需要选择适合活动性质和规模的场地，考虑参与人数、活动内容和主题，确保场地空间充足并能容纳所有参与者。此外，运营者要根据活动的具体要求和流程来布置场地，包括设置舞台、座位、展示区、互动区等，确保参与者能够舒适地参与活动。活动如果有演讲、表演或颁奖等环节，应搭建合适的舞台，舞台背景、道具和灯光等要考虑周到。

3．实施

活动实施阶段主要是监控活动的开展情况，并根据收集到的反馈信息进行调整和优化，包括管理工作进度、宣传造势、数据监控、收集用户反馈信息、活动调整和优化等工作。

（1）管理工作进度。管理工作进度指根据活动进程表对各项工作进行监督，以确保各项工作正常开展，保证活动顺利实施。

（2）宣传造势。活动实施过程中，一般会持续宣传活动，包括在微博、小红书、微信公众号等平台同步更新活动开展情况，发布活动现场照片、视频等，激发用户持续参与活动的兴趣，同时不断提升活动的热度。

（3）数据监控。数据能反映活动的开展情况，运营者要实时监控数据，如新增用户数、阅读量、点赞量、订单量、销售总额等数据，并分析数据的变化情况。

（4）收集用户反馈信息。用户反馈信息能反映数据分析无法反映出的问题，包括用户在微博、微信群等的留言、常咨询的问题等。一方面需要提前预留用户反馈渠道，如微博评论区、微信群、咨询电话等，方便收集用户反馈信息；另一方面需要提前确定用户常见问题的答案，并安排好负责人员，以便快速响应，提升用户体验。

（5）活动调整和优化。活动策划阶段不能准确预知活动过程中发生的所有事情，运营者在活动实施中需要根据数据监控和收集用户反馈信息，发现活动策划时没有考虑周全的问题，然后根据实际情况对活动进行调整和优化。

4．复盘

复盘是对活动运营过程的重新演绎，目的是对活动运营过程进行盘点和分析，总结经验教训，进一步加深对活动运营的理解和认识，争取在下一次活动运营中做出改进。复盘有一套完整的流程，包括回顾活动目标、对比活动结果、深入分析原因以及总结经验和教训。

（1）回顾活动目标。活动的各项运营工作大多是围绕活动目标开展的，因此，复盘时要首先回顾活动目标，判断活动效果是否达标。

（2）对比活动结果。活动结果的对比来自数据的准确对比。一般来说，新媒体活动运营的目标可能不止一个，如通过某活动同时达到"增加粉丝××人、销售产品××件"的目标。因此，在对比活动结果时，应当统计活动目标涉及的全部数据。

例如，某企业策划了一场简单的微信抽奖活动，活动目标为"参与人数超过 5000

人、增加粉丝 2000 人、转发量超过 2000 次", 活动结果为"参与人数 5500 人、增加粉丝 1538 人, 转发量 2456 次", 对比后发现增加粉丝数量未达到活动目标。

（3）深入分析原因。对比活动结果后, 运营者可以根据结论得出的差异, 展开对原因的分析, 如高估了某个渠道的流量转化、广告投放时间点有误、宣传文案内容吸引力较差等。

（4）总结经验和教训。总结时, 运营者要尽可能地发现问题的本质, 并得出实际可行的解决办法。例如, 总结微信抽奖活动时, 企业在分析数据后得出经验：以后举办类似的活动, 需增设"仅关注才可参与"的参与条件, 从而增加粉丝数量。

7.6　新媒体融合运营

新媒体融合运营是指将不同类型的媒体平台、渠道、内容和技术进行整合和协调, 以实现更全面、多样化、协同化的运营效果。在新媒体融合运营中, 各种媒体形式和渠道不再孤立存在, 而是相互关联、互相支持, 以提升品牌影响力、用户体验和运营效果。这种融合运营的模式逐渐成为新媒体运营的重要趋势。

7.6.1　新媒体与传统媒体融合运营

在新媒体时代, 传统媒体的理念、内容生产与传播、管理体制和运行机制都经受着巨大的挑战。在这样的背景下, 很多传统媒体开始与新媒体融合, 如《中国青年报》推出自己的 App, 在微博、抖音等新媒体平台上注册账号并发布内容等。在传统媒体与新媒体的融合运营中, 有一种全新的运营模式, 即"新闻+"模式。

> **素养课堂**
>
> 党的二十大报告指出, 深入开展社会主义核心价值观宣传教育, 深化爱国主义、集体主义、社会主义教育。近年来, 以《人民日报》《中国青年报》为代表的传统媒体开始涉足新媒体, 在发布用户喜爱的内容的同时传递正能量, 扩大了主流价值影响力, 尤其获得了很多年轻用户的认可, 增强了年轻用户对国家、社会的认同感。

"新闻+"模式以传统新闻内容的生产为基础, 发挥传统媒体内容生产的优势, 并围绕用户多样化的需求拓展服务范围。该模式主要包括 3 种类型。

1. 新闻+社交

此种模式将社交元素融入新闻运营中, 使用户能够更直接地参与新闻内容的讨论和分享。媒体可以在社交媒体平台建立社群, 让用户参与交流、讨论, 甚至自发生成内容。这样的互动可以增强用户对平台的归属感, 同时也促进了用户间的互动。例如, 新华社 App 的"问记者"板块就打破了传统媒体的单向交流方式, 让用户可以与写作稿件的记者互动, 如图 7-16 所示。

2．新闻+电商

此种模式以媒体积累的忠实读者为基础，通过接入电商购物功能将读者转化为具有较大商业价值的用户。该模式下，媒体可以创立电商平台，主要包括内容综合电商平台和垂直电商平台。前者利用媒体内容资料对用户"种草"，并借助微博、微信公众号等新媒体平台账号、线下活动等引流，如芒果 TV 旗下的小芒 App（见图 7-17）；后者主要由专业媒体创办，深度运营某一细分市场，如汽车媒体网站汽车之家。

图 7-16　"问记者"板块

图 7-17　小芒 App

此外，在直播和短视频火热的当下，很多媒体也打造了多频道网络（Multi-Channel Network，MCN）机构，如中广天择 MCN、浙江广电集团旗下的布噜文化 MCN 等，推出专业的短视频达人、主播以及优质的内容。同时，也有部分媒体成立直播电商产业园，如中视传媒、佛山电视台等联合打造了中视大湾区产业直播基地，涉足线上直播、主播培训、供应链整合、全网营销等领域。

3．新闻+服务

这种模式下，服务是资讯功能的延伸，推出专门的服务性产品和在新闻类新媒体产品中嫁接服务性内容，进入文化、生活等相关产业，使媒体转型为以本地新闻、生活消费服务为导向的城市生活综合服务平台。该模式中的服务主要包括以下 3 方面。

（1）信息服务。这一方面涵盖了深入和细致的新闻报道，将新闻内容与相关数据、分析深度融合，为用户提供全面、准确、有深度的信息服务，如经济数据分析、科技趋势解读、市场预测等，旨在满足对特定领域深入了解的用户需求。这方面的典型代表是《人民日报》的人民智库（见图 7-18）、新华社的瞭望智库等。

（2）政务服务。在该维度下，媒体可协助政府提供便捷、高效的公共服务，如南方 App 的"服务"板块（见图 7-19），提供民生政务、教育招生、就业招聘等服务。

（3）生活服务。在这个维度下，媒体可以为用户提供实用的生活信息和服务，涵盖健康、旅游、美食、购物等领域，帮助用户更好地安排生活、提升生活品质。例如，青岛报业集团推出的智慧青岛 App 提供市内公交、违章查询、高清路况、社保、家政、网上借书、问诊等服务。

图 7-18　人民智库

图 7-19　政务服务

7.6.2　新媒体平台融合运营

新媒体平台融合运营是指在多个新媒体平台上，将内容、用户、功能等进行整合和协同，以实现更全面、高效的运营效果。这种运营模式可以让不同平台的优势互补，增强用户黏性、拓展用户范围，进而提升运营效果。在开展新媒体平台融合运营时，需要注意多平台协同，并保持一致的品牌形象。

1．多平台协同

多平台协同是指在不同新媒体平台上进行协调合作，将各个平台的优势进行整合，通过跨平台的互动和互补，达到整体运营效果最大化的策略。多平台协同要注意以下 3 点。

（1）内容共享。第 4 章中介绍过，运营者应根据不同平台的特点来策划内容，但如果每个平台都发布完全不同的内容，会带来巨大的工作量。为了提升运营效率，运营者可以根据各平台的特点，将同一内容加工成不同的版本，并发布到不同的平台。例如，一篇有关人工智能技术的科普长文可以通过微信公众号发布，也可以提炼其要点发布到微博上，还可以配上声音、画面，制作长视频在哔哩哔哩上发布，甚至可以剪辑成精彩片段发布到抖音。某运营者就同一主题分别发布在微信公众号和小红书上的内容分别如图 7-20 和图 7-21 所示，可以看出小红书版本

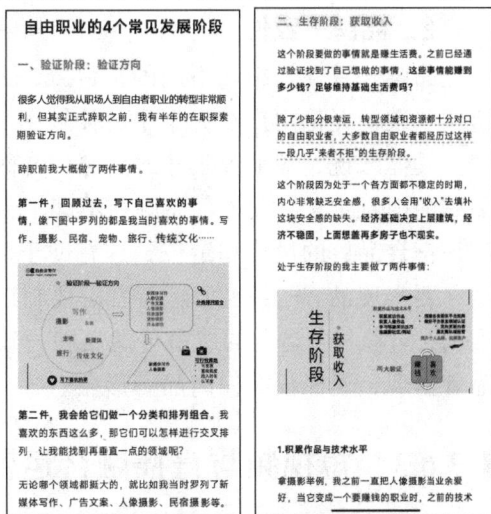

图 7-20　发布在微信公众号上的内容

是根据微信公众号版本精简、提炼的。

（2）跨平台互动。跨平台互动是指在多个新媒体平台进行互相引导、链接和互动，以实现用户在不同平台之间流畅切换和参与，促进不同平台之间的流量传递。具体来说，运营者可以通过在内容中加入链接、二维码等来引导用户跳转到其他平台。此外，运营者还可以打造跨平台的活动，鼓励用户在不同平台之间参与。例如，沪上阿姨在微博上引导用户前往饿了么参与购物活动，如图 7-22 所示。

（3）功能协同。功能协同是指将不同媒体平台的不同功能相互结合，以提供更全面、多样化的用户体验，满足用户的不同需求。例如，OPPO 微信公众号提供看新品、领福利、找服务等功能，而 OPPO 抖音账号提供观看直播、短视频以及购买产品等功能，如图 7-23 所示。

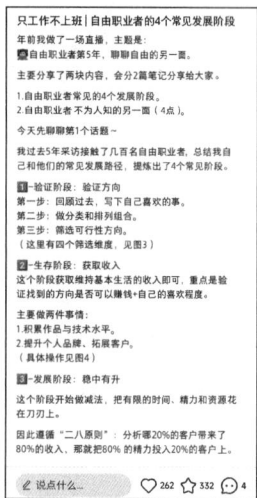

图 7-21　发布在小红书
　　　　　上的内容

图 7-22　引导用户前
　　　　　往其他平台

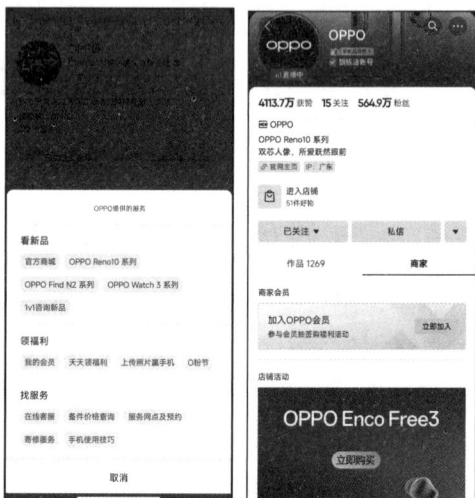

图 7-23　提供不同的功能

2. 品牌一致性

品牌一致性是指在不同的平台上，品牌的形象、价值观以及传达的信息保持统一和协调一致。无论用户在哪个平台接触到品牌，都能够清晰地识别品牌的身份和特点。

具体来说，各平台账号的头像、名称等保持一致，可以让用户迅速识别品牌，建立品牌的视觉记忆。此外，品牌在不同平台上发布的内容，包括文字、图片、视频等，都应该符合品牌的风格和定位，这有助于用户形成对品牌独特的认知和印象。

要实现品牌一致性，运营者需要制订品牌指南，明确品牌的视觉、价值观等方面的准则，向参与各运营的成员传达品牌一致性的重要性，并定期审查和评估不同平台上的品牌呈现，确保没有偏离品牌形象。

7.6.3　短视频与直播融合运营

短视频与直播融合运营是指将短视频和直播进行有机结合，以提供更丰富、多样化的内容体验的策略。短视频和直播都属于视频内容，具有直观生动的特点，将二者结合起来可以产生"1+1>2"的效果。

1. 短视频与直播的优势互补

短视频与直播在新媒体运营中各有优势，通过融合运营可以实现优势互补，实现增加粉丝、带货的效果。短视频与直播的优势互补主要体现在 3 个方面。

（1）内容形式。短视频和直播分别具有不同的内容形式：短视频强调精练、创意和可分享性，适合呈现内容重点；直播则注重实时互动和深度探讨，适合呈现描述细节、还原过程等较长时间的内容。融合运营，可以在平台上呈现更多样化的内容，满足不同用户的需求。

（2）用户运营。短视频由于时长短、创意多样化和容易分享，在新媒体平台上传播速度较快，可以在短时间内迅速吸引较多用户的关注，从而实现粉丝快速增加。直播具有实时性、场景化、公开化的特点，主播可以与用户实时互动，回答用户的提问，还可以结合抽奖、发红包、表演才艺等方式，快速拉近与用户的距离，增强用户的黏性。

（3）商业变现。短视频以简洁、生动的方式展示产品核心卖点，通过情境化演示，将产品融入使用场景（见图 7-24），可以在短时间内吸引用户，引起用户对产品的兴趣。而直播的时间相对较长，主播有足够的时间详细介绍产品，展示产品的使用效果、细节等，让用户了解更多产品信息。主播还可以通过促销、强调优惠价格（见图 7-25），促使用户立即下单，因此直播适合带货。二者结合起来就是"短视频'种草'+直播带货"模式，能有效提升商业变现效率。

图 7-24　将产品融入使用场景

图 7-25　强调优惠价格

2. 短视频与直播融合运营的技巧

近年来，抖音、快手、微信视频号等短视频平台都开通了直播功能，短视频与直播的结合日益紧密。短视频与直播的融合运营逐渐演变为以用户为中心的，集引流、留存与转化于一体的体系化运营。具体来说，运营者可以采取以下技巧来提升短视频与直播融合运营的效果。

（1）通过短视频为直播引流。在直播过程中，短视频能给直播带来大量的自然流量。很多新媒体平台会为直播账号提供流量扶持，为用户推荐该账号的短视频，用户看到短视频后很可能会点击账号头像进入直播间（账号头像处会显示"直播"字样）。运营者在制作引流短视频时，要确保短视频有较强的视觉冲击力，并将重点内容放在开头，且内容与直播主题相关，以引导用户进入直播间，如图 7-26 所示。

图 7-26　引流短视频

提个醒

在直播开始前，运营者可以发布直播预告短视频，明确告知用户直播时间、主题、福利和亮点等，吸引用户关注并准时观看直播，如图 7-27 所示。

图 7-27　直播预告短视频

（2）将直播精彩片段剪辑成短视频传播。直播是即时传输的内容，用户需要实时观看。尽管很多平台提供直播回放功能，但直播时长较长，用户往往难以看完整场直播，这会导致用户错过直播中的精彩瞬间，也不利于直播内容的传播。针对这种情况，运营者可以将直播中的精彩片段、亮点剪辑成短视频发布（见图 7-28），使用户能够在短时间内了解到直播的重要内容，提高直播间的影响力。此外，运营者还可以根据不同直播的主题进行分类，制作对应的短视频系列，如日用品系列、护肤品系列等，方便用户根据兴趣选择观看。

（3）统一运营短视频与直播间的粉丝。被短视频或直播内容吸引而关注账号的用户，很可能只是对短视频内容或直播间的福利感兴趣，此时可以将短视频与直播间的粉丝统一运营，让短视频运营和直播运营共享用户资源。具体来说，运营者可以在新媒体平台建立粉丝群（抖音等平台支持建立粉丝群，并显示在账号主页，如图 7-29 所示），然后在短视频和直播中引导用户加入粉丝群，并通过在群中发放粉丝福利、与粉丝互动等方式增强粉丝黏性。后续不管账号是开直播还是发布短视频，都可以在粉丝群中通知粉丝，粉丝也很可能会更加积极地观看。

图 7-28　将直播精彩片段剪辑成短视频　　图 7-29　粉丝群

（4）借助短视频为主播打造人设。鲜明有趣的主播人设能给用户留下深刻印象，也容易得到用户的信任，因此打造主播人设非常重要。而在直播过程中，主播往往会将主要精力放在讲解、销售产品上，销售员的属性太明显，因而不太能凸显人设。而短视频却可以凭借丰富的内容（如主播日常分享、主播出演的情景短剧等）以及娱乐化的形式来帮助主播打造人设。因此，很多账号在运营之初不会直接开始直播，而是发布主播真人出镜的短视频，在积累粉丝的同时打造主播人设，待主播人设完善并获得粉丝认可后，再开始直播带货实现流量变现。

实践训练——为小程序制订用户运营策略

【实践背景】

当前，各种小程序层出不穷，为了获取更多用户，需要将用户运营作为运营重点。张涛是某农产品公司的运营人员，公司最近开发了一款农产品商城小程序，主要针对一、二线城市追求生活品质的年轻白领，出售从基地农场采购的新鲜农产品。目前，小程序的知名度低、用户数少，主要的任务是拉新和促活。

【实践目标】

巩固用户运营的理论知识，能够为该小程序制订合适的用户运营策略。

【实践步骤】

用户运营策略主要涉及拉新和促活两方面，具体操作步骤如下。

（1）制订拉新策略。拉新可以从以下方面入手。

① 通过微信公众号引流。在公司运营的微信公众号中设置"进入店铺"菜单，用

户点击该菜单即可进入小程序。

② 线下推广。在线下生鲜超市门口摆摊，利用海报展示小程序中的特价农产品以及新用户可获得的优惠券，并印上小程序二维码，吸引用户前往摊前咨询或自行扫码使用。

③ 发起以老带新活动。活动规则为：老用户邀请好友注册并成功下单，老用户会获得10元无门槛优惠券。

④ 给新注册用户发放福利。给新注册用户发放一张有效期为7天的10元无门槛优惠券，以刺激用户在小程序消费。

（2）制订促活策略。促活可以从以下方面入手。

① 搭建会员体系。小程序的会员体系采用积分制，每消费1元积1分，每签到一天积1分，具体的会员等级信息如表7-2所示。

表 7-2　会员等级

等级	门槛	权益
1级	注册会员	一张有效期为 7 天的 10 元无门槛优惠券；部分产品享受 9 折会员价；生日当周购物可积 2 倍积分
2级	积分达到 500 分	两张 3 个月内有效的 5 元无门槛优惠券；部分产品享受 8.5 折会员价；生日当周购物可积 2 倍积分
3级	积分达到 3000 分	两张 3 个月内有效的 10 元无门槛优惠券；部分产品享受 8 折会员价；生日当周购物可积 3 倍积分
4级	积分达到 10000 分	两张 3 个月内有效的 15 元无门槛优惠券；一张 7 天内有效的满100 元减 20 元优惠券；部分产品享受 7 折会员价；生日当周购物可积 3 倍积分

② 为用户发放福利。向第一次下单的用户赠送一张有效期为 14 天的满 60 元减 10元优惠券，以促使用户持续使用小程序；向最近一次下单在 60 天前的用户赠送一张有效期为 14 天的满 79 元减 15 元优惠券，并通过服务通知向用户推送优惠券发放信息，以唤醒老用户。

③ 优化功能。在小程序增加美食交流社区，提供社交功能，增强用户黏性。

课后思考

（1）简述新媒体运营的具体工作。

（2）进入知乎 App，分析其是如何引导用户成为付费会员的。

（3）结合具体的实例说明如何运用品牌思维方式进行新媒体运营。

（4）谈谈你对新媒体内容运营的理解，并结合具体的实例说明内容运营的作用。

（5）简述用户运营的核心环节。

（6）收集新款 5G 手机的推广运营信息，说说其产品运营活动运用了哪些产品运营策略。

（7）通过网络收集某个新媒体活动运营的具体流程，根据本章所学的知识制作运营流程图。

第 8 章

新媒体管理和规划

【知识目标】
- 了解新媒体管理和网络舆情的相关知识。

【能力目标】
- 能够判断某一具体网络舆情所处的发展阶段。

【素养目标】
- 提升个人综合素养，成长为一名合格的新媒体从业者。

引导案例◀

2023 年 7 月 24 日，××县公安局接到一则举报，某用户在抖音上发布短视频声称××县一小区发生意外，造成有关人员受伤和财产损失。该信息一经发布，就迅速传播开来，并引起了众多的担忧和猜测。××县公安局与相关部门核实后确认，该信息是无中生有，纯属网络谣言。

经过快速分析研判，××县公安局积极采取行动，确定涉事网民张某，并前往其所在地将其抓获。在审讯中，张某对编造和散布网络谣言的违法行为供认不讳。根据《中华人民共和国治安管理处罚法》第二十五条的规定，××县公安局依法对张某给予行政拘留的处罚，同时注销了其散布谣言的网络账号。

这个案例给我们的启示是，新媒体平台赋予了普通用户表达的权利，但同时也可能为网络谣言滋生提供土壤。只有积极做好新媒体管理，加强对新媒体的监管，才能将网络谣言的负面影响降到最低。否则，网络谣言处理不当可能引发网络舆情，对社会稳定造成负面影响。

本章要点◀

新媒体管理的主要工作　　网络舆情的基本特点和应对

8.1　新媒体管理

新媒体的开放性和互动性使得每个用户都有机会参与信息传播和意见交流，这一方面实现了广泛的信息传播和共享，另一方面也给新媒体管理带来了挑战。新媒体管理是对新媒体发展进行规划、组织、协调和控制的一系列管理活动，旨在确保新媒体平台的健康发展，提供优质的内容和服务，同时保护用户的权益和隐私安全。

8.1.1　掌握信息舆论的话语权和主导权

在新媒体时代，大量用户发言带来了信息过载的问题，用户需要在海量信息中寻找真实可信的内容。同时，网络上也存在大量虚假信息和谣言。针对这一问题，新媒体管理必须对新媒体从业者提出以下要求，以确保新媒体的公信力和权威性，掌握信息舆论的话语权和主导权。

（1）作为舆论的创作者、传播者和引导者，新媒体从业者应该继续传承传统媒体在信息传播中所具备的优势，向用户提供具有公信力和权威性的信息内容。

（2）新媒体从业者在创作和传播信息内容时，要深入研究和把握信息舆论导向的特点与规律，密切关注互联网中各种信息舆论最新动态和趋势，力求在第一时间全面掌握信息舆论演化和发展，以确保拥有主导权和话语权。

（3）新媒体从业者应该充分利用自身在技术上的优势，以坚持正确的信息舆论导向为前提，通过强化对信息内容的筛选和监管，主动对平台自身创作和传播的信息舆论进行引导，使用户能在平台中通畅地表达和传播信息内容。

（4）面对网络虚假信息和谣言，新媒体从业者需要主动作为，发布权威信息，披露事件真相，取得信息舆论先机，把握正确的信息舆论导向。

8.1.2　提升新媒体从业者和用户的素质

新媒体的迅速发展和用户数量的激增促进了社会的不断发展，也不可避免地带来了相应的问题。新媒体从业者和用户作为信息内容创作和传播的主体，其素质问题成为新媒体管理的重要内容。

1．提升新媒体从业者的素质

新媒体从业者除了具备基本的信息搜集和编辑，文案写作、整合和优化，内容发布等信息处理能力，还需要具备良好的职业道德和职业素养，信息内容编辑和传播中的网络数据分析、策划等工作能力，以及良好的心态。

（1）具备优良的职业道德。用户对新媒体的信任不仅依赖自上而下的监管，还依赖新媒体从业者在工作中秉持职业道德和自律精神。新媒体从业者应当具备的职业道德主要包括以下几个方面。

① 内容表达要遵守法律。不能在网络上任意捏造事实、编织谎言、传播谣言，甚至对他人进行恶意人身攻击。根据相关法律，网络言论侵害他人权利的，可能构成犯罪，相关人员会被依法追究刑事责任。

② 尊重隐私和个人权益。新媒体从业者应该尊重他人的隐私和个人权益，不违反相关的法律法规，谨慎处理敏感信息，避免造成不必要的伤害。

③ 客观公正。新媒体从业者应该保持客观公正的态度，不偏袒任何一方，不带有个人或组织的立场和偏见，尊重多样的观点和意见，提供全面的信息，让用户自主判断。

④ 保证信息内容的真实性。新媒体行业应该是一个追求真实、负责任的行业，新媒体从业者除了要对原创的信息负责任，对分享、传播、转发的信息内容也应该负责任，在工作中要尽可能核实信息内容后再发布。

⑤ 保持理性和友善。新媒体从业者应该保持理性思考，不被情绪和个人感情左右，同时积极传播正能量，鼓励善意交流，避免散布仇恨和暴力的言论。

（2）具备基本的职业素养。新媒体与传统媒体有着一定的传承关系，所以对新媒体从业者职业素养的要求在很多方面与传统媒体从业者是一样的，主要包括以下几个方面。

① 政治素养。政治素养对新媒体从业者的具体要求是深刻领悟国家的方针、政策和精神，用正确、科学的世界观来指导信息内容的创作、编辑和传播等工作。

② 法律素养。法律素养是指新媒体从业者需要熟悉新媒体行业涉及的相关法律法规，另外还要熟悉关于著作权、肖像权、隐私权、名誉权等的基本法律法规，树立依法编辑的意识，维护自身和他人的合法权益。

③ 文化素养。文化素养主要针对的是新媒体工作本身，新媒体从业者的工作需要输出文字，因此应具备扎实的语言文字功底、较好的写作水平和逻辑思维能力。

④ 信息技术素养。新媒体从业者在工作中需要使用很多高科技设备（如智能手机、笔记本电脑、录音笔等），应用大量的计算机和网络技能，所以需要具备相关的知识和能力。

⑤ 信息处理与整合素养。新媒体工作中非常重要的环节就是对信息内容进行处理和整合，包括对海量信息的甄别、整合、策划，以及观察市场动态等。具体到工作中，新媒体从业者需要运用独特的选取和编排信息内容的方法，赋予这些信息内容独特的组织结构和表现形式，并将其发布到网络中。

（3）具备网络数据分析能力。和传统媒体工作不同，新媒体工作涉及大量的数据。新媒体从业者需要收集和分析网络后台数据，包括阅读、互动、分享、留言评论等相关的数据，并预测趋向，然后根据预测结果创作和整理信息内容，以提升信息内容的商业效果。

（4）具备策划能力。新媒体工作涉及内容、活动等的策划，因此新媒体从业者需要具备较强的策划能力，具体包括3个方面。

① 分析、判断与决策。新媒体从业者应该能迅速察觉和了解网络和社会中所发生的各种情况，快捷灵敏地接收各种信息，并善于捕捉各种有用的信息，将大量的信息进行必要的预处理，去伪存真，去粗取精，从而及时准确地做出有效的策划，进行及时和准确的内容创作和传播。

② 创新。新媒体从业者需要具备创新的能力，能够对接收的热门信息迅速做出不同寻常的反应。其中，迅速是指编辑的灵活性和反应速度，不同寻常则是指"出奇"和"求新"的独创性。

③ 组织。组织技能是指指挥、安排、调度的能力，特别是在新媒体活动策划过程中，需要新媒体从业者具有一定的组织技能。

（5）具备良好的心态。新媒体行业的竞争非常激烈，导致新媒体从业者的工作压力较大，因此新媒体从业者需要有效调节自己的心理状态。倾诉、大声朗读、听音乐、进行体育运动等都可以用来疏解内心的压力。在外界条件不利的情况下，新媒体从业者可以通过自我暗示来鼓励自己，坚定信念，始终保持乐观积极的心态，迎接工作中的各种挑战。

2. 提升用户的素质

新媒体中用户的素质是指用户面对新媒体中各种信息时的选择能力、理解能力、质疑能力、评估能力、创造和生产能力以及思辨的反应能力。具体地讲，用户的素质是指用户在面对新媒体中海量的信息时，能否选择正确有效的信息内容，享用新媒体中信息资源的能力，包括用户利用信息资源的动机、使用信息资源的方式方法和态度、利用信息资源的有效程度及对信息内容的批判能力。

现阶段我国有些用户信息传播素质不够高，导致互联网中存在一些问题，一定程度上影响了网络和新媒体的发展。随着以5G为代表的新媒体信息传播技术的加速发展和运用，广大用户应对个人素质提出更新、更高的要求，做好以下几点，提高自身在新媒体信息传播中的素质。

（1）自觉接受信息传播方面的素质教育。用户应该自觉接受以培养理性公正精神和是非判断能力为主要内容的网络素质教育，全面提高自己对新媒体信息传播的认识，有意识地规范自己在新媒体信息传播中的行为。

（2）突破"信息茧房"。新媒体平台往往会根据用户喜好向用户推荐内容，这会导致用户的视野停留在一定的范围内，陷入"信息茧房"（个体在使用互联网时趋向于只接触符合其已有观点和立场的信息，而对其他不同意见和信息视而不见的情况）。因此，用户可以有意识地从传统媒体中获取信息，防止思维定式和思维惯性，增强思辨能力。

（3）学会筛选有价值的信息。新媒体中的信息内容是海量的，很多内容具有相似性，用户在浏览这些信息内容时，应该提高信息筛选、过滤和搜索的能力，根据浏览目的寻找对自己学习、工作和生活有价值的信息进行阅读并加以利用。

（4）对信息内容进行评估和质疑，提高理性批判能力。新媒体中传播的信息内容存在大量的"标题党""噱头""重复内容""无用内容"，甚至是"垃圾信息"，用户要学会以批判和质疑的态度来甄别这些内容，尽量从中挑选出真实且有价值的信息内容。对于一些舆论方向呈现一边倒的信息内容，应该保持清醒的头脑，不能盲目跟风，而是要努力做到独立思考。

（5）提升个人的修养、道德与法律意识。用户在新媒体信息传播中应自觉维护他人的隐私和合法权益，避免因不满等情绪而做出各种违背道德和违反法律法规的行为。另外，用户还应遵守互联网中有关公共安全的规定，主动学习法律知识、增强法律意识，自觉遵守相关法律法规。

8.1.3　加强对新媒体的监管

新媒体的社会影响力在不断增强，新媒体不仅成为社会公众传播信息的重要平台，其发展也深刻影响着主流媒体格局、舆论传播生态和用户的生活方式。新媒体中一旦出现不当信息，就容易引发不安定事件。这违反了创建新媒体平台的初衷，所以，需要加强对新媒体的监管，让正确的价值观和世界观在新媒体中占据主要位置。

1．进一步完善与新媒体有关的法律法规

对新媒体的监管首先是要进一步加强新媒体立法，制定和完善与新媒体有关的法律法规，以法律法规为准绳，对新媒体进行法律监管。虽然我国在新媒体监管方面已经制定有一些法律法规，但新媒体的发展速度太快，所以还需要进一步加强新媒体立法工作，研究制定新媒体监管的专门法律，并推行与新媒体相关或新媒体衍生领域相关的立法工作，完善新媒体相关的法律法规，从法律的角度进一步拓展对新媒体的监管范围。

2．提升用户的新媒体法律意识

法律法规是新媒体监管体制机制中的重要组成部分，因此广大用户应提升法律意识，不仅要遵守新媒体相关法律法规的要求，还要积极参与推动新媒体监管法律法规的制定和执行。除了主动遵守法律法规，每个用户还有义务配合新媒体监管法制化建设，并维护法律的尊严。

素养课堂

目前我国正在推进法治中国建设。党的二十大报告指出，法治社会是构筑法治国家的基础。弘扬社会主义法治精神，传承中华优秀传统法律文化，引导全体人民做社会主义法治的忠实崇尚者、自觉遵守者、坚定捍卫者。新媒体从业者要积极传播法律知识，培养用户的法律意识，为建设法治社会作出贡献。

3．采取新媒体监管措施

新媒体的形式多样、发展迅速且涉及面广，除了法律上的监管，还可以制定具体的监管制度，以及采取多种监管措施对新媒体进行监督和管理。

（1）让网络实名制真正落到实处。新媒体是信息创作和传播的主要领域，网络实名制要求所有利用新媒体创作和传播信息的用户都必须以实名进行申请和网上注册，这样新媒体中大部分信息都能够追溯其发布人本人，预防管理漏洞。落实实名制需要新媒体平台从技术层面提高识别非法账号的能力，确保符合实名制的技术要求，切实履行自身的监督责任。同时，监管部门也应严厉打击新媒体中的非法账户，保护用户的合法权益，做好全流程监管工作。

（2）推出并完善青少年模式。青少年模式是由国家互联网信息办公室牵头，在短视频、社交、游戏等平台上线的青少年防沉迷系统。该系统会在使用时段、时长、功能和浏览内容等方面对未成年人的上网行为进行规范，可以有效预防未成年人沉迷网络。此外，青少年模式还能屏蔽掉不适合未成年人观看的内容，可以从根源上避免未成年人接收不良信息，加强对未成年的网络用户的保护。

（3）建立和完善新媒体信息监测体系。新媒体平台应当建立一套信息内容的监测体系，对传播的各种信息内容进行收集、判别和处理。特别是一些重要的新媒体平台和一些热点信息内容更需要进行全天候监测，防范某些用户利用新媒体散布不良信息和非法内容。

（4）加快新媒体监管技术的研究和开发利用。我国各级人民政府和有关新媒体监管部门都要加强新媒体技术监管平台建设，从战略高度对新媒体监管的关键技术和重大设备进行开发和研究，建设信息流智能监控系统，增强新媒体技术监管能力，对新媒体传播的信息内容设置过滤标准，实现动态监管，自动对有害信息的传播渠道进行屏蔽，提高新媒体监管效能。

4．进一步加大新媒体监管执法力度

为了让法律法规和监管措施落到实处，还需要加大新媒体监管的执法力度，加强对新媒体的监管，真正做到有法可依、有法必依、执法必严、违法必究。

各级人民政府和相关新媒体监管部门要深入开展新媒体监管整治活动，实时监控新媒体信息内容的生产、编辑、发布、传播，以及客户服务等，尤其是要根据有关法律法规和监管制度，在新媒体信息传播环节严格把关。各级人民政府和相关新媒体监管部门要鼓励和支持新媒体平台的自律和自查，鼓励和支持广大用户通过各种途径和方式举报违法信息的制作和传播。

8.1.4 保证用户隐私安全

新媒体具有虚拟性等特点，用户在充分享受实时便捷的信息服务的同时，可能会不小心泄露自身或他人的隐私，导致大量个人隐私安全问题的出现，而保证用户个人的隐私安全也就成了新媒体管理的重要内容。

1．隐私政策和用户协议

新媒体平台应该制订清晰明确的隐私政策和用户协议，向用户表明平台会收集哪些个人信息，以及这些信息将如何被使用和保护。图 8-1 所示为某平台制订的隐私政策。

2．数据收集和存储

新媒体平台应该最大限度地缩小对用户个人信息的收集范围，只收集必要的信息；同时，确保用户的个人信息存储在安全的服务器中，并采取适当的加密和防护措施，以保障信息的安全性。

3．信息收集透明度

新媒体平台在信息收集过程中应保持透明，及时向用户告知所收集个人信息的种类、目的和使用场景，让用户清楚地了解平台的数据处理方式。图 8-2 所示为某平台展示的近 30 天内用户资料信息的收集清单。

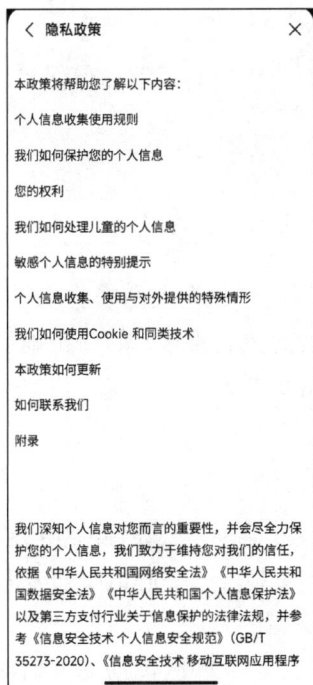

图 8-1　隐私政策

图 8-2　用户资料信息收集清单

4．合规性

新媒体平台应遵守相关的法律法规，特别是涉及个人信息保护的法律，确保平台的数据处理活动合法合规。

> **提个醒**
>
> 《中华人民共和国个人信息保护法》第六条规定："处理个人信息应当具有明确、合理的目的，并应当与处理目的直接相关，采取对个人权益影响最小的方式。收集个人信息，应当限于实现处理目的的最小范围，不得过度收集个人信息。"第七条规定："处理个人信息应当遵循公开、透明原则，公开个人信息处理规则，明示处理的目的、方式和范围。"

5．用户控制权

新媒体平台应提供用户管理个人信息的功能，包括查看、修改和删除自己的部分个人信息。

6．第三方数据分享

新媒体平台如果需要与第三方共享用户信息，应该审查第三方的隐私政策和数据保护措施，确保其合规性，并得到用户明确的同意。

7．安全技术

新媒体平台应采用先进的信息安全技术保护用户数据，如数据加密、访问控制、安全认证等，保护用户的个人信息免遭未经授权的访问、泄露或盗用。

8．用户教育

新媒体平台应向用户进行有关隐私保护的教育，让他们了解如何保护隐私，避免在网络上泄露个人信息。

8.2　网络舆情

新媒体是信息传播的重要平台，新媒体网络舆情已成为人们表达观点的重要方式。但网络自由化、平等化和大众化等特点加大了舆情的控制难度。如何正确引导和管控信息传播，以及管理网络舆情成为新媒体管理和研究的重点。

8.2.1　网络舆情的概念

对于网络舆情的概念，学者们尚未形成统一的看法。目前有代表性的观点包括以下几种。

（1）网络舆情是通过互联网表达和传播的，公众对自己关心或与自身利益紧密相关的各种公共事务所持有的多种情绪、态度和意见交错的总和。

（2）网络舆情是由各种事件的刺激而产生的，通过互联网传播的人们对该事件的所有认知、态度、情感和行为倾向的集合，其实质是反映在互联网媒介中的一种情报信息。

（3）网络舆情是社会舆情的一种表现形式，是公众在互联网上公开表达的对某种社会现象或社会问题的具有一定影响力和倾向性的共同意见。

（4）网络舆情是指在一定的互联网空间内，围绕中介性社会事项的发生、发展和变化，作为舆情主体的公众对国家管理者产生和持有的社会政治态度。

综合以上观点，本书将网络舆情定义为：个人、公众或集团在现阶段的网络空间内，对社会管理以及其他社会公共事务所表达出来的情绪、意愿、态度和意见的总和。

8.2.2 网络舆情的基本特点

网络舆情是舆情在互联网空间的映射，反映了人们对社会现状的满意度。它与其他舆情形态相比，呈现出以下特点。

1. 即时性

在信息传播速度极快的网络中，无论是创作和编辑环节，还是发布和传播过程，信息传播都可以实现实时刷新，向用户提供最新的动态信息。新媒体平台利用网络可以不间断发文，及时反映用户对重大事件的意见，缩短了信息传播的距离，加快了舆情形成的速度。任何人都可以通过新媒体平台第一时间接收并关注实时的新闻焦点，并通过发帖和跟帖表明立场和观点，因此容易在短时间内形成网络舆情。

2. 隐匿性

网络舆情的隐匿性指的是在网络空间中，用户可以相对匿名地发表意见和观点，而不必暴露真实身份。由于不需要面对面交流，用户更容易放下身份束缚，敢于表达自己的真实想法。而这种隐匿性可以帮助多数用户直接、自然地表达自己的真实观点和意见，因此网络舆情能较客观地体现社会中不同用户群体的价值观念和情绪心态。

3. 互动性

互动性是新媒体的主要特征之一，也是网络舆情的本质特征。网络舆情的互动性主要体现在用户与政府、用户与媒体以及用户与用户之间的互动。

（1）用户与政府之间的互动。用户可以通过互联网反映现实事件，形成网络舆情；政府则能够通过研判网络舆情来有效处理实际事件，并迅速向用户反馈。

（2）用户与媒体之间的互动。用户可以通过网络媒体了解新闻事件，而媒体则能通过网络舆情了解用户对新闻事件的态度。

（3）用户与用户之间的互动。网络空间的开放性使得用户可以不受地理限制地在新媒体平台上联系和交流，这样的互动环境为网络舆情的产生创造了有利条件。

4. 丰富性

网络舆情的丰富性主要表现在以下 4 个方面。

（1）网络舆情的生产者和传播者——用户，类型多、范围广，分布于不同地区、年龄段，具有不同的社会身份。

（2）网络舆情的传播形式多样化，包括文字、图片、音频和视频等多媒体信息形式。

（3）网络舆情的信息内容涉及社会、政治、经济、文化，以及生活和工作等各方面，内容覆盖广泛。

（4）网络舆情虽然只是新媒体信息中的一小部分，但其信息量依然巨大。

5. 非理性

新媒体和互联网的存在让用户能够较为自由地表达观点和感受，进而成为用户宣泄情绪的渠道。用户往往会把自己缺乏理性、比较感性和情绪化的态度和意见，以原生态形式发布到网络中，而且用户之间的情绪常常会相互感染，个人情绪与群体情绪相互作用就产生了非理性舆情。需要注意的是，非理性的情绪化舆情很容易得到其他用户的响应，从而引发有害舆论，具有很强的煽动性和破坏性。

6．突发性

网络舆情涉及多个领域，与用户自身利益相关的问题、网络谣言等都是网络舆情的燃点。网络舆情一旦被众多用户共同关注，就能轻松点燃用户的群体情绪，在极短时间内迅速发酵、扩散与传播，具有非常明显的突发性特点。例如，近年来国内外发生的重大事件几乎都会在新媒体中引起用户的强烈反响和激烈辩论，成为社会舆论的关注焦点。这些网络舆情事件突发性强、社会影响大，如果不及时判断和处理，就会对国家、社会和人们的生活产生严重的影响。

8.2.3　网络舆情的传播特征

新媒体信息传播的便捷性使新媒体成为用户表达观点、宣泄情感、碰撞思想的主要渠道。用户可以通过新媒体发表对各种社会事件和现象的意见和看法，新媒体中网络舆情的传播也在产生越来越大的社会影响。从信息传播的角度来看，网络舆情具有以下几个传播特征。

1．微传播

网络舆情的信息传播是以用户个体为单位的微传播，是由每一次简单的关注、点击和回帖等行为组成的，微传播的效果小得几乎可以忽略不计。但是，一旦这种微小的传播点快速聚集，大量用户共同关注、参与和传播时，在短时间内形成信息链、时间链和发展链，并与事件本身发展同步，网络舆情便会由微传播变成大规模传播。

2．病毒式传播

新媒体中的用户在信息传播中具有多重身份，是网络舆情传播的重要参与者和推动者。网络舆情一旦形成，舆情信息就会被用户以多渠道、多路径、全通道的方式进行病毒式传播和扩散，并被传播到整个新媒体和互联网。

3．网络化人际传播

新媒体中的信息传播是一种以单个用户为节点，与其他用户对接组成网状连接，并形成多个传播中心，线性传播与层次传播复合进行的网络化人际传播模式。因此，网络舆情的信息传播模式也具备网络化人际传播的特征。一个网络热点话题或事件在信息传播演化中不断延伸，既可能随时中断，又可能随时生成新的话题或引发新的网络舆情。

4．指向性传播

互联网统计数据显示，新媒体信息传播中关注度较高且容易形成网络舆情的领域主要包括医疗卫生、网络治理、教育文化、交通管理、社会保障、环境保护等，其中又以政府和职能部门，以及各大知名企业的舆情处置能力为广大用户关注的焦点，更容易产生舆情事件。

5．泛娱乐化传播

网络舆情中信息传播的娱乐化倾向明显，很多新媒体信息传播行为以娱乐信息传播为主。

6．选择性传播

在新媒体信息传播中，用户很容易接收并传播与自身兴趣、情绪、价值和利益等趋同的信息内容，而选择性屏蔽其他信息内容。从很多具体的网络舆情信息传播案例中可以看出，进行信息传播或发布观点的用户通常属于利益可能受损的群体，没有触及其切身利益的用户则通常以应付、观望的角色出现。

8.2.4　网络舆情的发展阶段

网络舆情会对企业、政府及社会的稳定和发展产生重大影响，因此在新媒体管理过程中，必须分析和研究网络舆情的演进和发展过程，透过表象找到内在规律，并对潜在的风险做出相应的预测。分析和研究网络舆情的发展，通常将网络舆情划分为潜伏、形成、成熟、扩张和消退 5 个阶段。

1．网络舆情的潜伏阶段

网络舆情的潜伏阶段主要是指有关事件的敏感信息出现导致相关议题产生，其浏览量十分有限，尚没有被用户关注，也没有形成舆论，只存在一定的潜在舆情影响力。也就是说，网络舆情处在萌芽状态，相关信息在新媒体中通常都是分散性传播的，表现为舆论起点分散、信源分散和传播主体分散。

（1）舆论起点分散。舆论起点分散是指诱发舆论的信息只是零星地出现在新媒体传播信息中，根本没有引起用户注意。

（2）信源分散。信源分散是指舆情信息的来源分散，并没有集中在某个新媒体平台，而是散布在关联度并不高的信息内容页面中。

（3）传播主体分散。传播主体分散是指用户对该信息的传播并没有形成集聚，只有少量用户转载或跟帖，在小范围内进行信息传播。

在网络舆情的潜伏阶段，如果能够准确预见其中的部分信息具有形成舆情的潜力，就可以直接进行主动干预，争取引发网络关注，形成网络舆情。

2．网络舆情的形成阶段

当潜伏阶段传播的信息在新媒体中出现以后，在某些影响因素的作用下，突然被一定数量的用户所关注，这些用户针对信息中的话题通过点赞、评论、转载和跟帖等一系列行为表达自己的态度、情绪和观点，信息内容所在的新媒体平台的访问量和信息页面的点击量呈爆炸式增长，形成了网络关注和用户意见参与的集聚，从而逐渐形成网络舆情。在这一阶段，突出的表现包括以下 3 个方面。

（1）舆情信息源在极短时间内被极大数量的用户访问和关注，点击量迅速上升，信息话题被大量用户参与并形成舆论。

（2）在信息受到大量关注后，新媒体平台通常会为该信息设置专题页，在平台首页设置相关的舆情信息，并收集其他新媒体平台与该专题相关的信息内容，形成多维信息链。

（3）用户通常会在极短的时间内，通过专题中的跟帖、评论等方式迅速发表自己的看法和意见，并集中表达自己的诉求。

网络舆情形成阶段的时间非常短暂，通常为半天时间，有的甚至为 1～2 小时。形成阶段的网络舆情存在两个发展方向：一是发展为积极的传播影响，并形成正面的传播效果；二是发展为消极的传播影响，增加负面舆论压力。这就要求政府部门和新媒体平台正确把握网络舆情的趋向，科学、有效地引导用户向积极正面的信息传播效果方向前进。

3．网络舆情的成熟阶段

在网络舆情的成熟阶段，舆情信息成为新媒体和传统媒体的重点传播内容，用户的参与度进一步提升，参与数量也提升到更高的级别。同时，新媒体中对应的舆论压力进一步增大，舆情中的民意诉求也进一步强化。在这一阶段，舆情表象主要表现为以下几点。

（1）媒体报道热点。网络舆情的成熟阶段是新媒体和传统媒体相互作用的结果，所有的媒体都需要借助该舆情所形成的用户注意力资源来实现自身的传播影响力，并与舆情影响力结合起来，实现媒体自身在信息传播过程中的价值。

（2）社会舆论焦点。在网络舆论和传统媒体舆论的共同推动下，社会上的其他人也关注到该网络舆情的信息，并形成社会舆论的焦点。

（3）学者研究热点。在整个社会舆论的影响下，学者也开始关注该网络舆情，目的是通过理论和现实分析，充分了解人民群众的心声，研究如何化解舆情危机。

（4）政府处理难点。网络舆情在成为媒体报道热点、社会舆论焦点和学者研究热点后，会在整个社会形成公共舆论压力，使政府处理和应对舆情事件的所有行为和细节成为焦点，政府处理网络舆情所涉及的问题的难度也会加大。

在网络舆情的成熟阶段，政府部门和新媒体平台需要在现实处理舆情和媒体信息传播两个方面的共同努力和作用下，正确引导公共舆论向正确积极的方向发展。特别是舆情所涉及的事件本身的利益冲突和社会矛盾能否得到缓解甚至解决，能否满足参与舆情的用户和人民群众的诉求，一旦现实处理结果被接受，网络舆情就会结束成熟阶段，跳过扩张阶段，直接进入消退阶段。

4．网络舆情的扩张阶段

网络舆情的扩张阶段通常是政府部门和新媒体平台在网络舆情的成熟阶段没有完成舆情处理的结果。在扩张阶段，网络舆情的主要人物或情节被符号化，舆情事件的责任主体被概念化，形成社会讽刺和认知模型，对用户的思想和认知产生负面影响，也对舆情所涉及的当事人、相关机构和地区形象产生负面影响。

在这个阶段，政府部门或直接责任主体需要对舆情事件进行回应，引导用户客观地看待舆情形成和发展的过程，重视网络舆情的积极的信息传播效果，尽量避免接收和传播具有负向影响的信息，并认同政府及直接责任主体对舆情事件的处理态度、措施和结果。

5．网络舆情的消退阶段

在舆情事件得到解决或真相得以公开后，用户逐渐减少对该事件的关注，并减少或不再在新媒体平台中发表自己的看法，这个时候就进入了网络舆情的消退阶段。在这一阶段，网络舆情的影响范围不断缩小、强度不断减弱，如果没有新的相关话题产生或刺激，舆情信息将在新媒体中自动消亡。

8.2.5　网络舆情的应对

网络舆情的应对是新媒体管理的重要组成部分。应对网络舆情需要新媒体从业者提高自身素养，了解新媒体应用的相关知识，学会利用新媒体信息传播的特点来快速了解舆情信息，并仔细分析和解读舆情信息的深层次意义，然后利用新媒体参与舆论表达，引导舆情向积极的方向发展。下面就从应对网络舆情的 5 要素、应对网络舆情的保障机制两方面介绍如何利用新媒体应对网络舆情。

1．应对网络舆情的 5 要素

在新媒体管理过程中，针对网络舆情，需要从 5 个要素出发进行应对，引导网络舆情向正确的方向发展，或者将危机舆情转危为安。

（1）主动回应。网络舆情发生后，无论是积极的还是消极的，无论是安全的还是危险的，都必须进行回应。这不仅是网络舆情主体应尽的义务，也是政府部门、企业和媒体等对用户最基本的尊重。主动回应时要注意以下几点。

① 快速回应。在极短的时间内对舆情事件进行回应，合理的时间应该是事件发生后的 4 小时之内，也就是通常所说的"黄金 4 小时"。

提个醒

"黄金 4 小时"是一种网络舆情的处理机制，是指在网络舆情发生后的 4 小时内，政府部门、企业和媒体通过各种规定或设计好的措施来处理网络舆情。

② 开诚布公。回应舆情信息应该公开公正、直接透明，且态度诚恳。

③ 适度回应。回应网络舆情时要保持冷静和理智，避免情绪化的表达，不必过度解释，以免引发更多争议。

④ 切中要害。回应舆情应该找到用户在舆情事件中关注的焦点，不能含糊其词、答非所问，不可以试图蒙混过关。

（2）有效应对。应对网络舆情不仅需要在态度上重视，还必须采取得当的措施分析和判断舆情关注的焦点、事件处理的关键、双方矛盾的症结和大众情绪的表征等，然后通过一系列技术和管理手段适度引导和有效干预舆情信息的传播，尽快消除舆情事件的舆论压力。研判和有效应对网络舆情时要注意以下几点。

① 控制源头。要找到舆情信息的传播源头，及时控制信息的传播。

② 换位思考。应对网络舆情需要从大众、媒体平台、管理者和上级部门 4 种不同角度去处理问题。管理者除了做好自己的工作，还需要从其他角度来换位思考，全面分析网络舆情，尽可能在应对舆情时做到系统周密。

③ 舆论主导。应对网络舆情不能照本宣科，按照既定的工作流程和规章制度进行

处理，需要以舆论关注的焦点为处理舆情事件的引导方向。

④ 权威声援。专家或权威机构等第三方的介入，可以增加在应对网络舆情过程中话语的权威性。

（3）事件处理。网络舆情通常都是由现实中的事件引起的，所以应对网络舆情需要网络和现实两方面的相互配合，共同处理，包括对事件当事人的处理、对大众关注的核心矛盾的调解和解决等。对这些事件进行处理才能降低大众的关注度，延缓舆情发展的高涨趋势。处理舆情事件的方法主要有以下几种。

① 分割责任法。对舆情事件进行责任划分，明确主次责任。

② 主动承担法。处理舆情事件时主动承担责任，避免事态和舆情的进一步发展。

③ 诚意道歉法。大众对直接责任主体处理舆情事件的态度十分关注，真诚、公开的道歉更容易获得大众的认可和接受。

④ 权威介入法。通过出具第三方权威专家或机构的证明、鉴定等，消除大众质疑，保证舆情信息的真实性和权威性。

⑤ 部门监管法。在应对网络舆情的过程中，有时为了避免直接面对大众，激化大众情绪，可以由上级监管部门出面介入舆情处理事宜。

⑥ 公开承诺法。为了满足大众诉求，安抚其情绪，可以对事件责任的划分结果和处理结果进行公开承诺，但需要注意承诺的"度"，严禁向大众开具"空头支票"。

⑦ 公开体验法。为了保证舆情事件处理的真实和可靠，可以邀请相关体验团或真相团，全程参与事件处理的过程，以事实真相来消除疑问。

（4）媒体沟通。各种新媒体平台和传统媒体都会在第一时间报道网络舆情的相关信息，为了表明应对网络舆情的真诚态度，表达自己的立场和人文关怀，最大限度地降低网络舆情的负面影响，可以借助媒体的信息传播功能，主动与媒体沟通，通过媒体公开透明地还原事件。与媒体沟通时需要注意以下几点。

① 公开透明。在与媒体沟通过程中，要保持公开透明，一旦有所保留就容易被媒体抓住漏洞，进一步激化舆情，增加负面影响。

② 不卑不亢。在与媒体沟通的过程中，要找准位置，以平等的方式保持与媒体的关系，既不能目中无人、事事不配合，又不能看轻自己、委曲求全。

③ 态度真诚。舆情事件处理过程中的态度非常重要，要与媒体真诚地沟通，真心实意地将媒体作为应对网络舆情的合作伙伴。

④ 就事论事。媒体在信息传播中具有强大、专业的信息生产能力，与媒体进行沟通时，应该就事论事，不要给媒体制造更多的舆情信息话题的机会。

⑤ 持续发布。网络舆情是一个持续发展的过程，通过媒体应对网络舆情需要持续不断地发布正面的信息来引导用户。

⑥ 统一口径。在通过媒体进行舆情信息发布时，因为涉及多个新媒体平台和多种媒体渠道，所以需要统一说辞，不能相互矛盾。

（5）恢复声誉。恢复声誉是应对网络舆情的重要步骤之一。发生网络舆情之后，特别是负面舆情会导致直接责任主体公信力受损，所以还需要通过一些具体的方法来弥补缺失的公信力，恢复声誉。其方法主要有两种。

① 痛改前非法。恢复声誉需要获得用户的理解和支持，因此要在用户面前建立痛改前非的印象，需要有针对性地改变和解决舆情事件中用户诉求最多的机制和矛盾。

② 查漏补缺法。在网络舆情趋于消失之后，需要及时检查和修补舆情发生过程中出现的问题和制度的漏洞，积累经验避免类似事件的发生，另外还需要将对应的措施及时告知用户。

2. 应对网络舆情的保障机制

应对网络舆情除了采用各种处理机制，在舆情发生前后还需要在组织和技术上进行保障，在日常工作中进行引导。下面介绍应对网络舆情的保障机制。

（1）组织保障机制。网络舆情的责任追究通常应该遵循"谁运营谁负责、谁主管谁负责、谁使用谁负责"的原则。网络舆情信息管理工作通常归类到宣传思想工作的范围内，需要制订各种规章制度以规范工作行为。需明确指定一位负责网络舆情信息工作的管理者，并设置专职岗位负责网络舆情的日常监测、舆情信息的收集和整理，并向各职能部门提供舆情监测分析报告。

（2）技术保障机制。应对网络舆情还需要技术上的支持，特别是一些新媒体技术手段。例如，对 IP 地址的监测、跟踪，过滤敏感词汇，限制非法浏览网站等。所有的新媒体都需要严格按照国家有关新媒体信息安全的相关法律法规建立技术保障机制，确保网络信息安全。

（3）日常工作保障机制。网络舆情的日常工作保障机制包括网络信息发布、网络舆情引导和信息删除 3 个方面。

① 网络信息发布。新媒体平台一定要建立严格的信息发布审核制度，并规范信息审核的流程，贯彻和落实信息发布的实名制，实现先审查后发布的信息传播制度。

② 网络舆情引导。网络舆情引导是新媒体日常工作保障机制的重要组成部分，其主要工作是实时监测网络舆情动向，发挥"舆论领袖"的积极作用，对日常舆情进行引导。具体工作是开展即时性评论批驳负面信息，或者发表引导性评论展示积极观点。

③ 信息删除。在引导舆情的同时，对审核过程中出现的各种恶意和非法信息，需要立即删除，对一些用户发布的情绪偏激的信息可以做缓冲处理，然后通过舆情引导使用户产生情感上的认同与共鸣，从而形成正面积极的舆情形势。

实践训练——应对某视频平台网络舆情

【实践背景】

网络舆情的应对是新媒体管理的重要组成部分，突然爆发的网络舆情对各大品牌和平台都是一项考验。2023 年 1 月 11 日，许多用户在网上反映某视频平台 App 大幅调高了会员费。这一事件在网上迅速引发热议，很多用户表示不满。该网络舆情很快就进入了成熟阶段，相关话题登上微博热搜榜单，多家媒体也参与报道。

【实践目标】

（1）了解网络舆情的发展。

（2）为该视频平台确定此次网络舆情的应对策略。

【实践步骤】

该视频平台的网络舆情爆发突然、传播速度快，需要积极应对，具体操作步骤如下。

（1）快速回应。1 月 11 日，网络舆情初步爆发时，视频平台应该对网络舆情的发展进行持续监测，包括关注各类社交媒体平台、网络讨论区等，了解舆情发酵的过程和趋势。发现舆情扩大，视频平台应在 4 小时内进行回应，针对会员费调整的原因做出合理的解释。例如，可能是为了提供更好的服务，或者是出于技术原因等，向用户做出合理的解释，如图 8-3 所示。

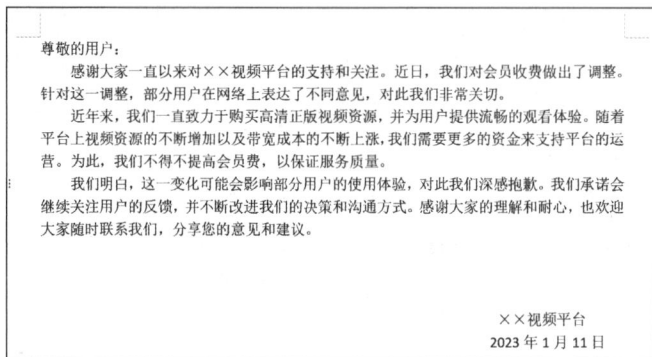

> 尊敬的用户：
>
> 　　感谢大家一直以来对××视频平台的支持和关注。近日，我们对会员收费做出了调整。针对这一调整，部分用户在网络上表达了不同意见，对此我们非常关切。
>
> 　　近年来，我们一直致力于购买高清正版视频资源，并为用户提供流畅的观看体验。随着平台上视频资源的不断增加以及带宽成本的不断上涨，我们需要更多的资金来支持平台的运营。为此，我们不得不提高会员费，以保证服务质量。
>
> 　　我们明白，这一变化可能会影响部分用户的使用体验，对此我们深感抱歉。我们承诺会继续关注用户的反馈，并不断改进我们的决策和沟通方式。感谢大家的理解和耐心，也欢迎大家随时联系我们，分享您的意见和建议。
>
> ××视频平台
2023 年 1 月 11 日

图 8-3　做出解释

（2）事件处理。由于牵涉用户的利益，视频平台的解释未必能让用户信服。此时，视频平台应主动承担责任，针对大幅调高会员费这一问题表示歉意，为忽略用户的想法、权益致歉，然后承诺调整会员政策，降低价格上调幅度或增加会员权益等。

（3）恢复声誉。此次网络舆情不可避免地影响了视频平台的声誉，因此应该采取一系列关照用户的实际措施，给用户送福利，如 7 天免费会员、免费观看部分正版视频等。此外，在网络舆情基本平息之后，还可以在微博等平台上开展互动活动，发布有亲和力的内容来改善视频平台在用户心目中的印象。

课后思考

（1）简述如何通过提升新媒体从业者和用户的素质来加强新媒体管理工作。

（2）新媒体平台应如何保护用户隐私安全？

（3）网络舆情有几个重要的发展阶段，各个阶段有哪些重要的特征？

（4）网络舆情只会对新媒体管理产生负面影响吗？为什么？

（5）尝试在抖音中打开青少年模式，说说该模式发挥的作用。